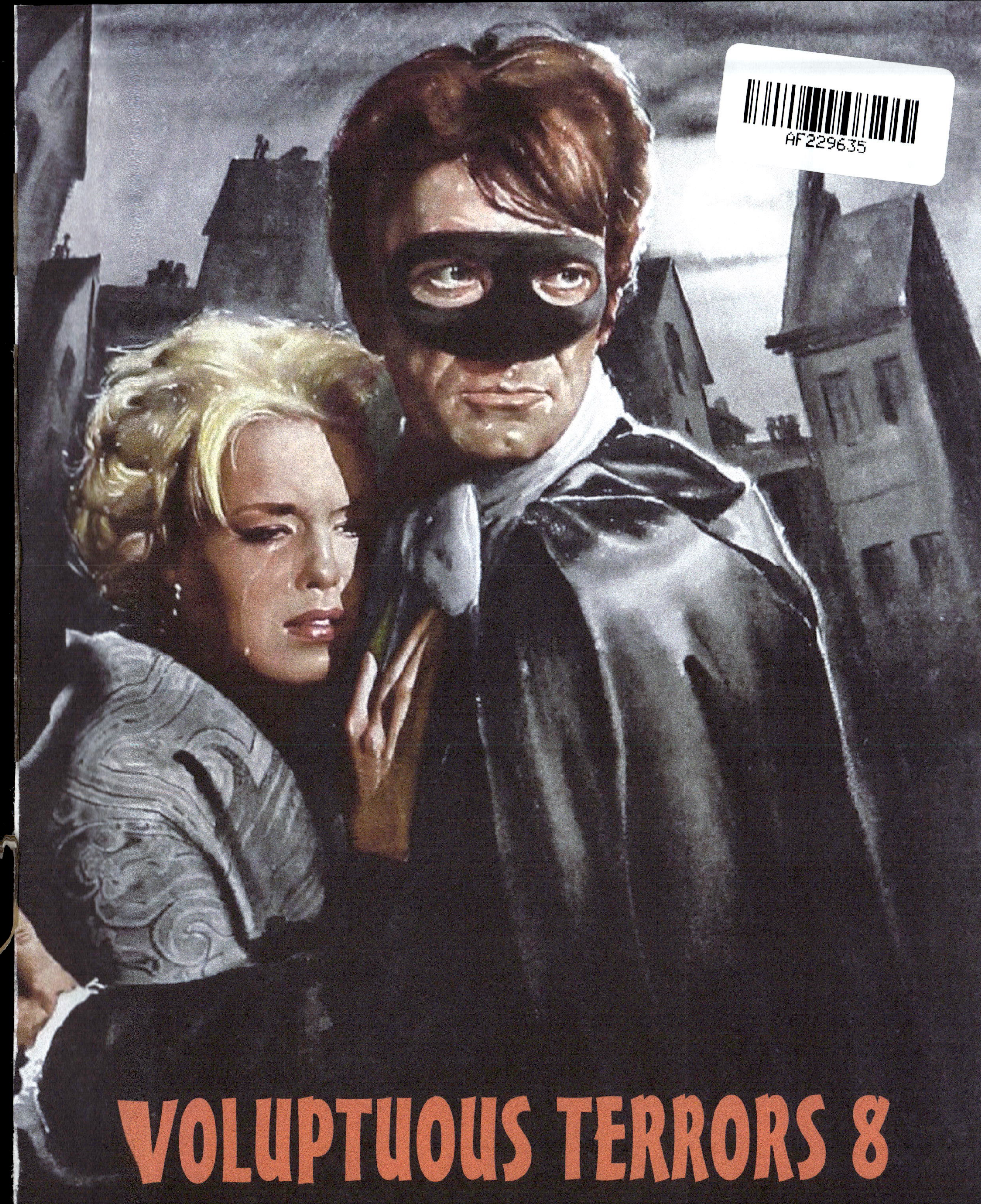

VOLUPTUOUS TERRORS 8
120 CULT & EXPLOITATION FILM POSTERS FROM ITALY

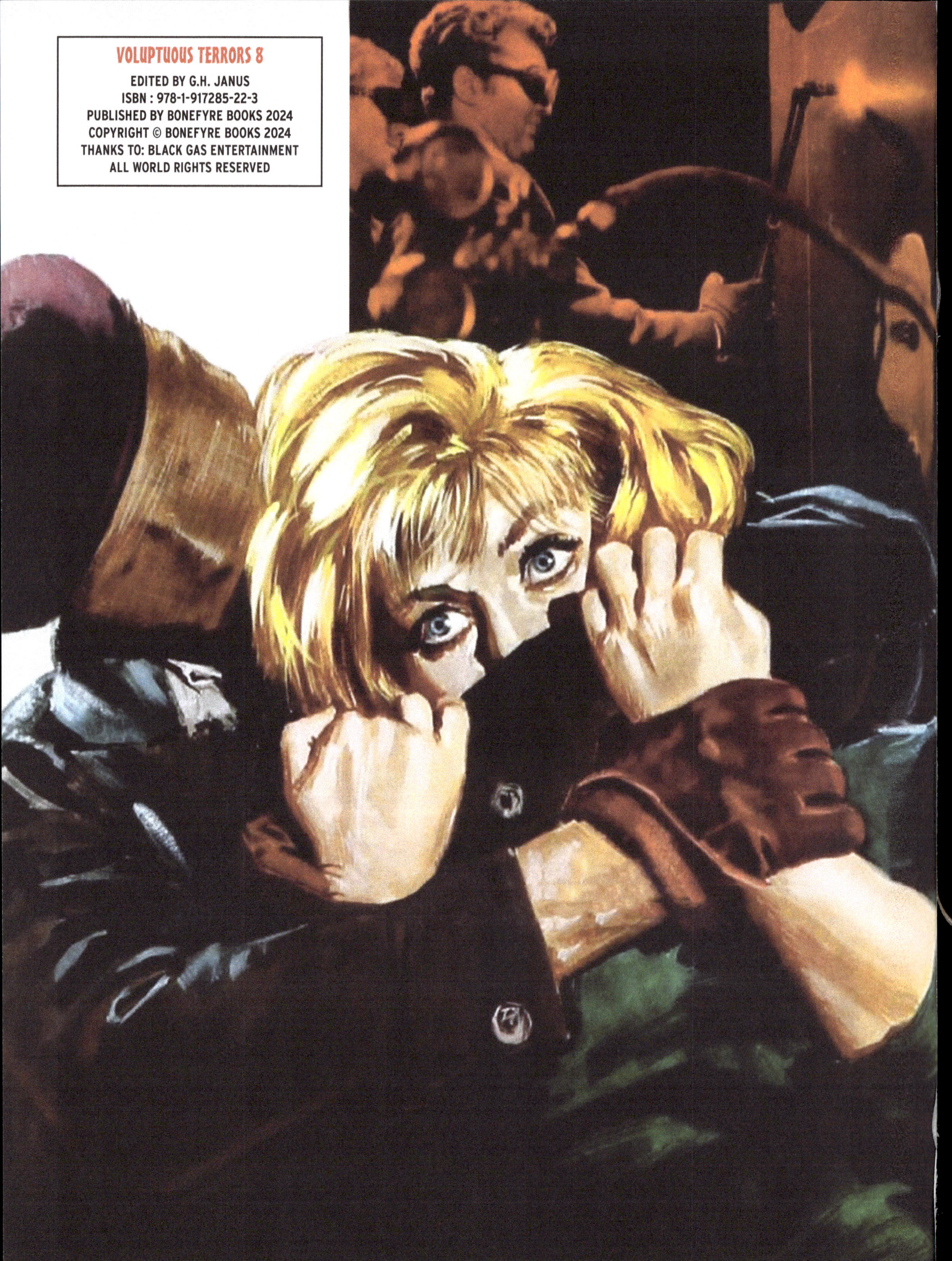
VOLUPTUOUS TERRORS 8
EDITED BY G.H. JANUS
ISBN : 978-1-917285-22-3
PUBLISHED BY BONEFYRE BOOKS 2024
COPYRIGHT © BONEFYRE BOOKS 2024
THANKS TO: BLACK GAS ENTERTAINMENT
ALL WORLD RIGHTS RESERVED

POSTERS

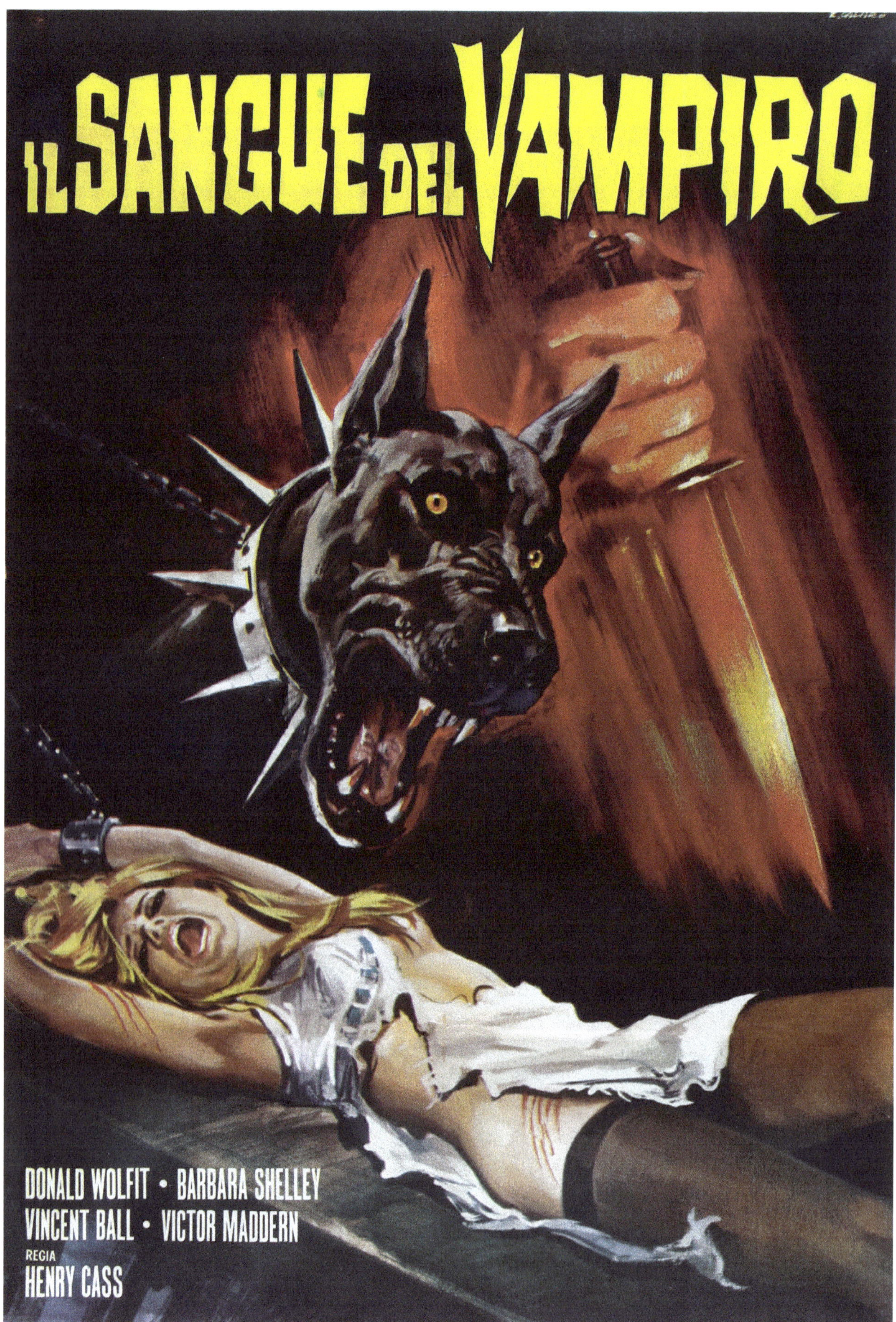

IL SANGUE DEL VAMPIRO

(''The Blood Of The Vampire''). Artist: Renato Casaro. Original Title: **Blood Of The Vampire** (1958).

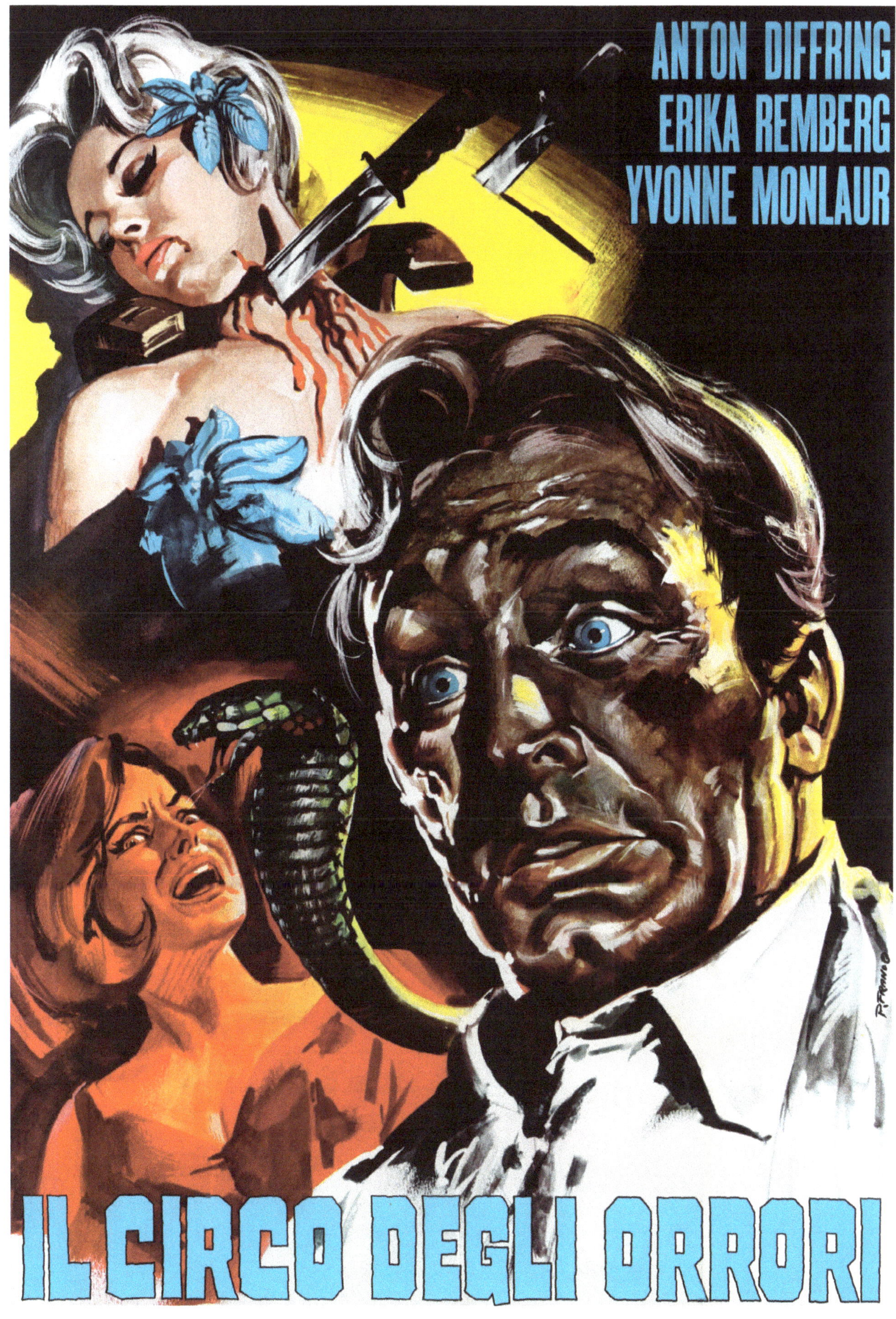

IL CIRCO DEGLI ORRORI
("The Circus Of Horrors"). Artist: P. Franco. Original Title: **Circus Of Horrors** (1960).

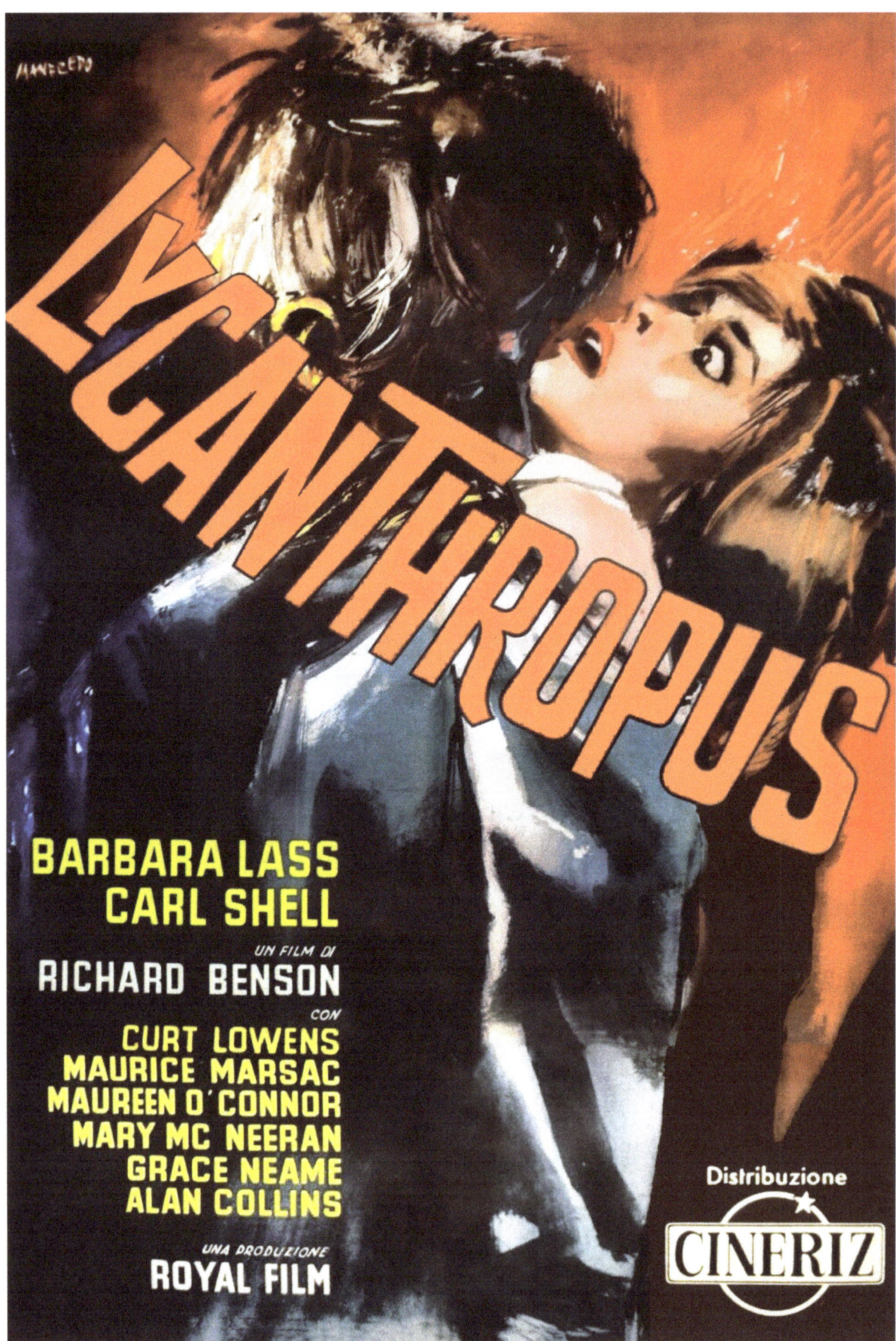

LYCANTHROPUS

("Wolf Man"). Artist: Manfredo. Original Title: **Lycanthropus** (1961).

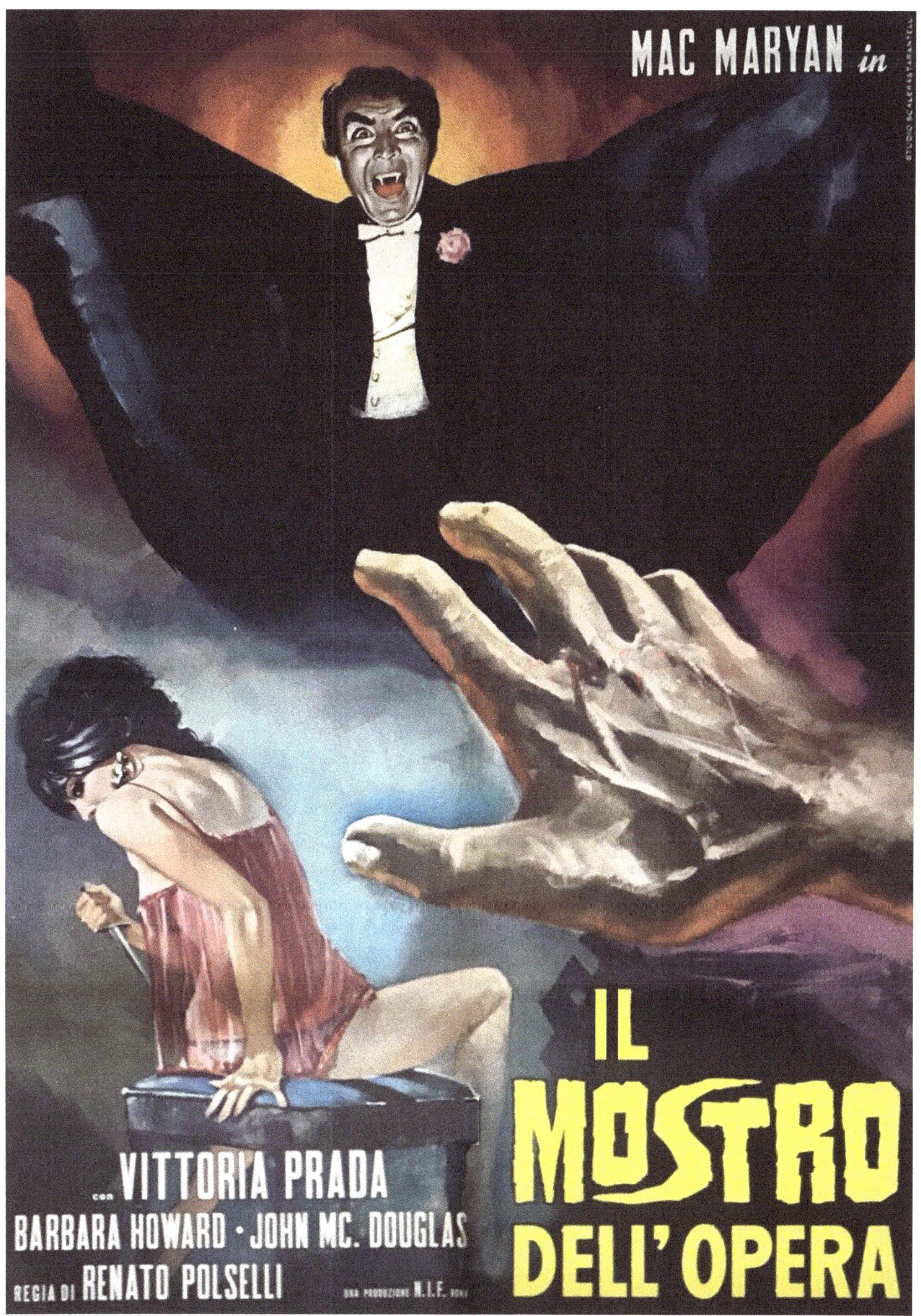

IL MOSTRO DELL'OPERA

("The Monster Of The Opera"). Artist: Studio Scalera & Tarantelli. Original Title: Il Mostro Dell'Opera (1964).

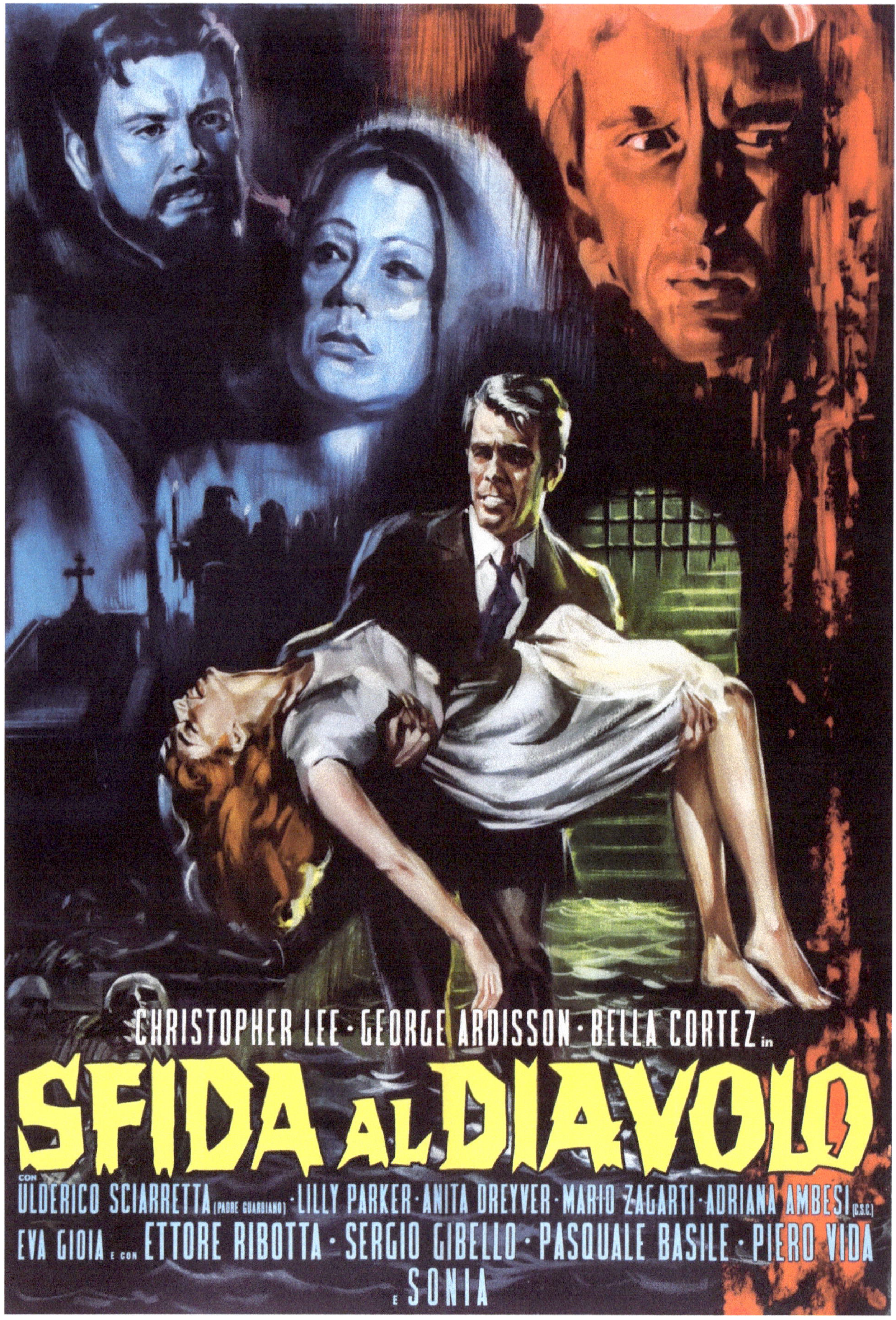

SFIDA AL DIAVOLO

("Challenge The Devil"). Artist: unsigned. Original Title: **Katarsis** (1963).

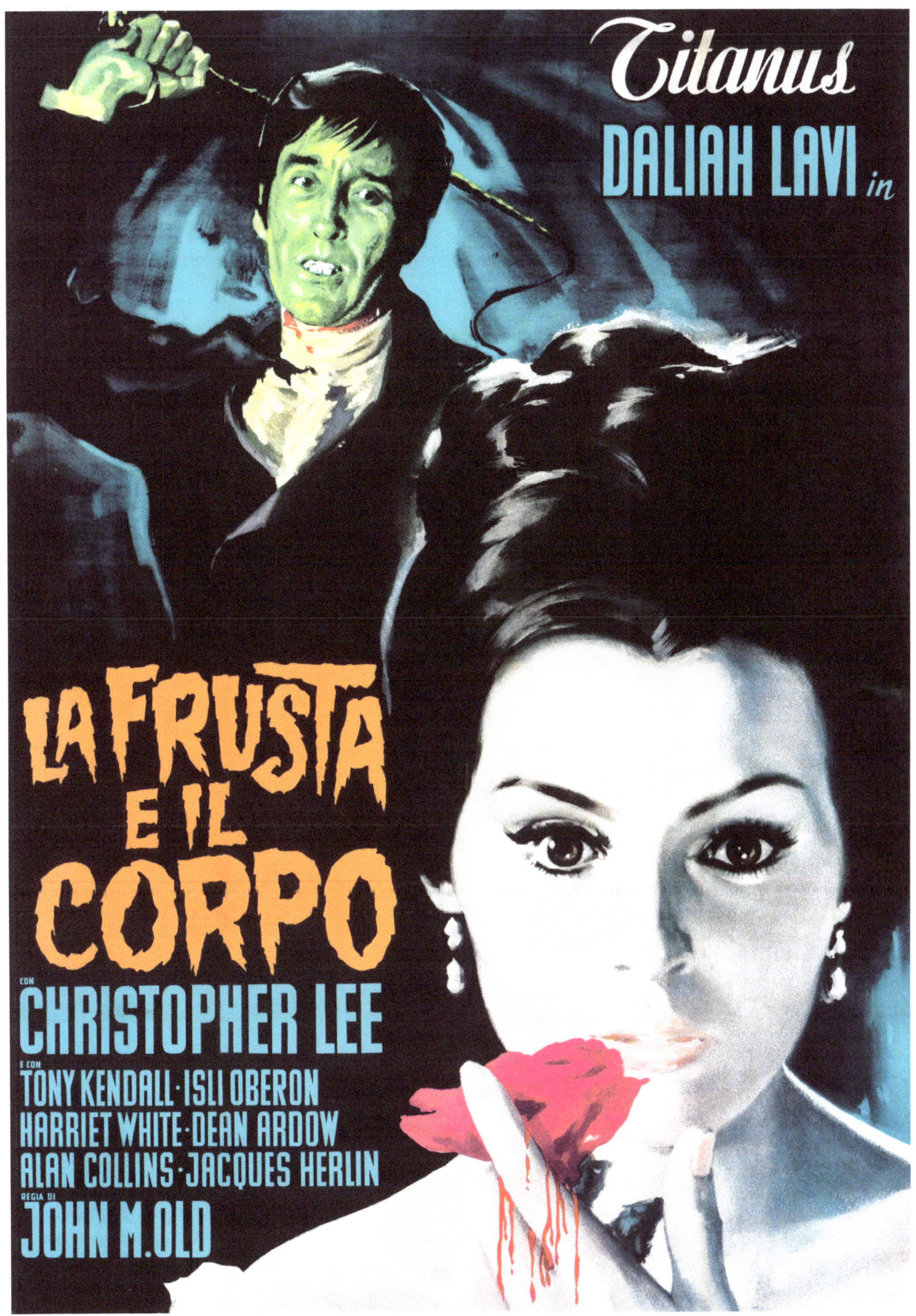

("The Whip And The Body"). Artist: unsigned. Original Title: **La Frustra E Il Corpo** (1963).

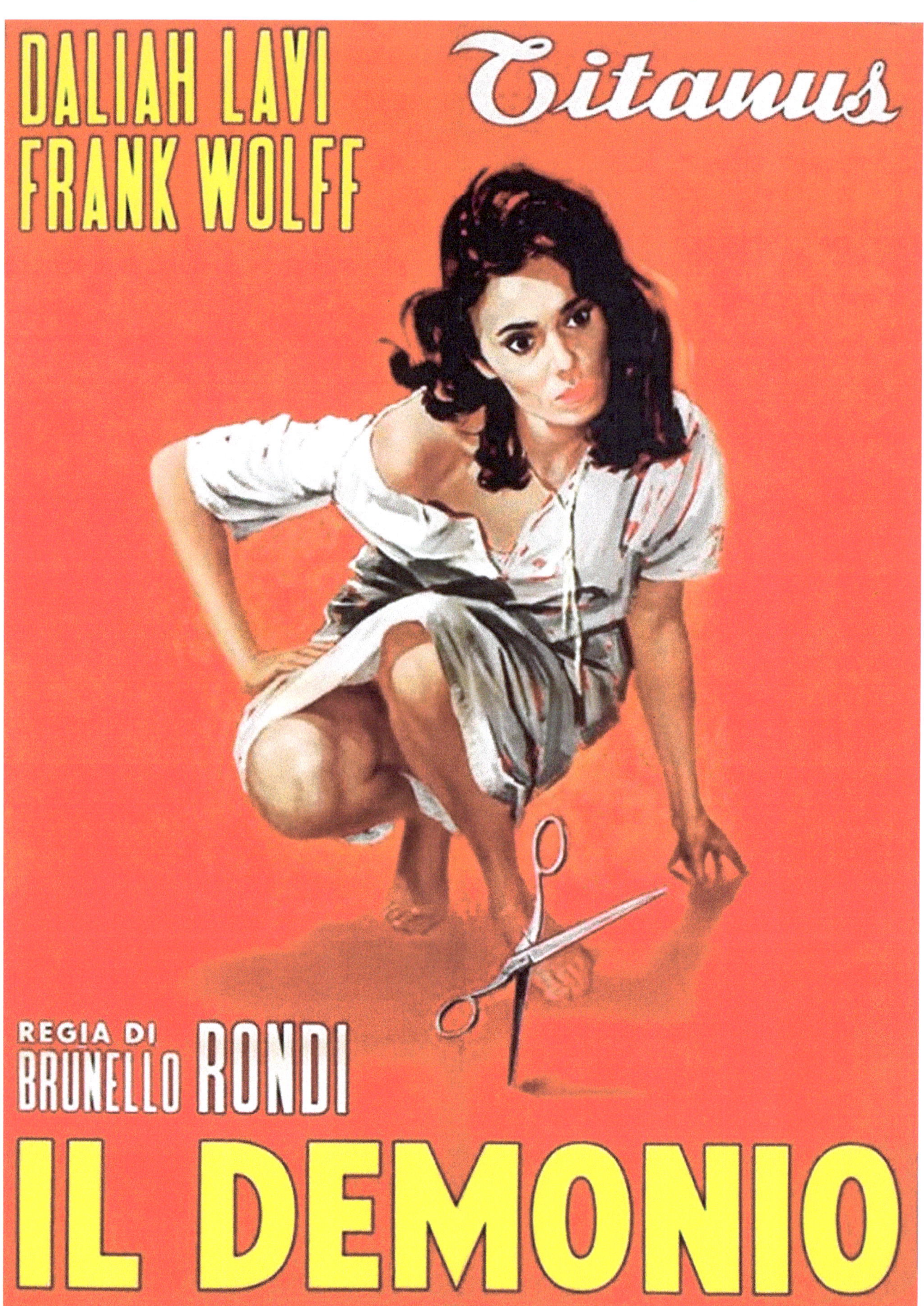

IL DEMONIO

("The Demon"). Artist: unsigned. Original Title: Il Demonio (1963).

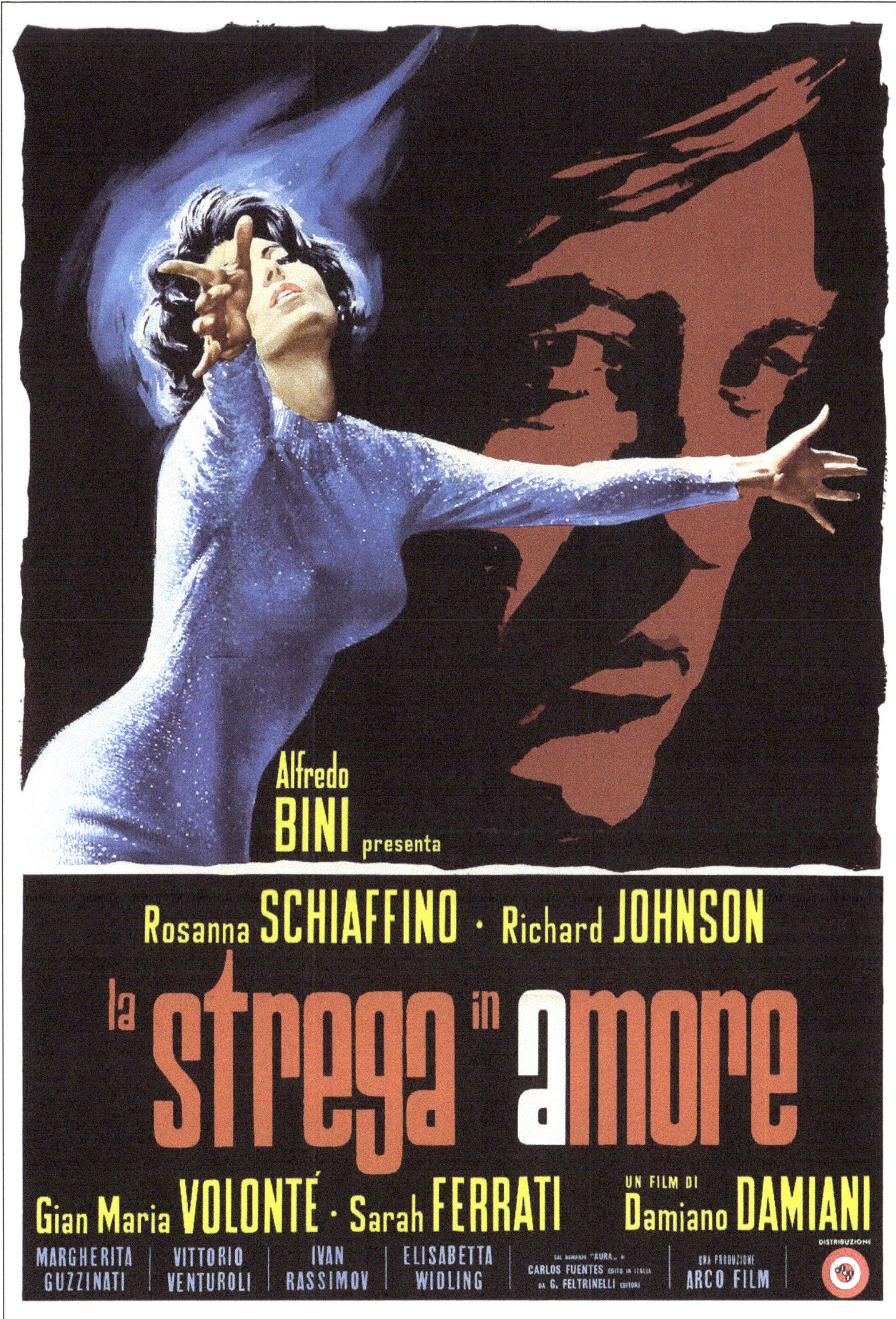

LA STREGA IN AMORE

("The Witch In Love"). Artist: unsigned. Original Title: **La Strega In Amore** (1966).

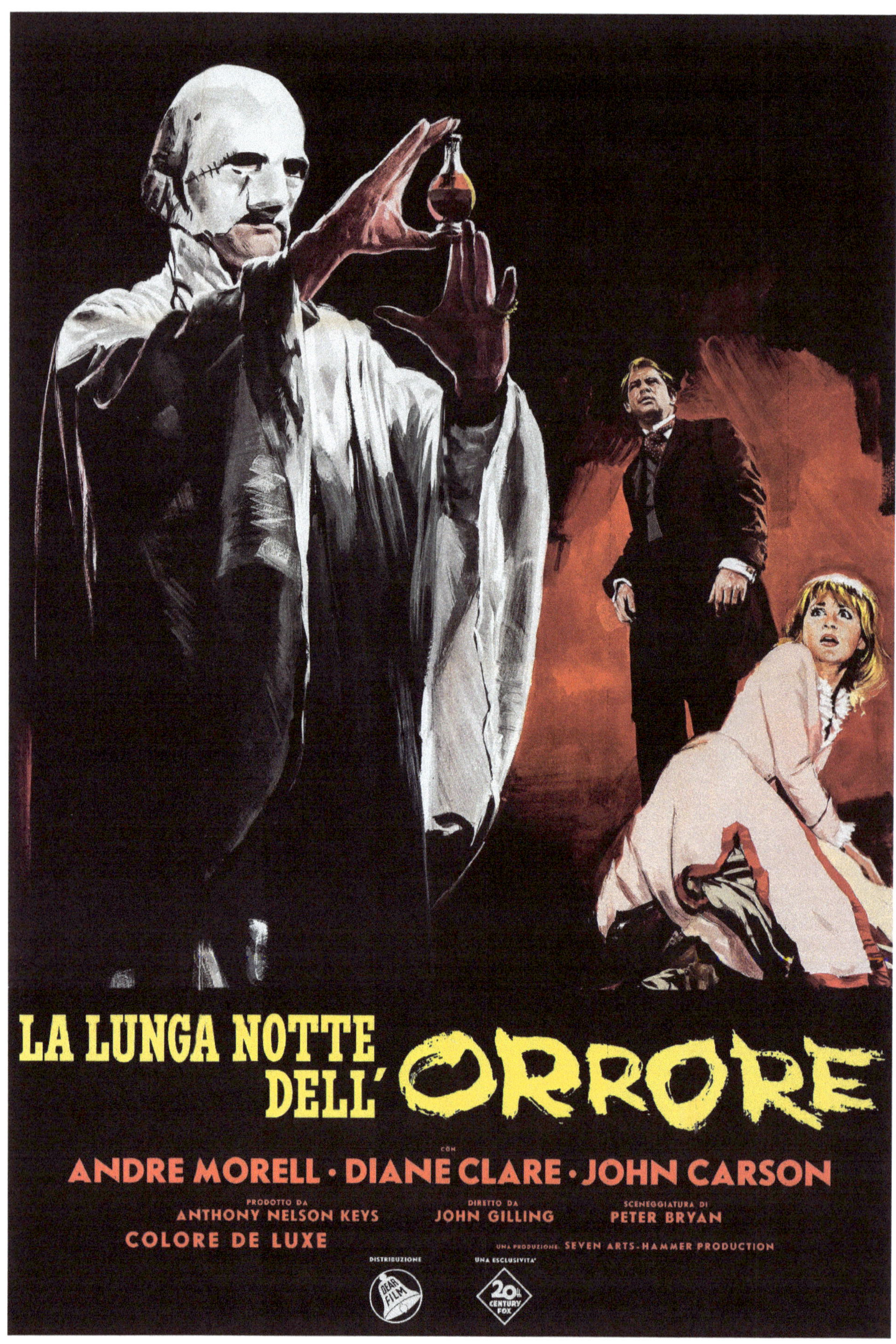

LA LUNGA NOTTE DELL'ORRORE

(''The Long Night Of Horror''). Artist: unsigned. Original Title: **Plague Of The Zombies** (1966).

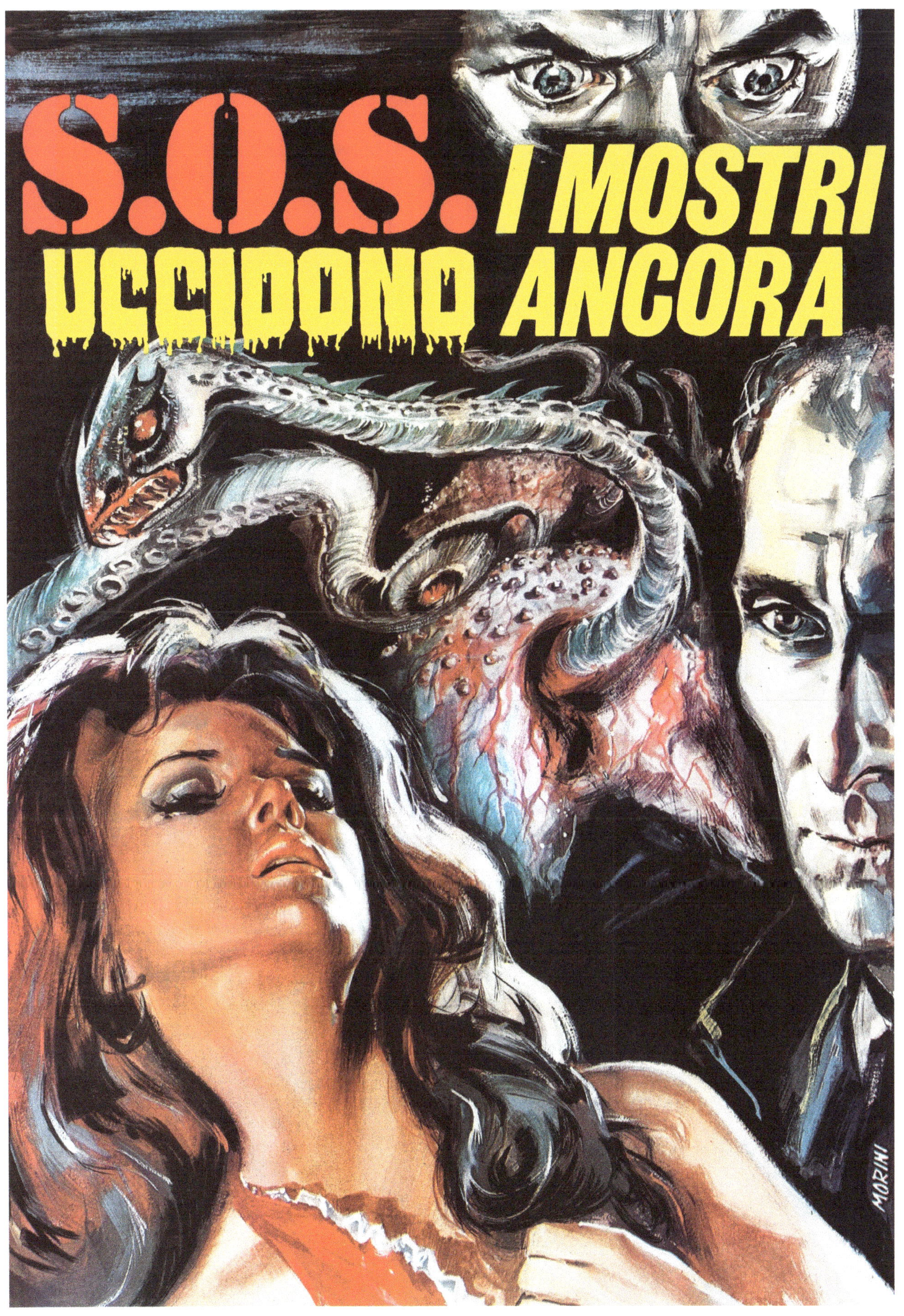

S.O.S.
I MOSTRI
UCCIDONO ANCORA
MORINI

S.O.S. I MOSTRI UCCIDONO ANCORA
("S.O.S. The Monsters Are Killing Again"). Artist: Morini. Original Title: Island Of Terror (1966).

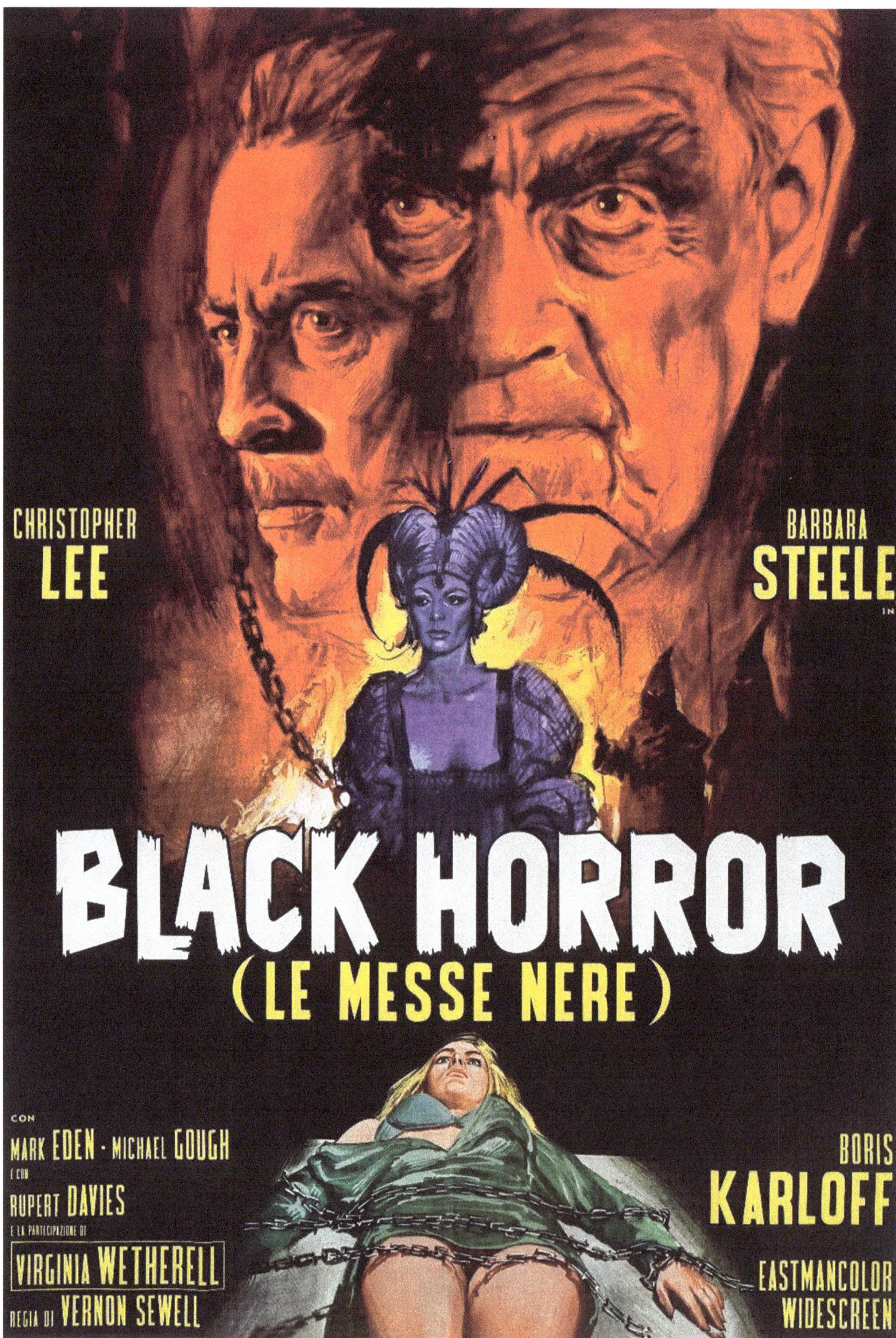

BLACK HORROR (LE MESSE NERE)

("Black Horror – Black Masses"). Artist: unsigned. Original Title: **Curse Of The Crimson Altar** (1968).

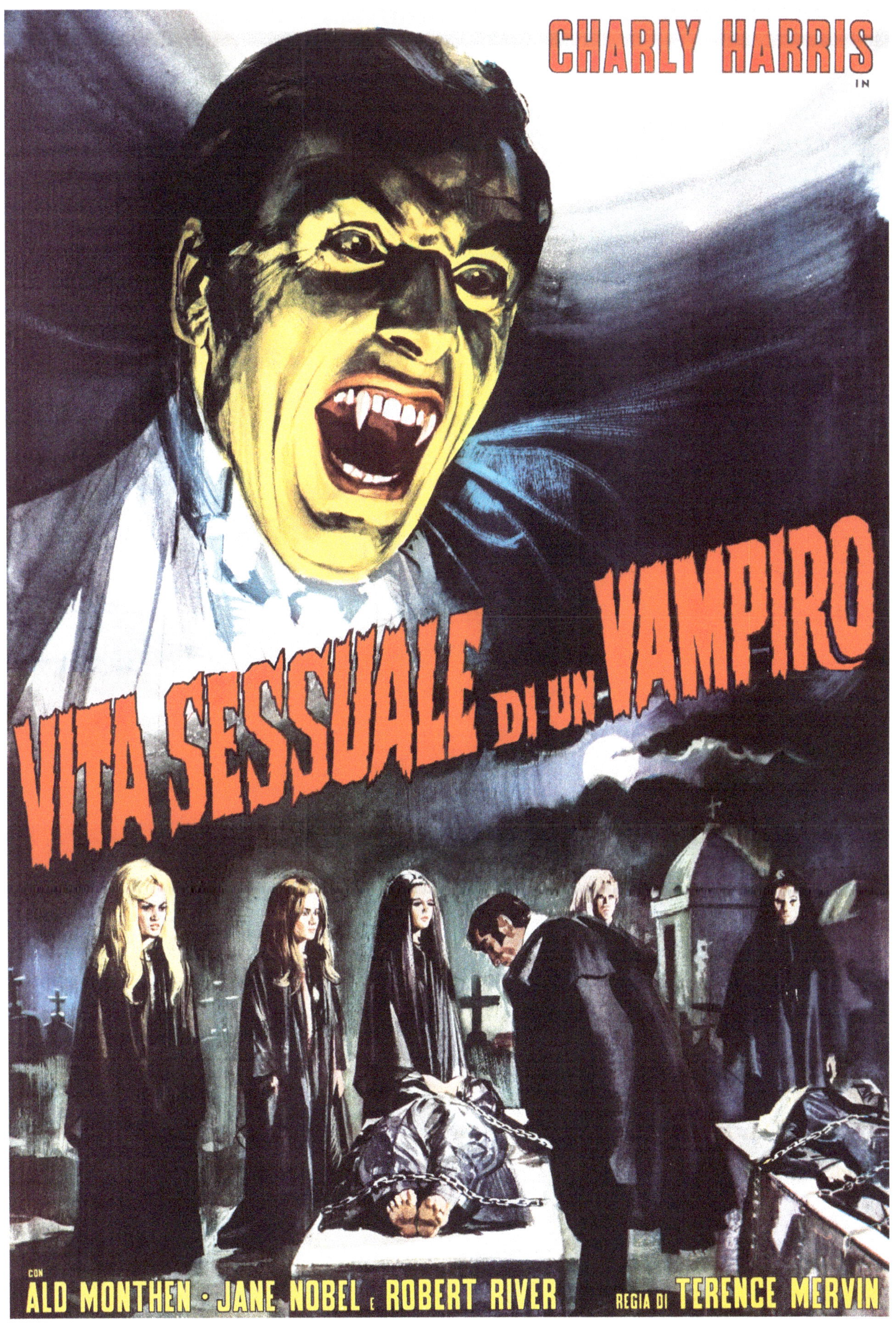

VITA SESSUALE DI UN VAMPIRO

("Sex Life Of A Vampire"). Artist: unsigned. Original Title: **Santo En El Tesoro De Drácula** (1969).

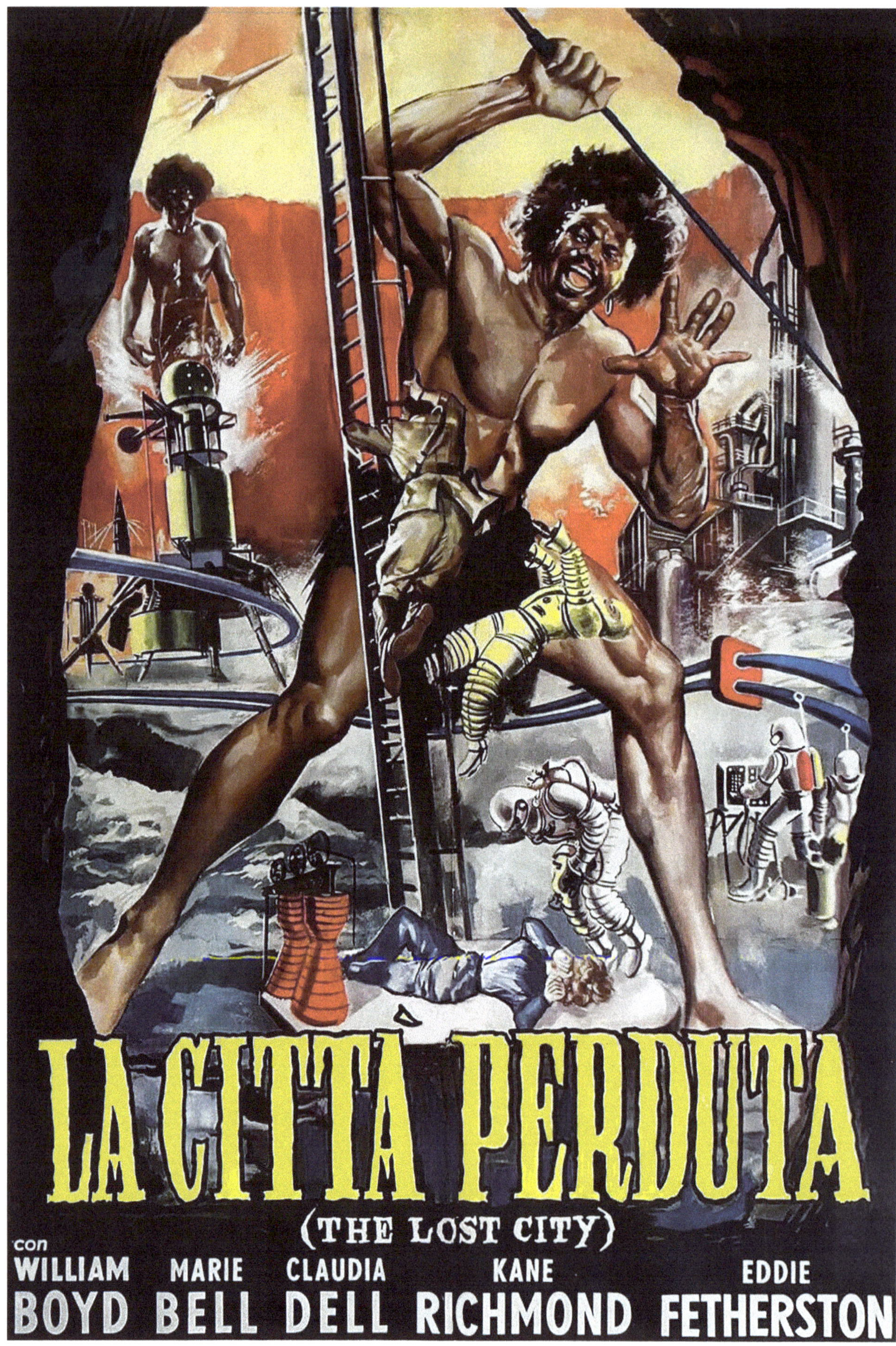

("The Lost City"). Artist: unsigned. Original Title: **The Lost City** (1935).

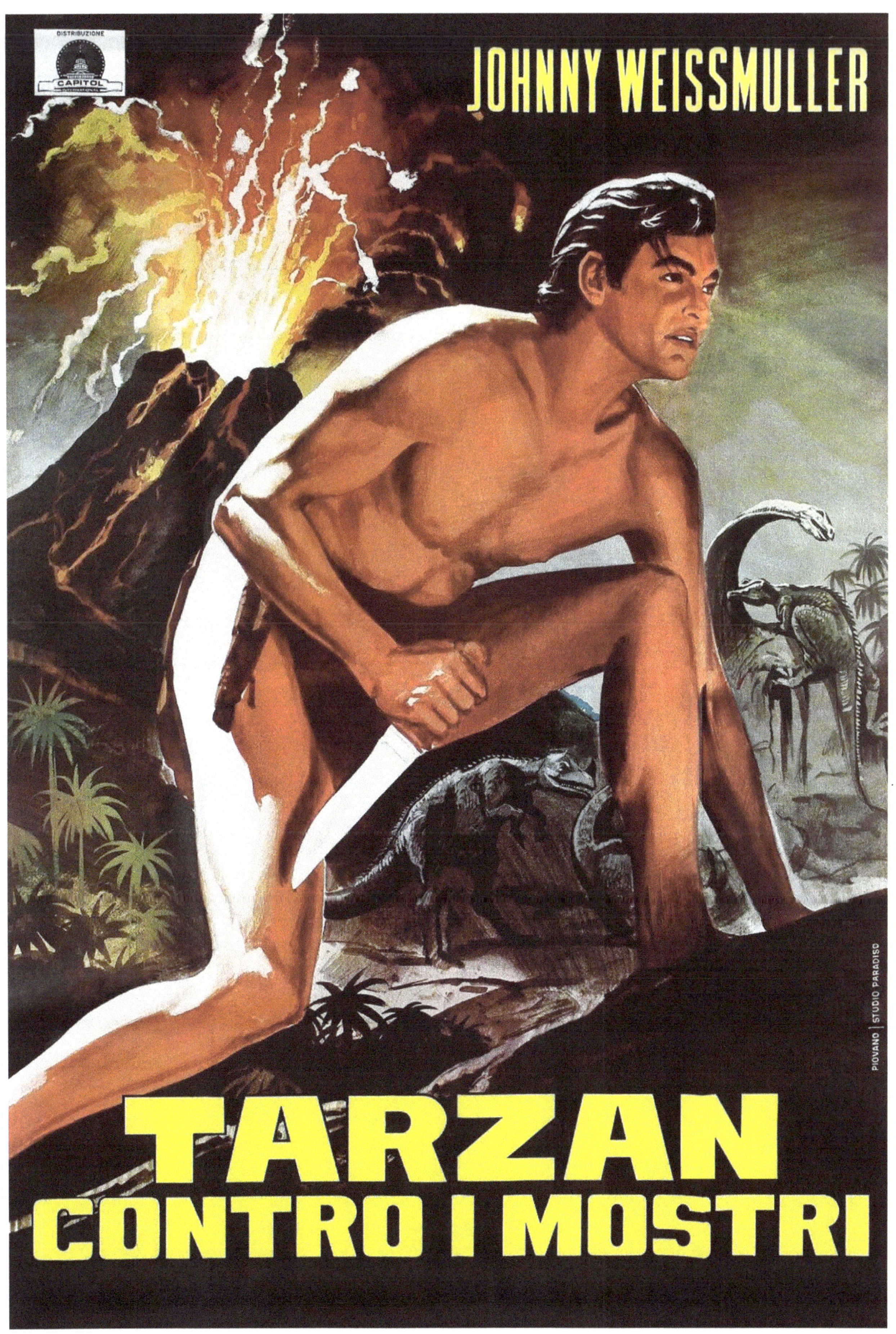

("Tarzan Versus The Monsters"). Artist: Mario Piovano. Original Title: **Tarzan's Desert Mystery** (1943).

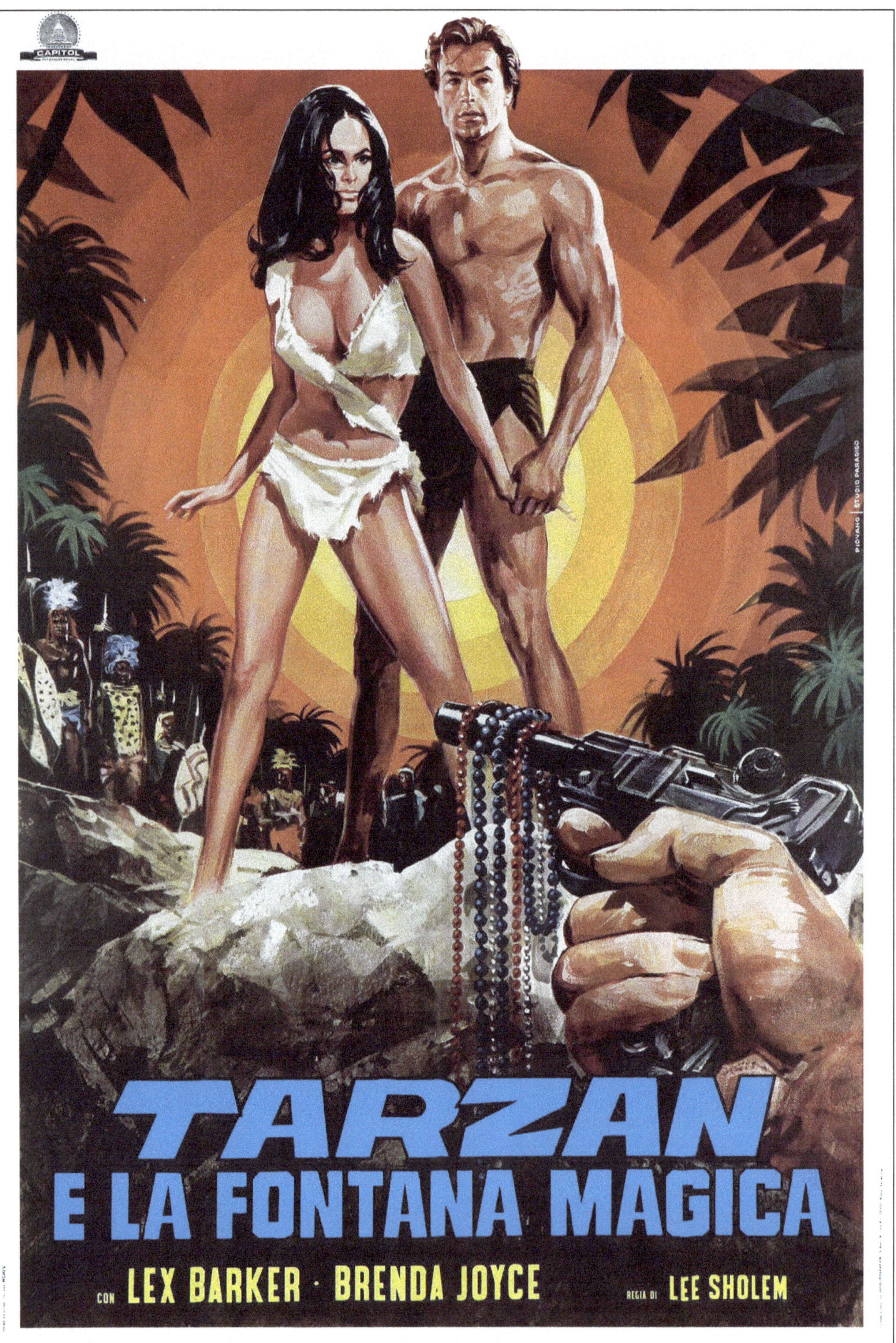

TARZAN E LA FONTANA MAGICA

("Tarzan And The Magic Fountain"). Artist: Mario Piovano. Original Title: **Tarzan's Magic Fountain** (1949).

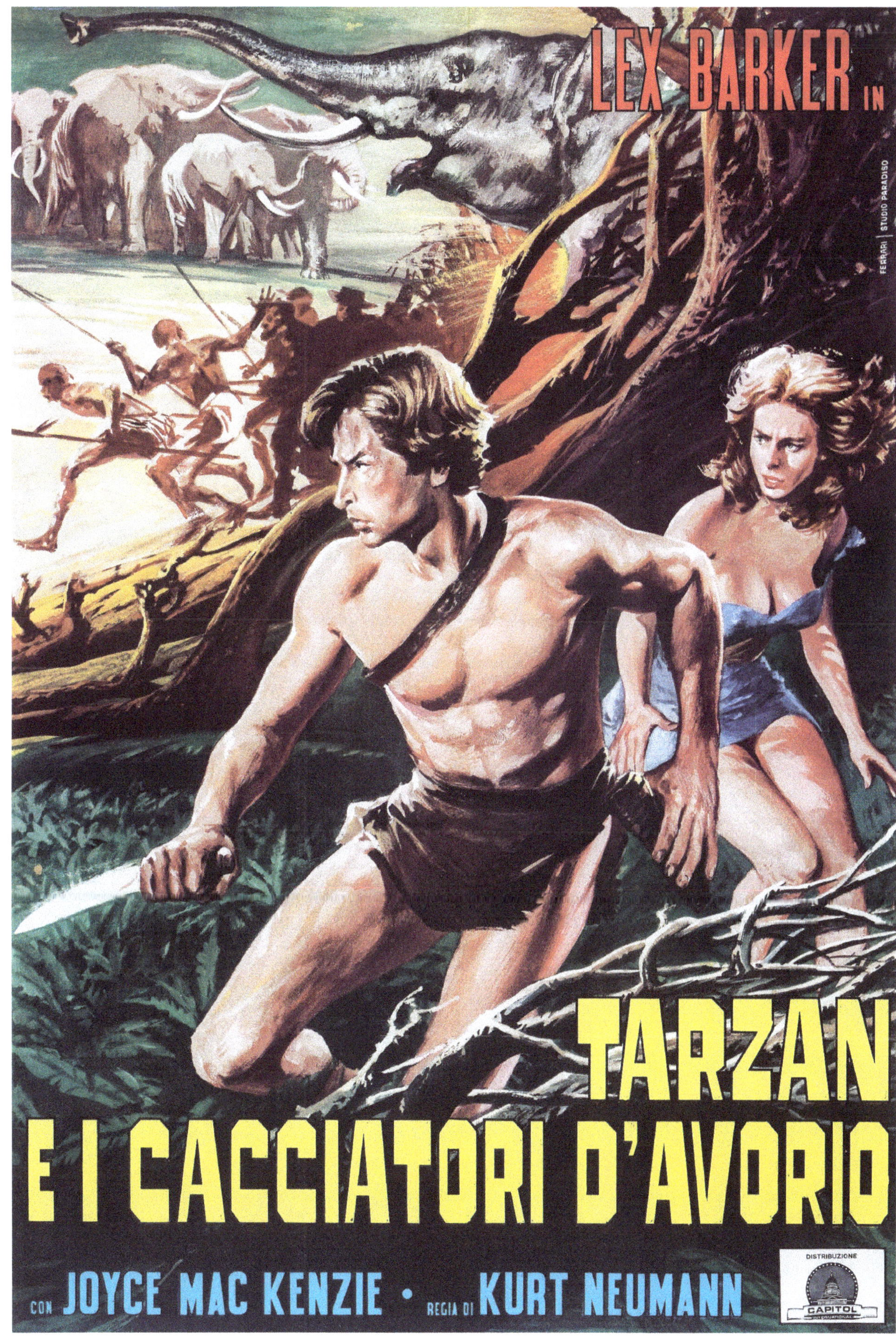

("Tarzan And The Ivory Hunters"). Artist: Ferrari/Studio Paradiso. Original Title: **Tarzan And The She-Devil** (1953).

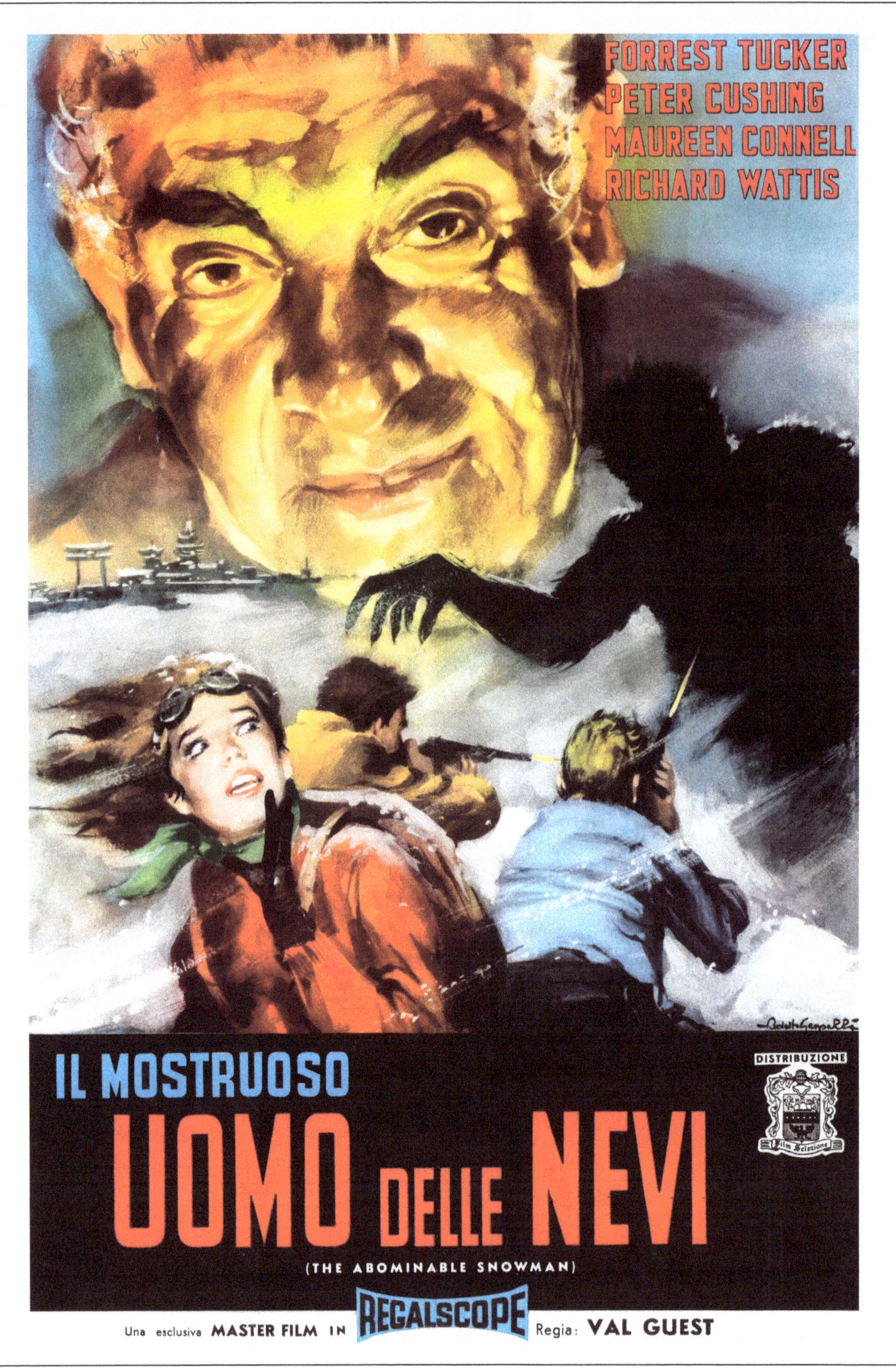

IL MOSTRUOSO UOMO DELLE NEVI

(''The Monstrous Man Of The Snows''). Artist: Rodolfo Gasparri. Original Title: **The Abominable Snowman** (1957).

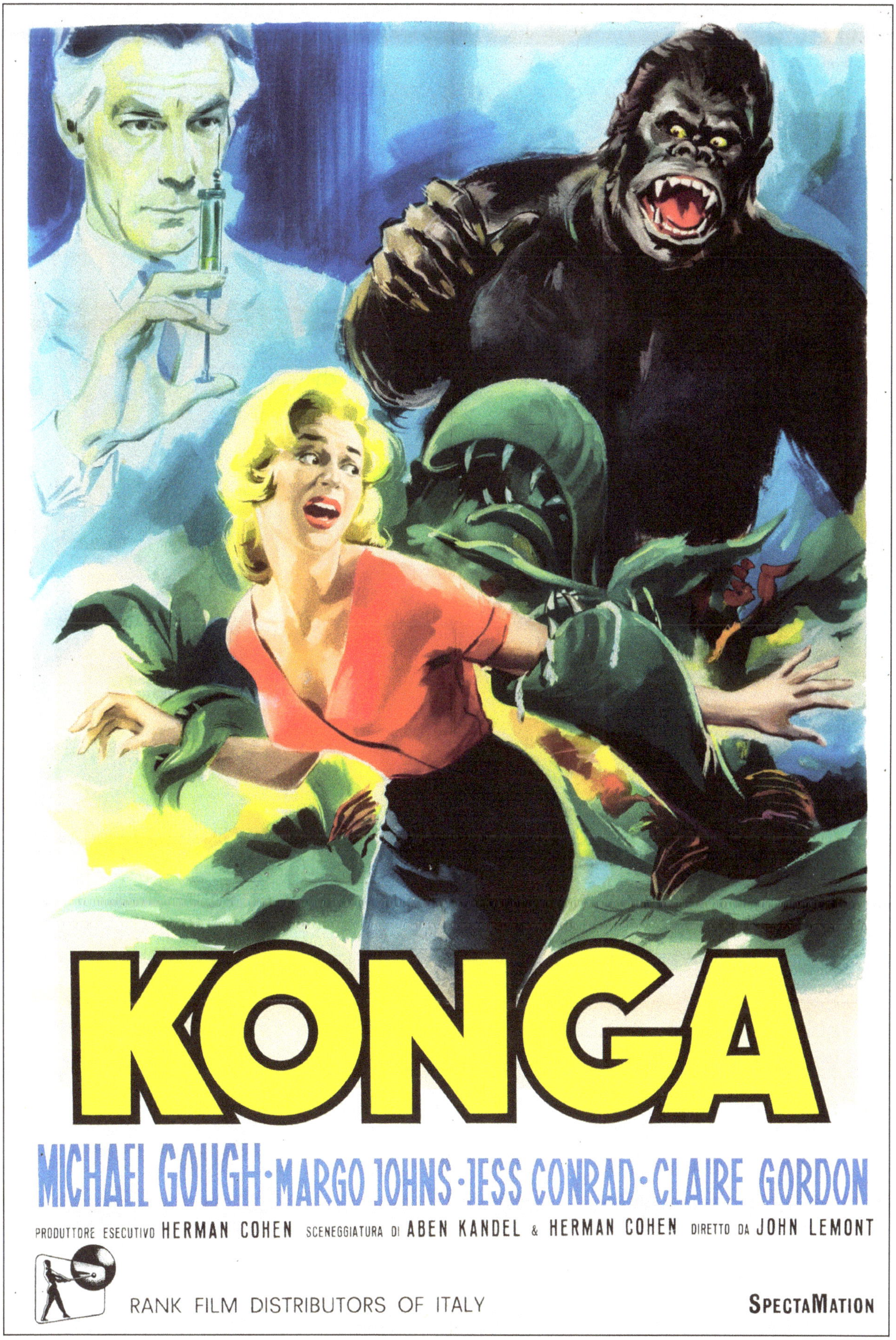

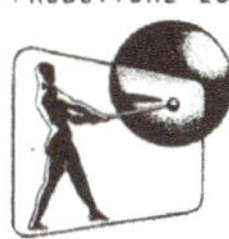

KONGA
MICHAEL GOUGH · MARGO JOHNS · JESS CONRAD · CLAIRE GORDON
PRODUTTORE ESECUTIVO HERMAN COHEN SCENEGGIATURA DI ABEN KANDEL & HERMAN COHEN DIRETTO DA JOHN LEMONT
RANK FILM DISTRIBUTORS OF ITALY
SpectaMation

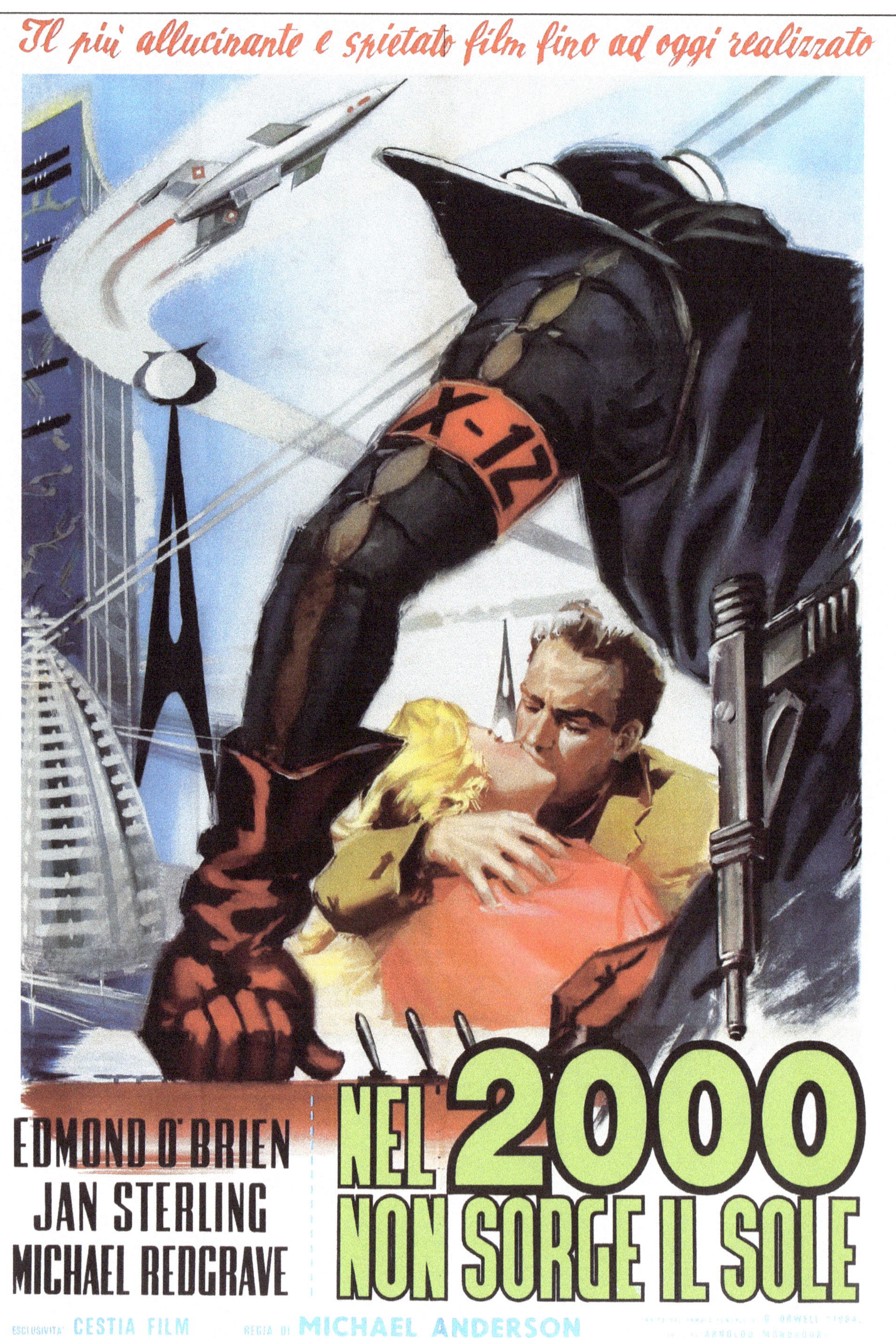

Il più allucinante e spietato film fino ad oggi realizzato
X-12
EDMOND O'BRIEN
JAN STERLING
MICHAEL REDGRAVE
NEL 2000 NON SORGE IL SOLE
ESCLUSIVITA' CESTIA FILM   REGIA DI MICHAEL ANDERSON

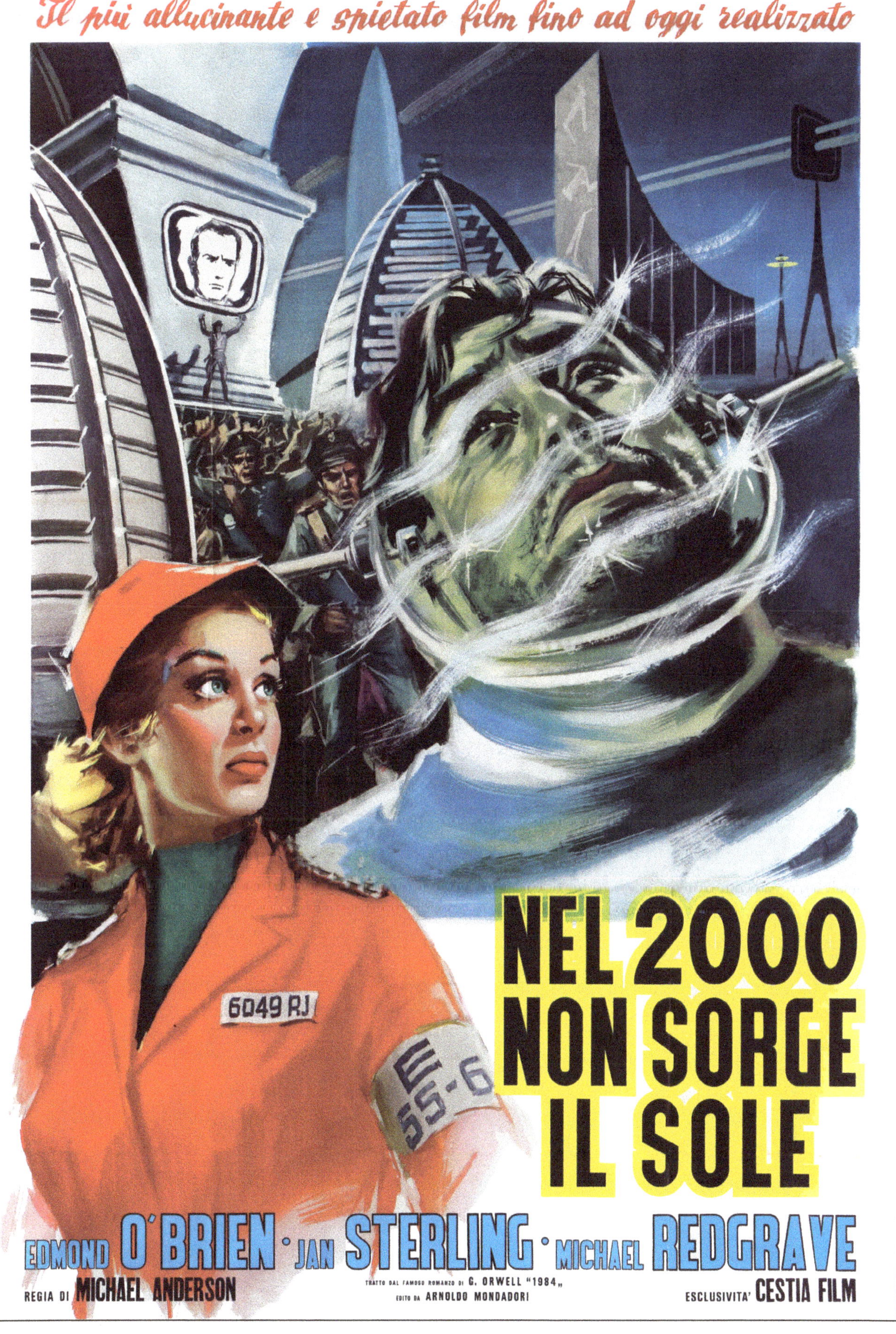

("In 2000 The Sun Does Not Rise"). Artist: unsigned. Original Title: **1984** (1956).

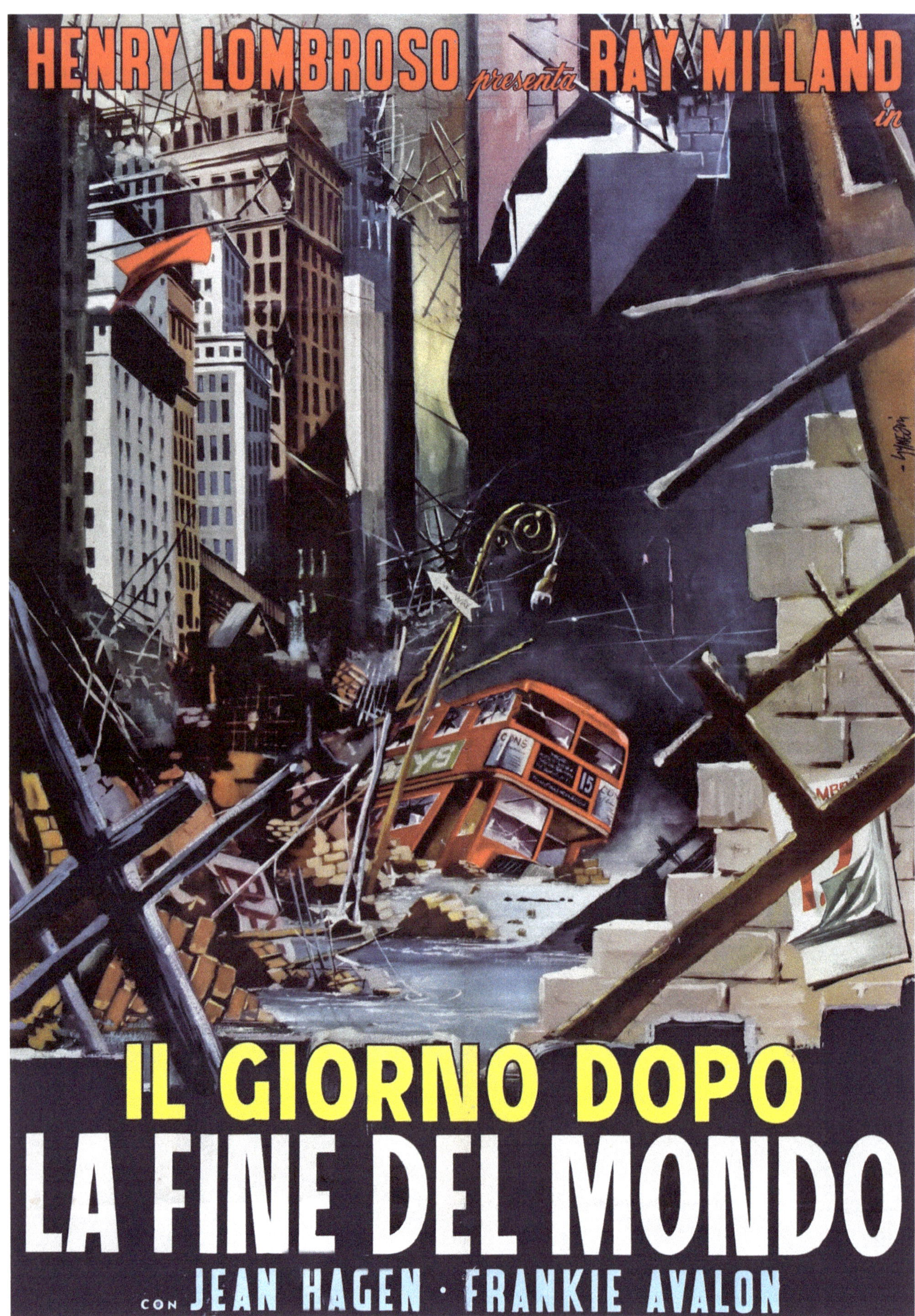

IL GIORNO DOPO LA FINE DEL MONDO

(''The Day After The End Of The World''). Artist: Sandro Symeoni. Original Title: **Panic In The Year Zero** (1962).

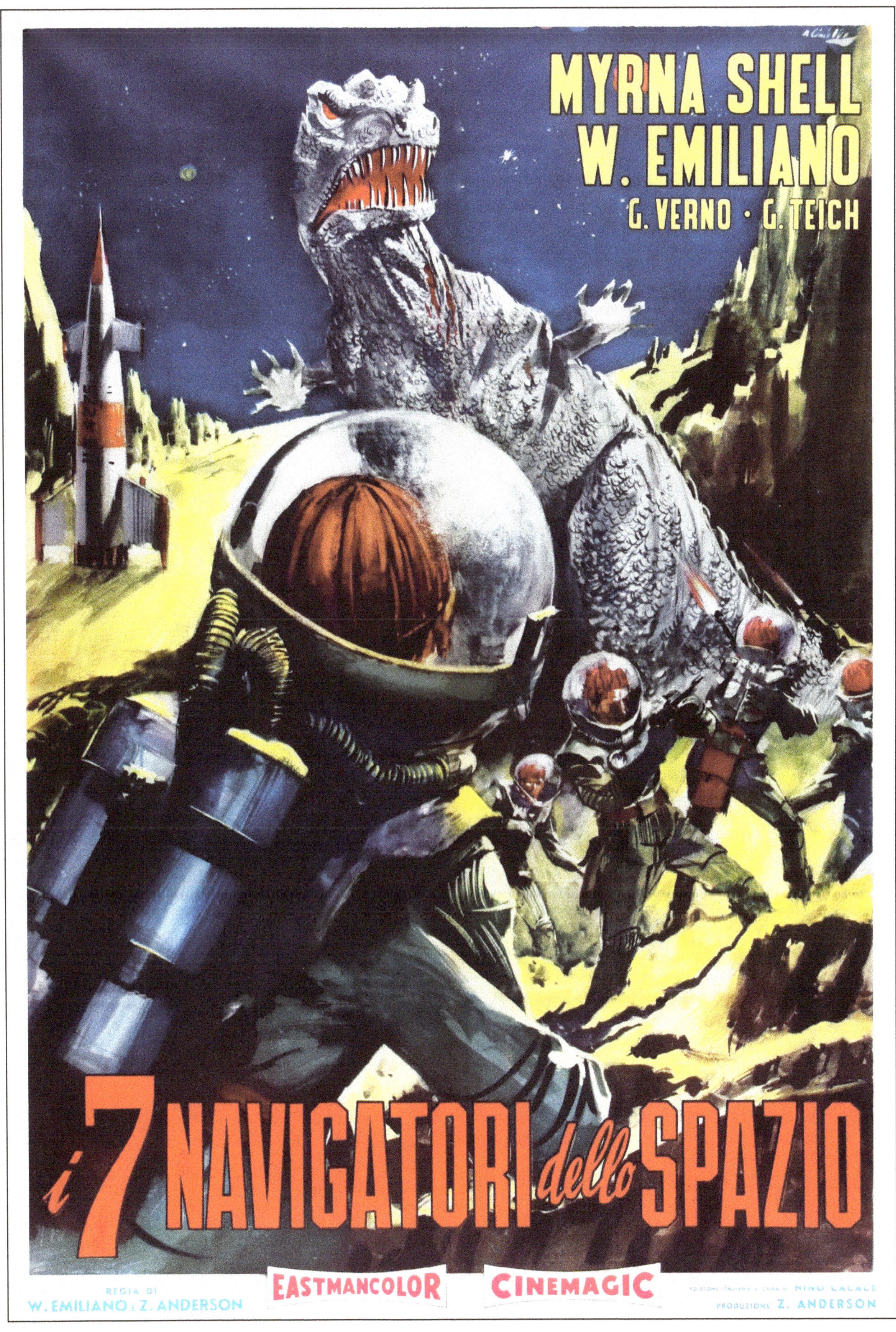

MYRNA SHELL
W. EMILIANO
G. VERNO · G. TEICH
i 7 NAVIGATORI dello SPAZIO
EASTMANCOLOR
CINEMAGIC
REGIA DI
W. EMILIANO E Z. ANDERSON
PRODUZIONE Z. ANDERSON

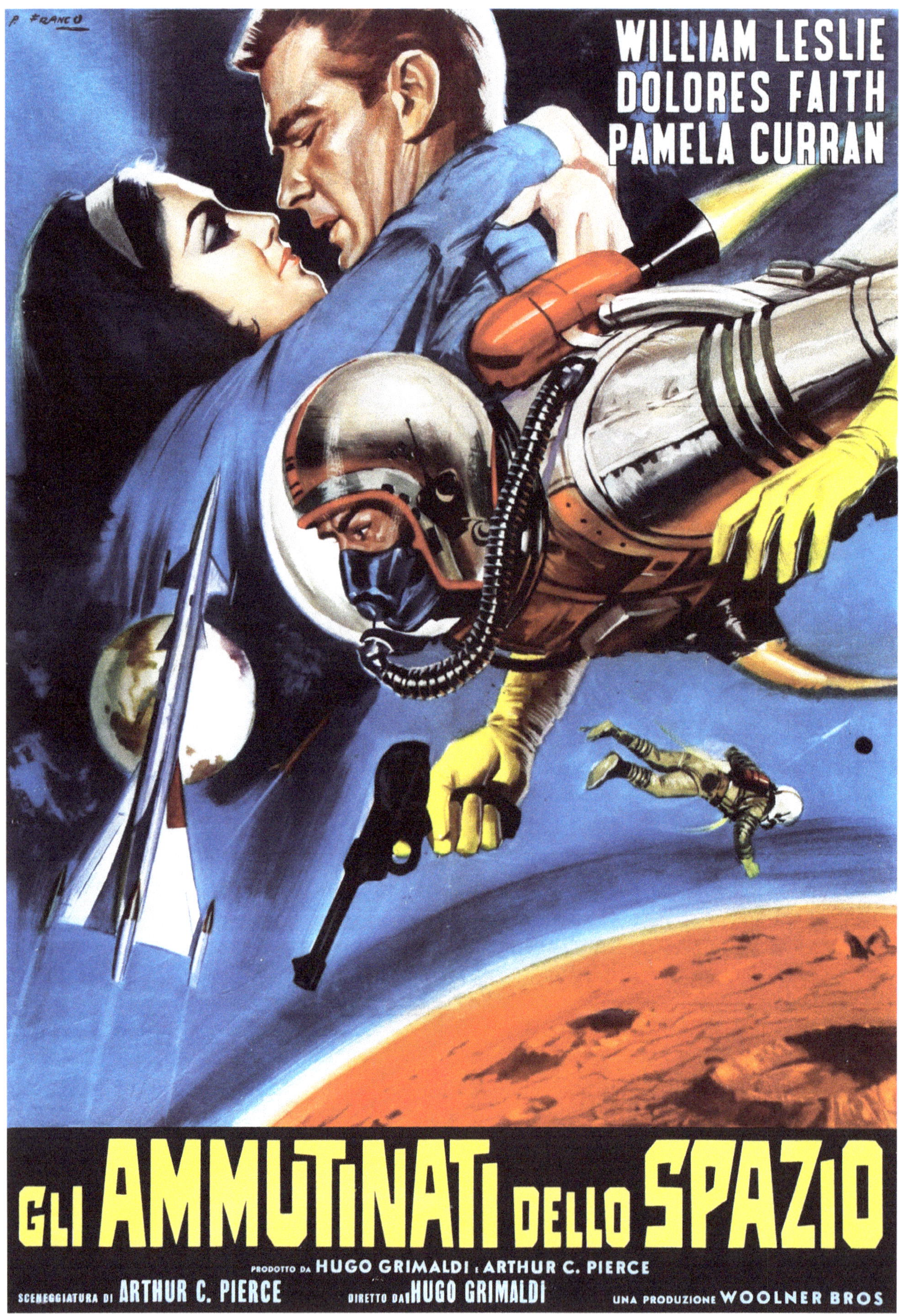

GLI AMMUTINATI DELLO SPAZIO

("The Space Mutineers"). Artist: P. Franco. Original Title: **Mutiny In Outer Space** (1965).

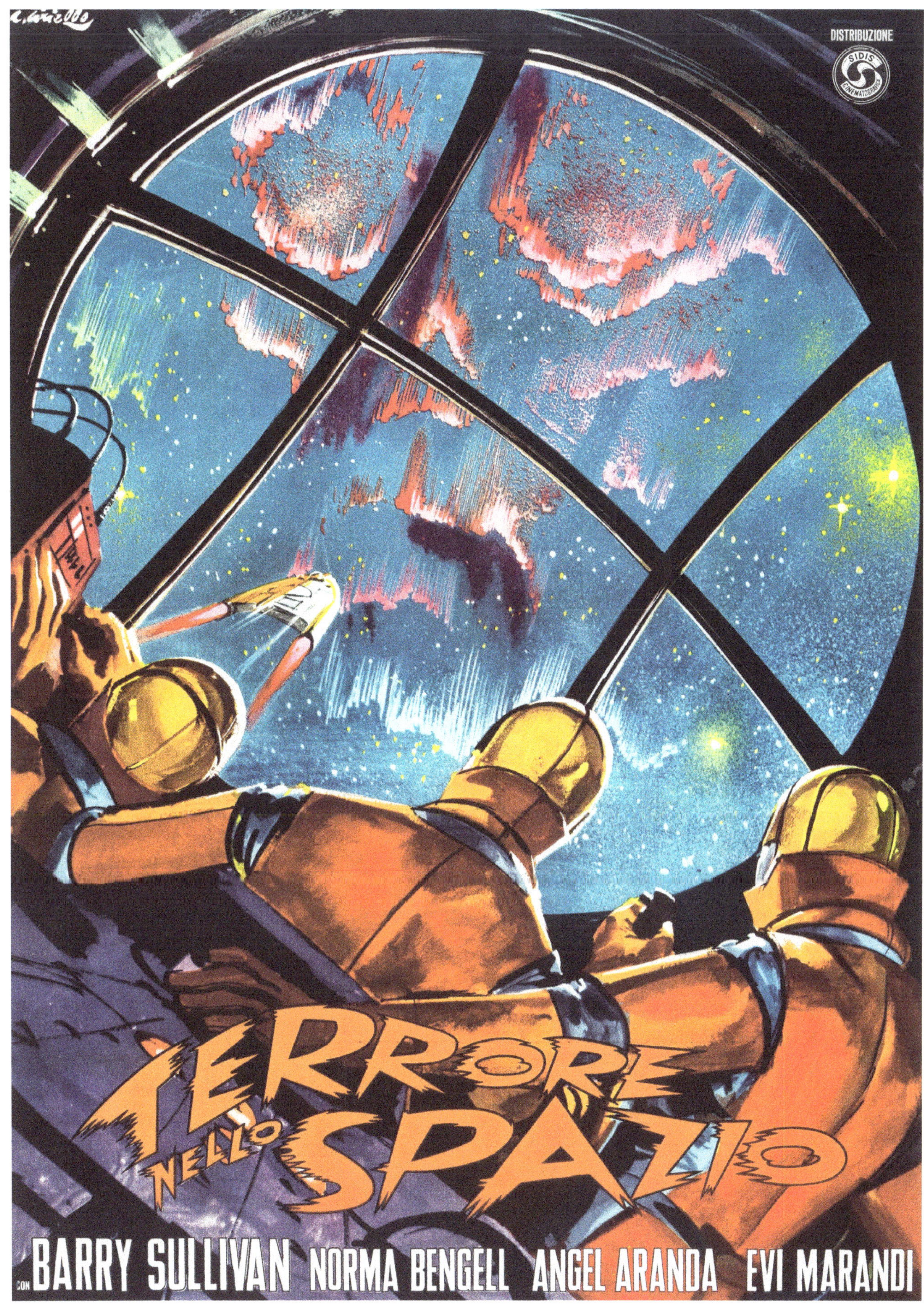

DISTRIBUZIONE
TERRORE NELLO SPAZIO
BARRY SULLIVAN   NORMA BENGELL   ANGEL ARANDA   EVI MARANDI

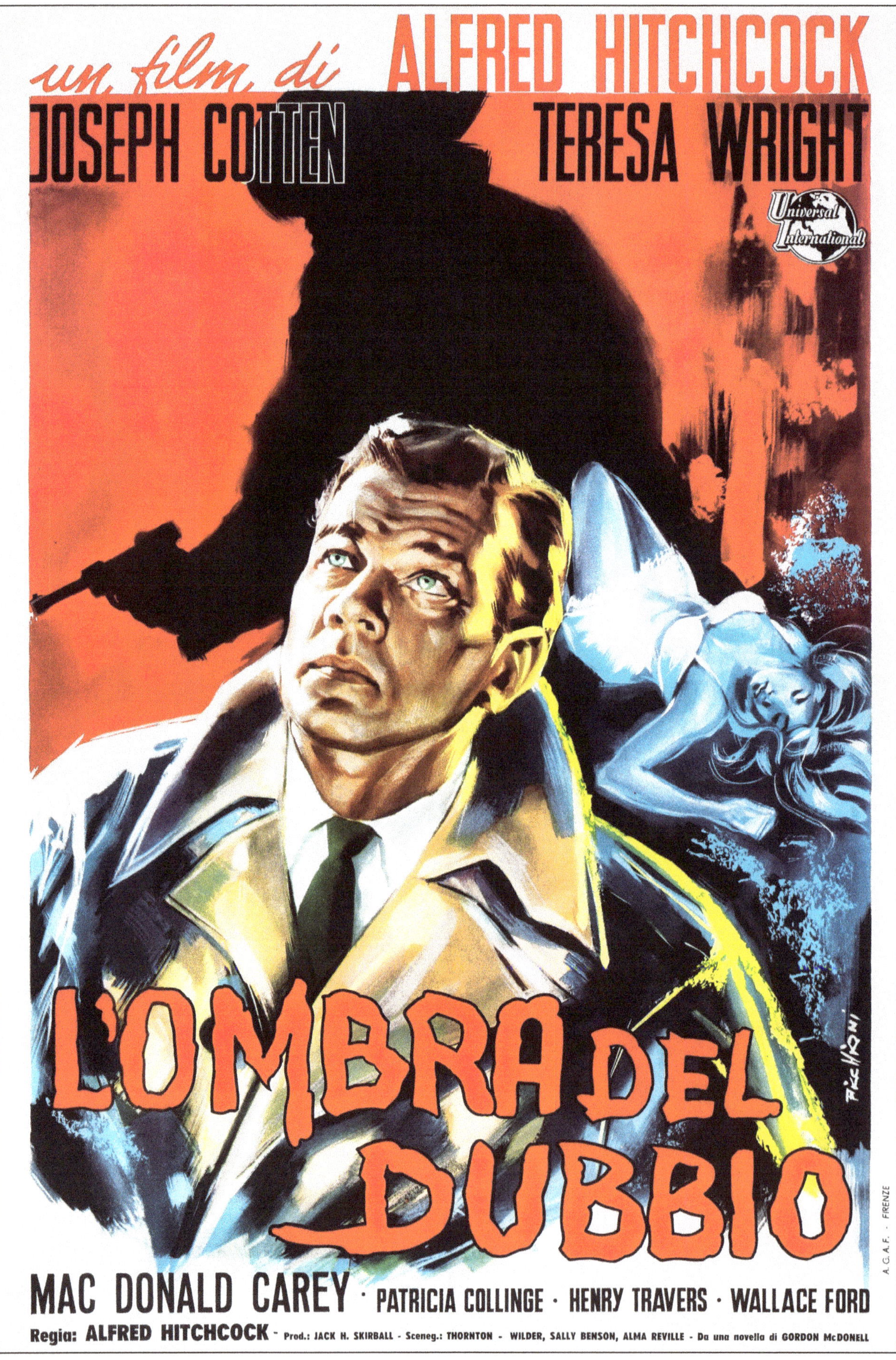

L'OMBRA DEL DUBBIO

("The Shadow Of Doubt"). Artist: P. Franco. Original Title: **Shadow Of A Doubt** (1943).

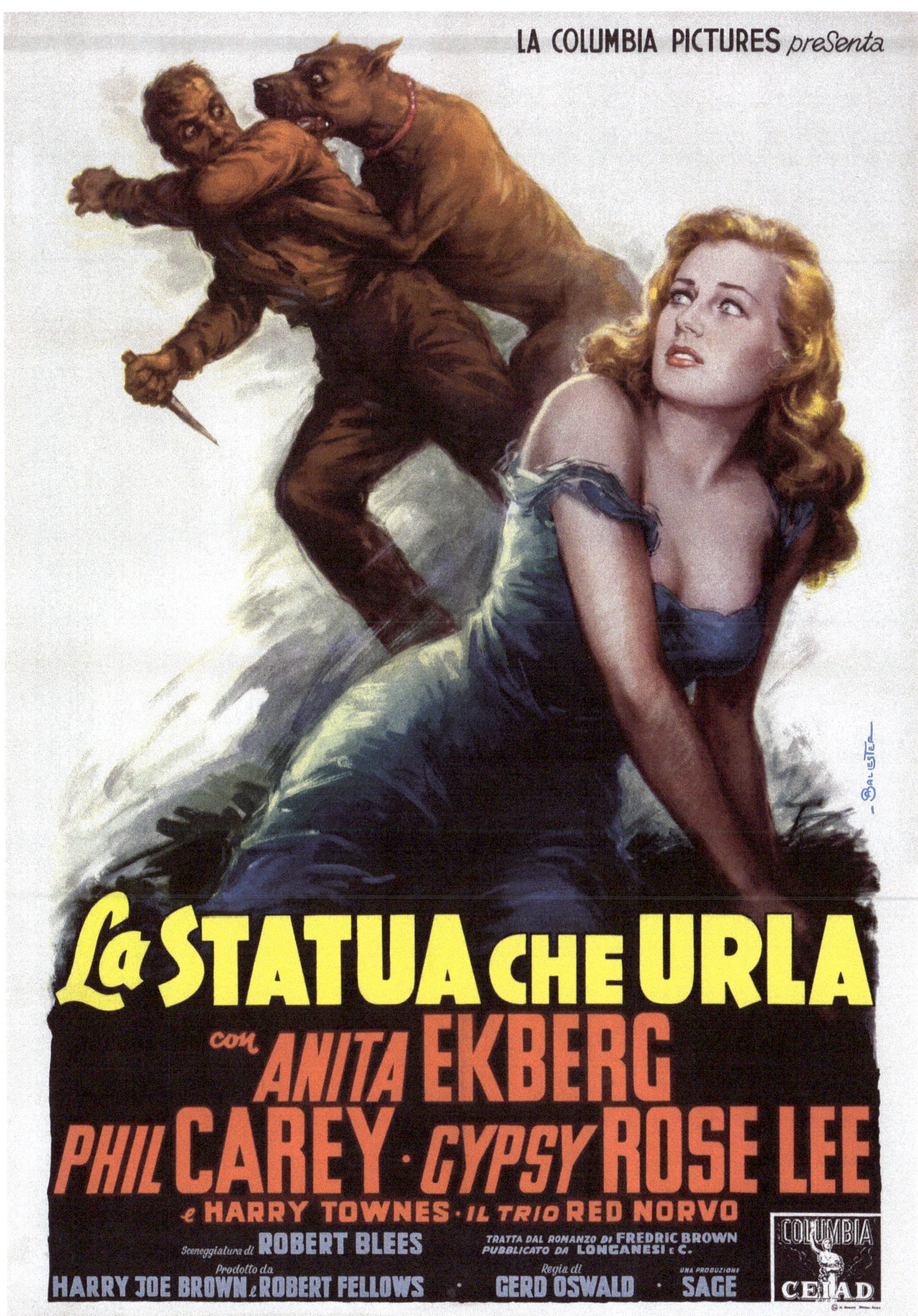

("The Screaming Statue"). Artist: Anselmo Ballester. Original Title: **The Screaming Mimi** (1958).

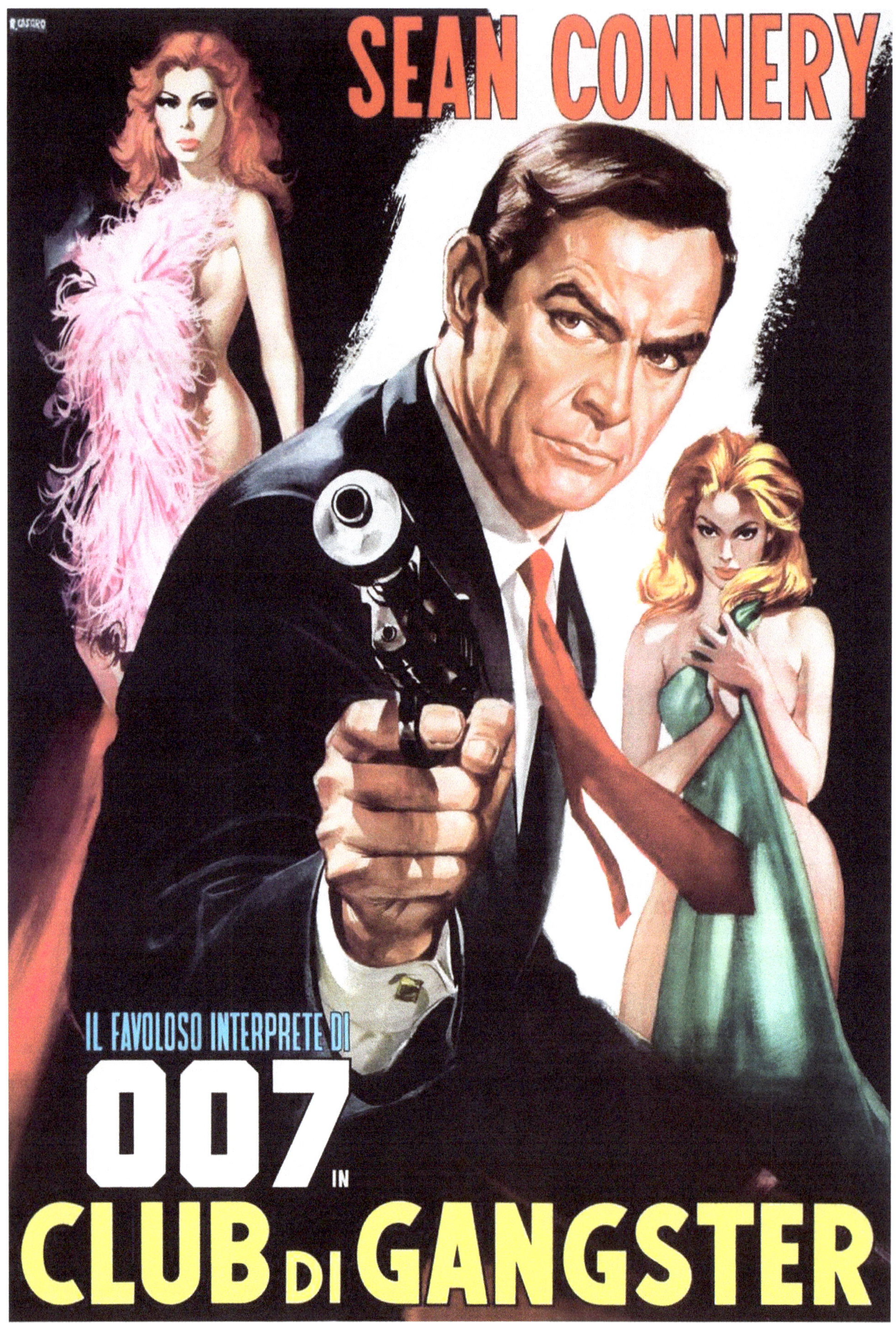

CLUB DI GANGSTER

("Gangster Club"). Artist: Renato Casaro. Original Title: **No Road Back** (1957).

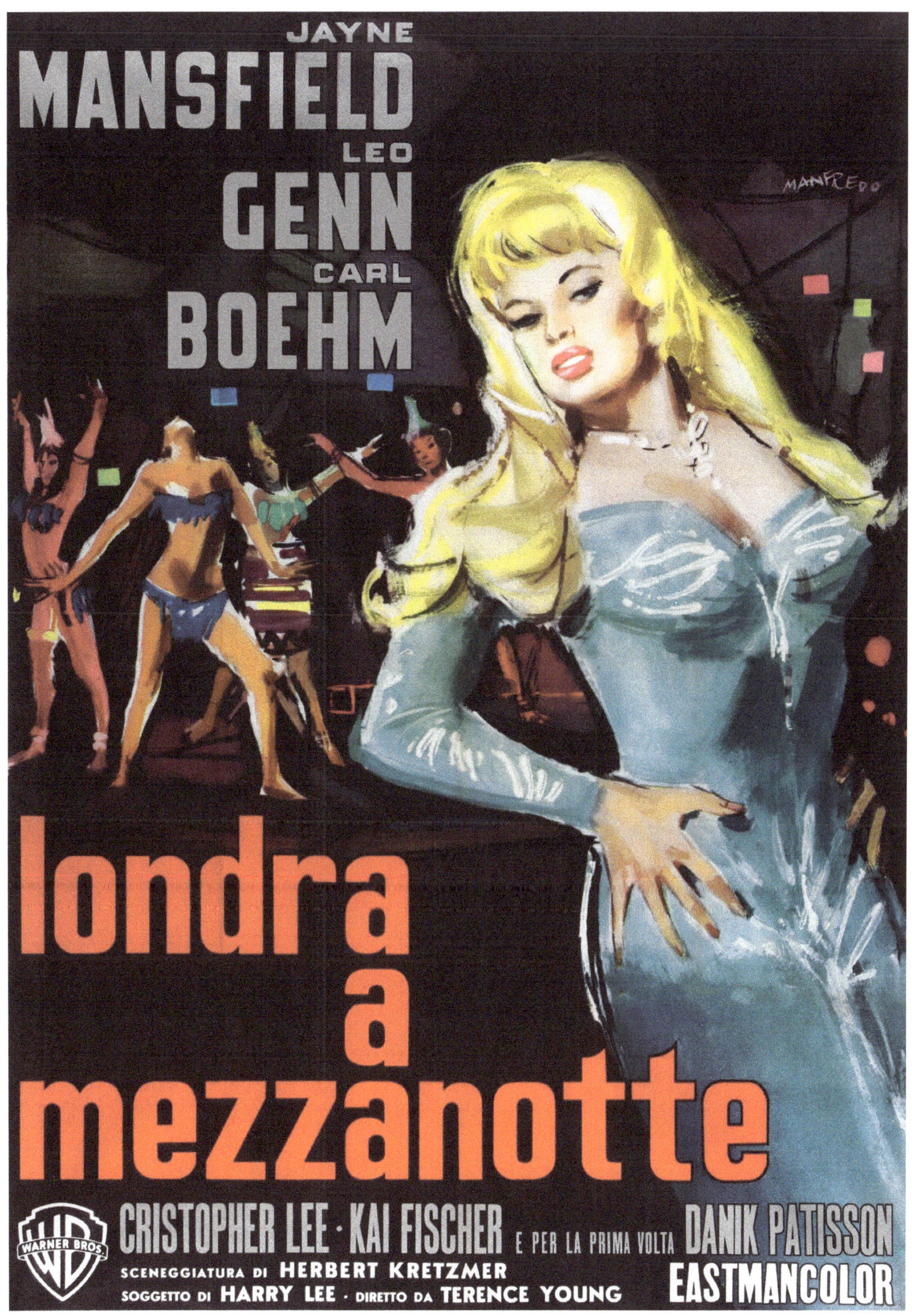

JAYNE
MANSFIELD
LEO
GENN
CARL
BOEHM
MANFREDO
londra a mezzanotte
WARNER BROS.
CRISTOPHER LEE · KAI FISCHER
E PER LA PRIMA VOLTA
DANIK PATISSON
EASTMANCOLOR
SCENEGGIATURA DI HERBERT KRETZMER
SOGGETTO DI HARRY LEE · DIRETTO DA TERENCE YOUNG

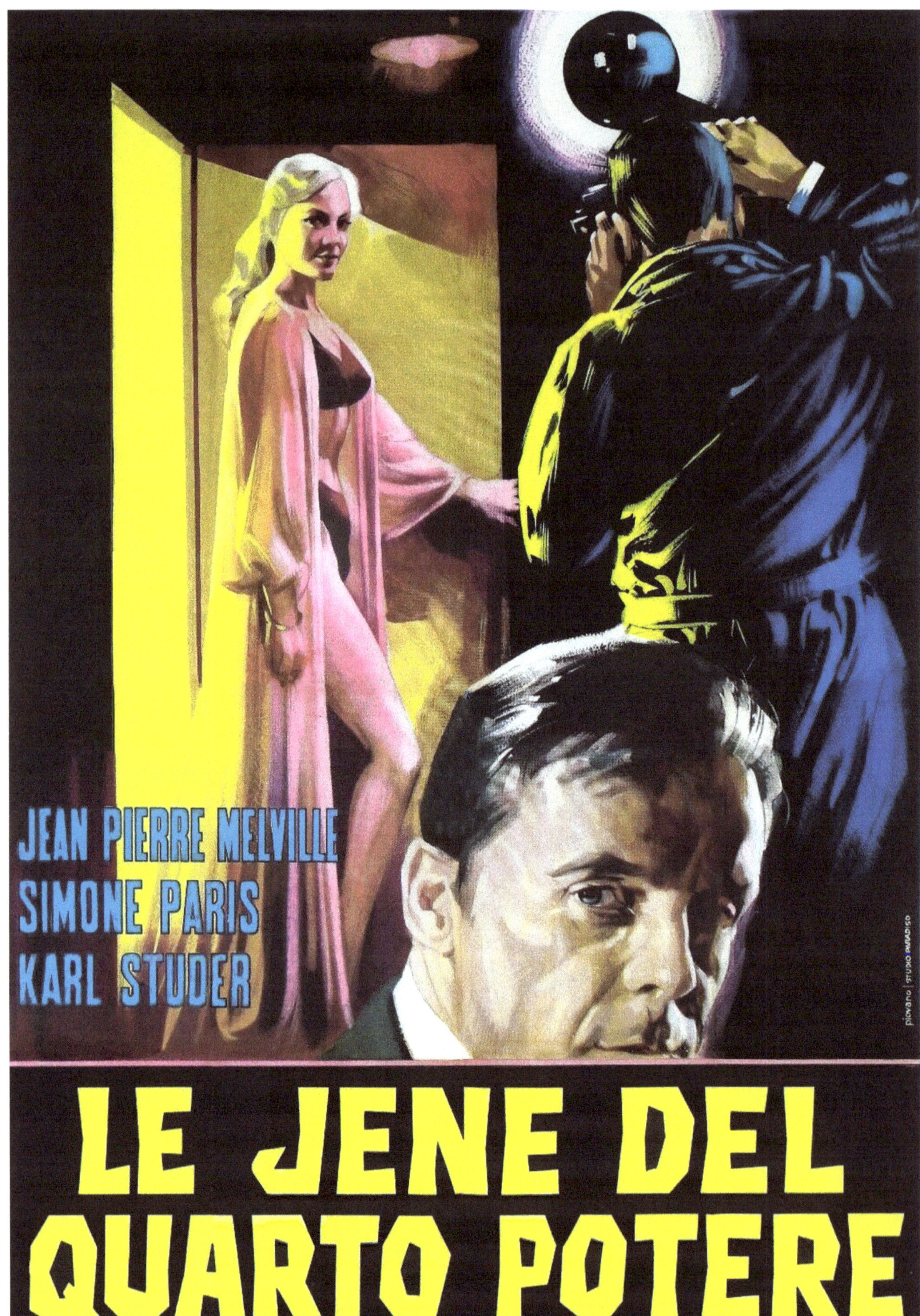

LA JENE DEL QUARTO POTERE

("Hyenas Of The Fourth Estate"). Artist: Mario Piovano. Original Title: Two Men In Manhattan (1959).

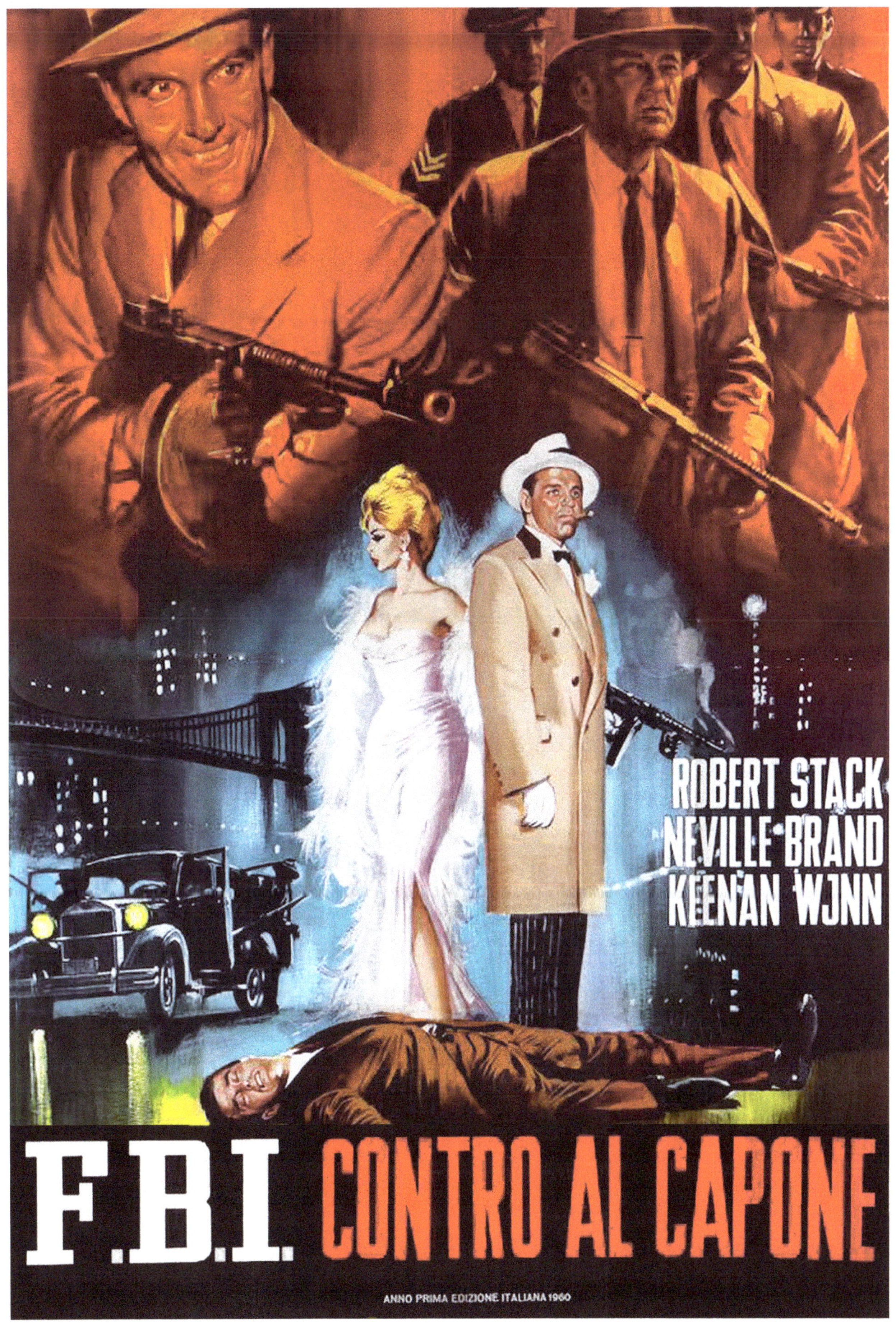

(''FBI Versus Al Capone''). Artist: unsigned. Original Title: **The Scarface Mob** (1959).

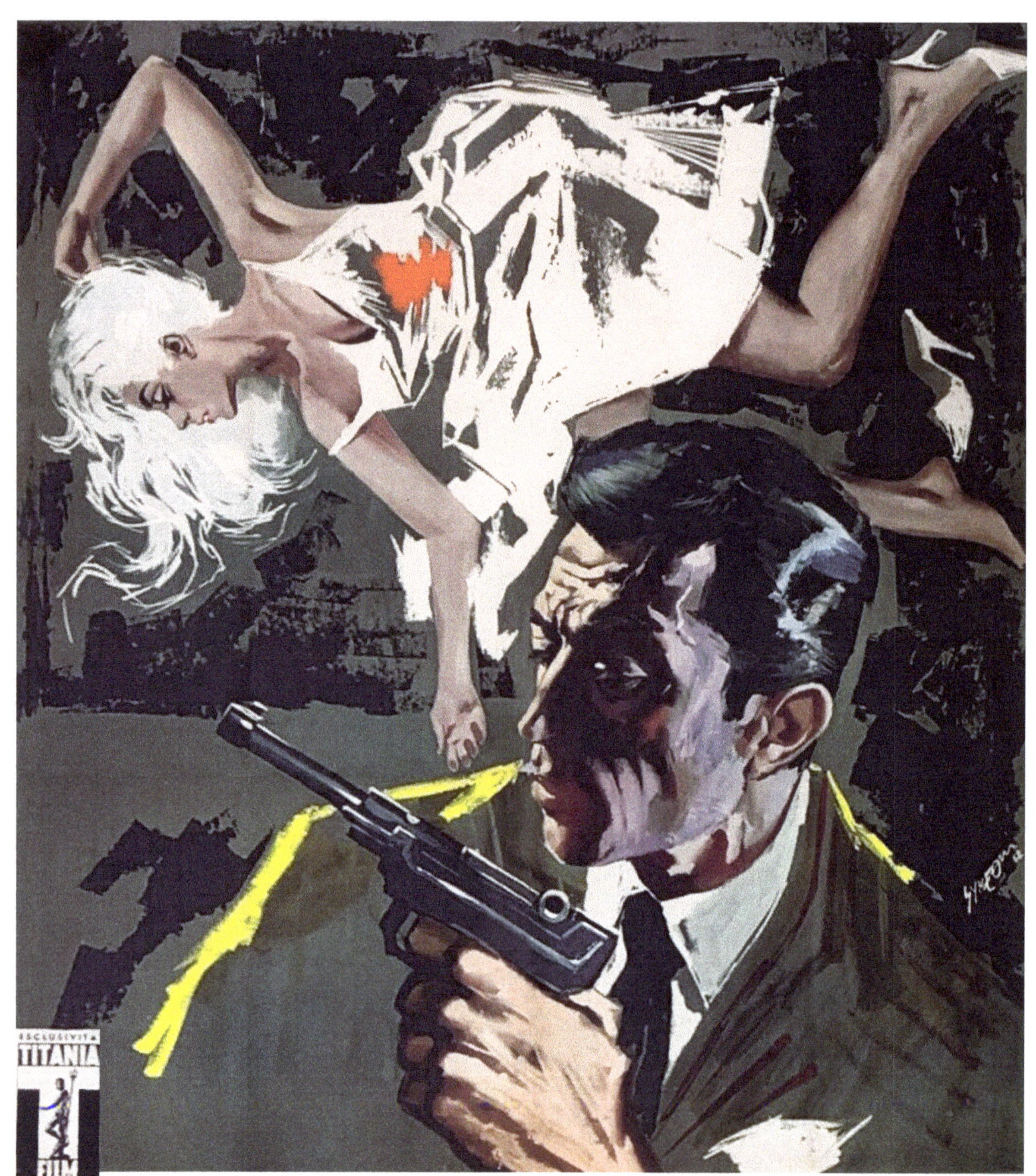

NON SPARATE ALLE BIONDE

("Don't Shoot The Blondes"). Artist: Sandro Symeoni. Original Title: **Touchez Pas Aux Blondes** (1960).

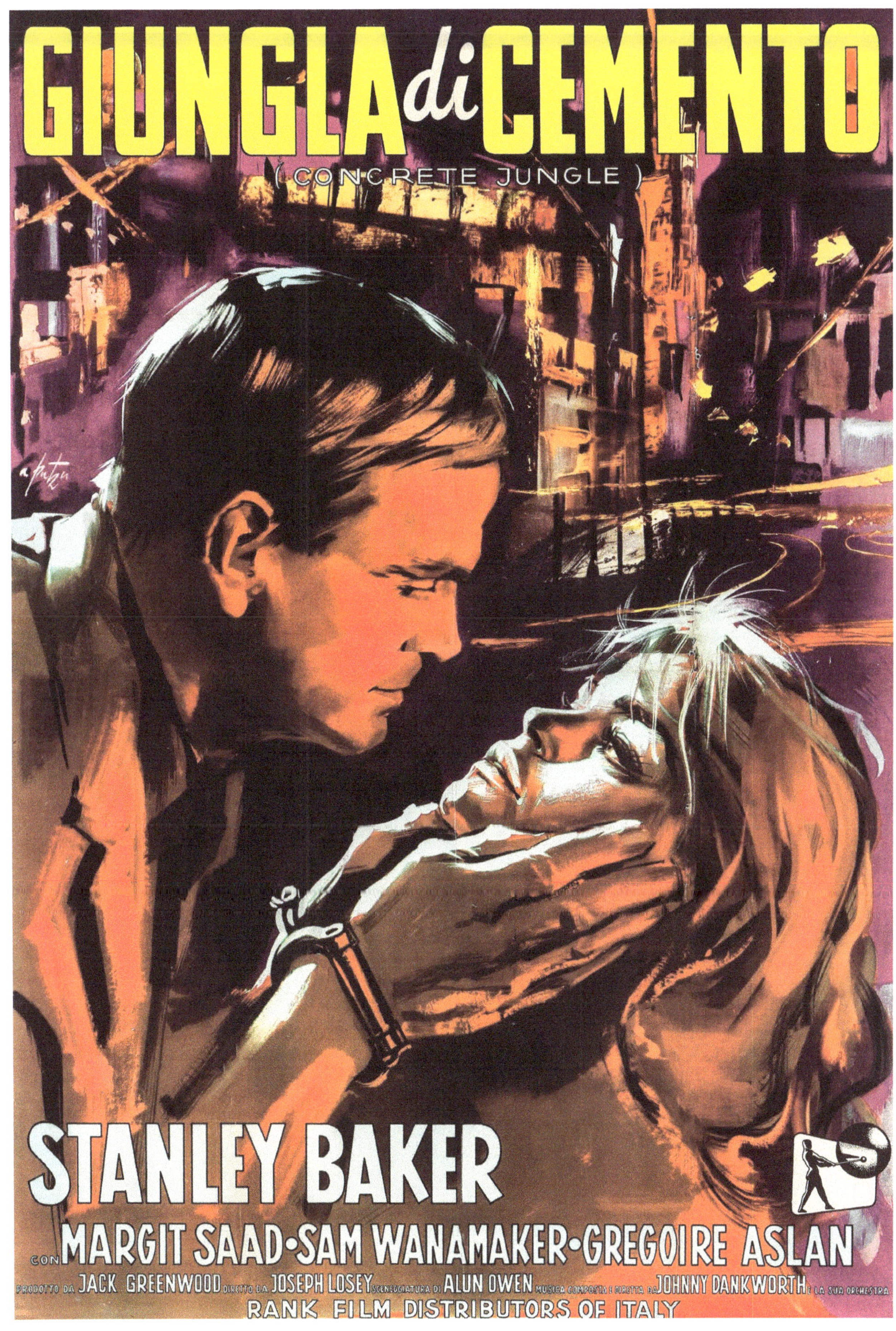

("Jungle Of Cement"). Artist: Arnaldo Putzu. Original Title: **Concrete Jungle** (1960).

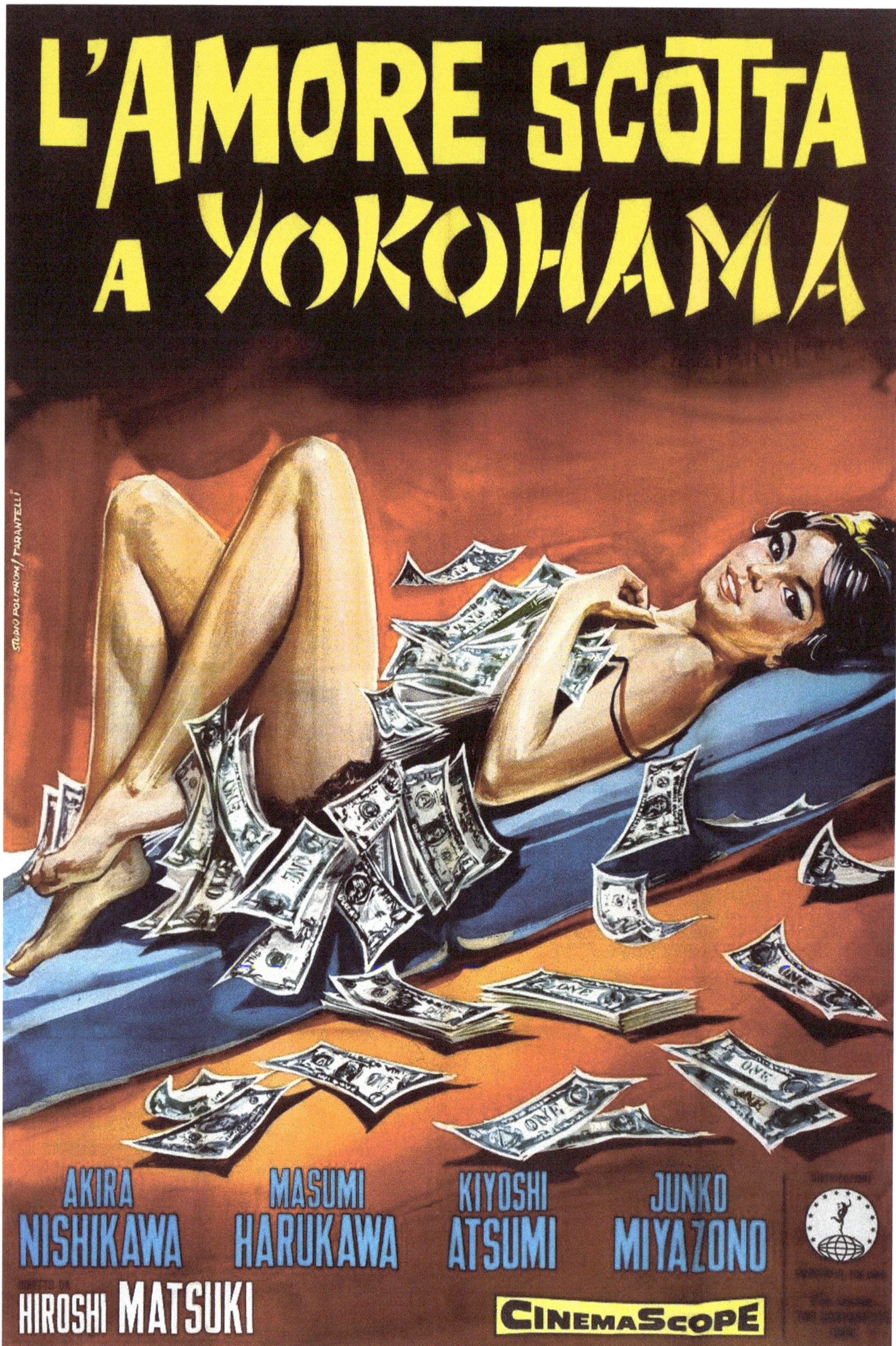

L'AMORE SCOTTA A YOKOHAMA

("Burning Love In Yokohama"). Artist: Ezio Tarantelli. Original Title: **Sanpo Suru Reikyusha** (1964).

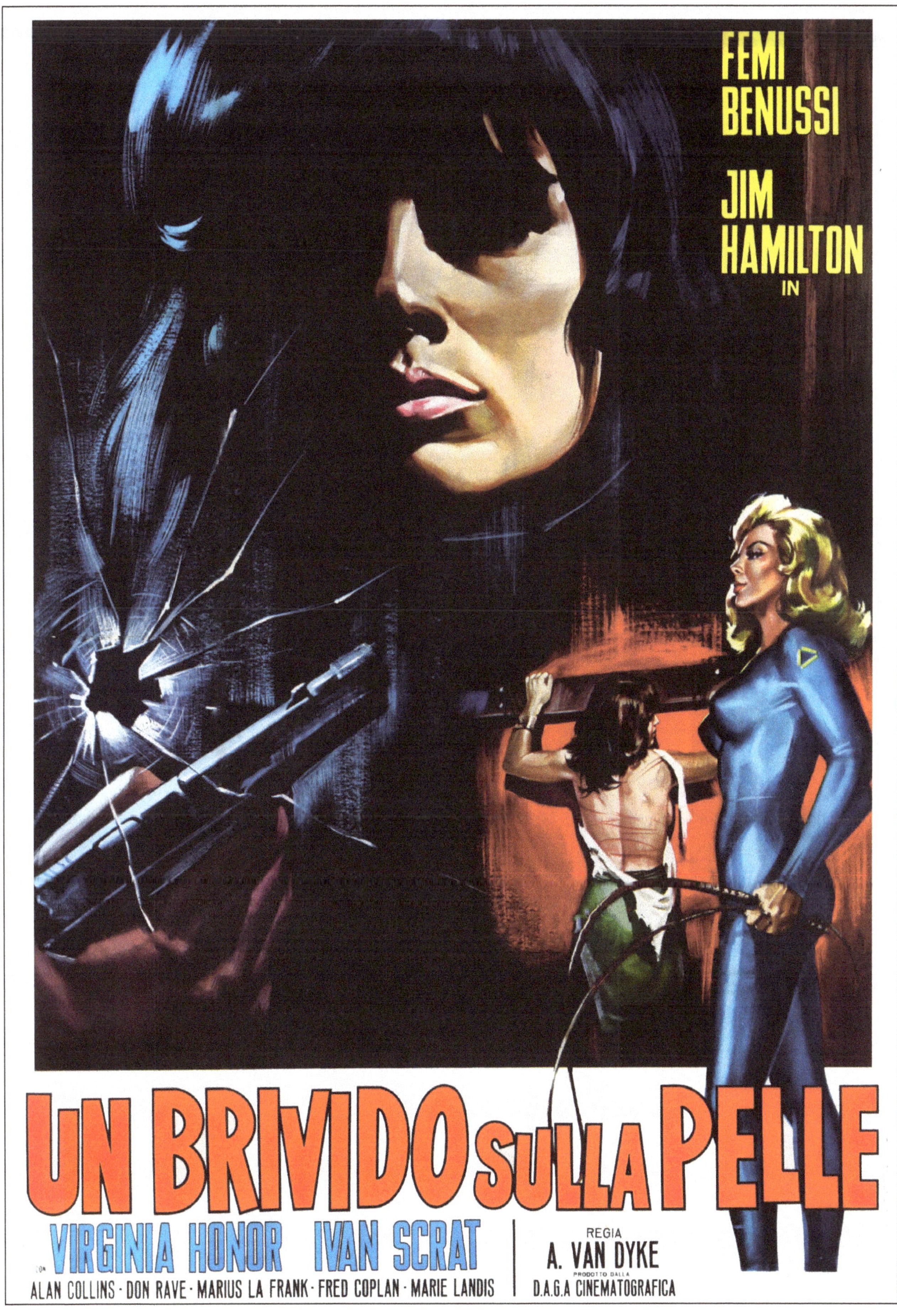

FEMI BENUSSI
JIM HAMILTON
IN
UN BRIVIDO SULLA PELLE
VIRGINIA HONOR · IVAN SCRAT
ALAN COLLINS · DON RAVE · MARIUS LA FRANK · FRED COPLAN · MARIE LANDIS
REGIA
A. VAN DYKE
PRODOTTO DALLA
D.A.G.A CINEMATOGRAFICA

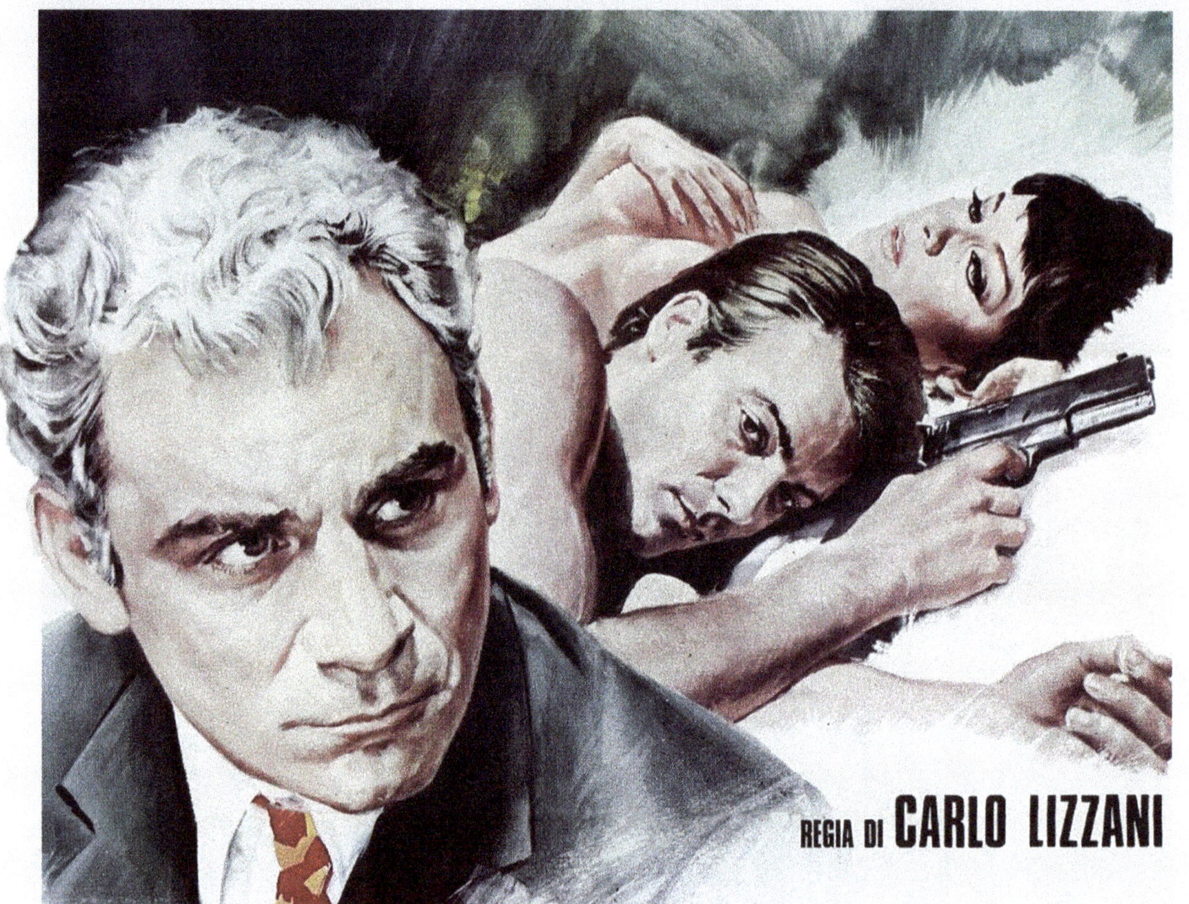

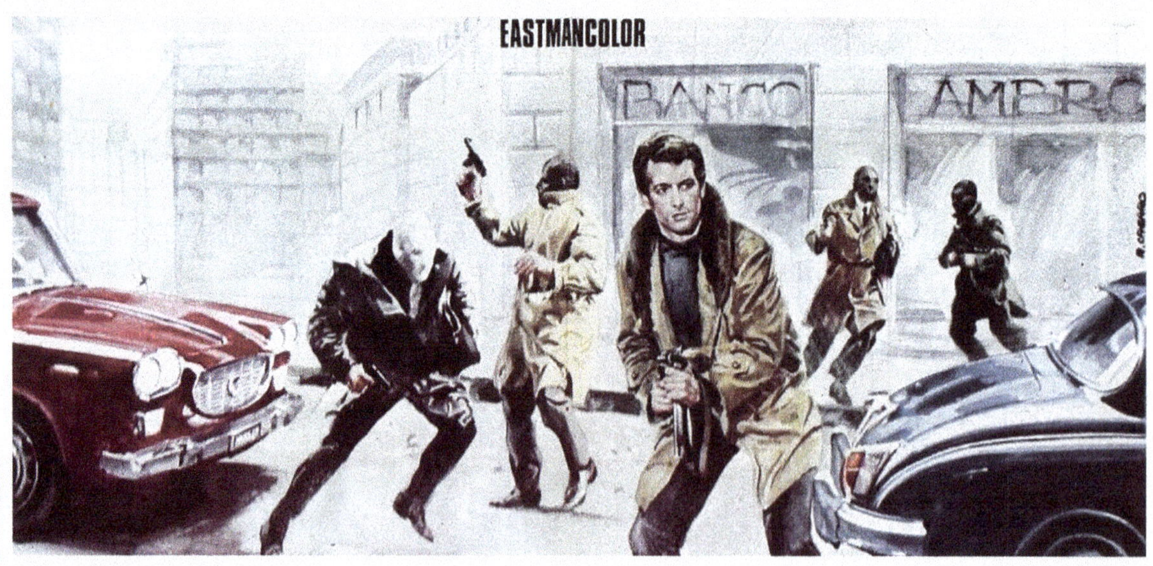

SVEGLIATI E UCCIDI

("Wake Up And Kill"). Artist: Renato Casaro. Original Title: **Svegliati E Uccidi** (1966).

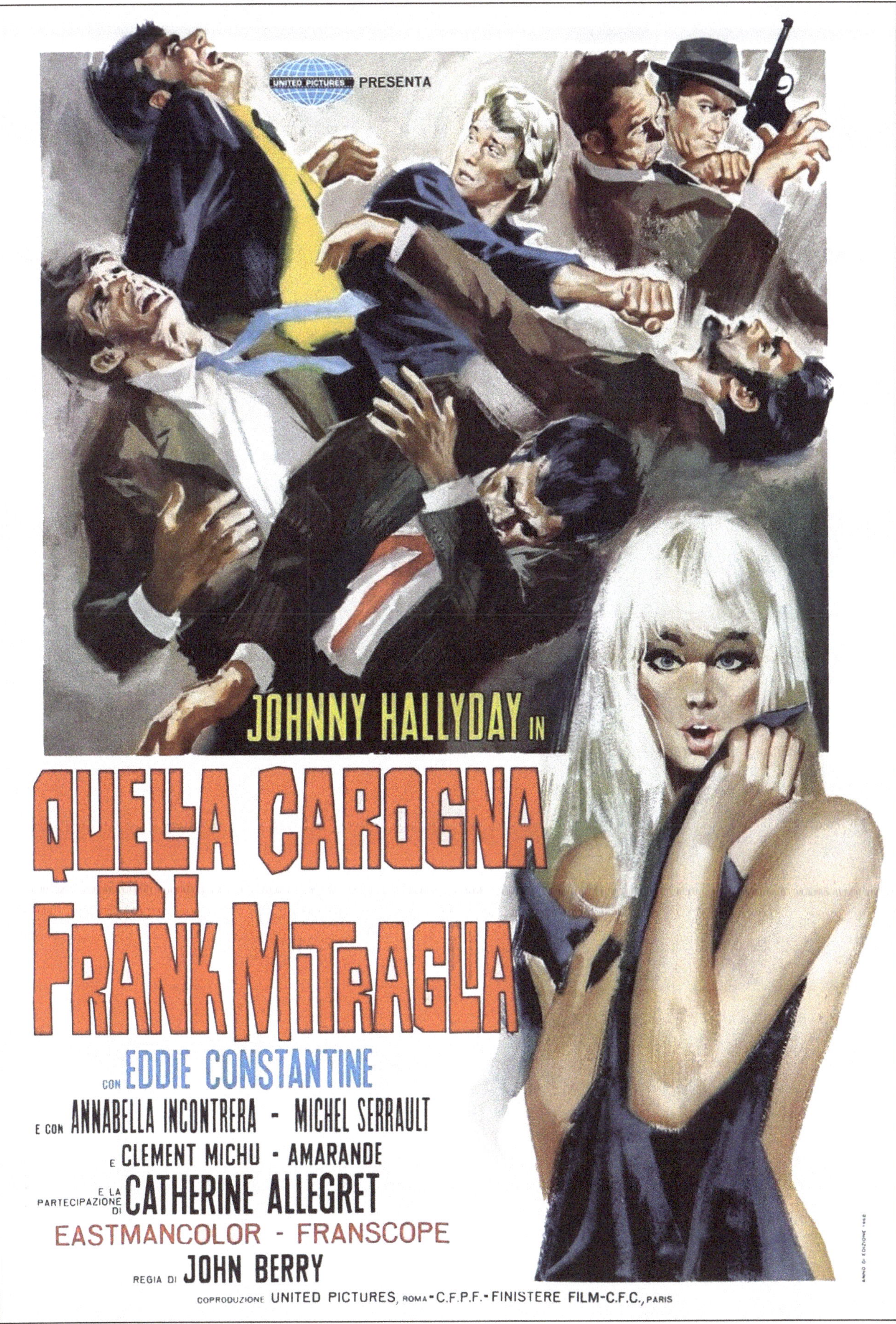

("That Bastard Machine-Gun Frank"). Artist: unsigned. Original Title: À Tout Casser (1968).

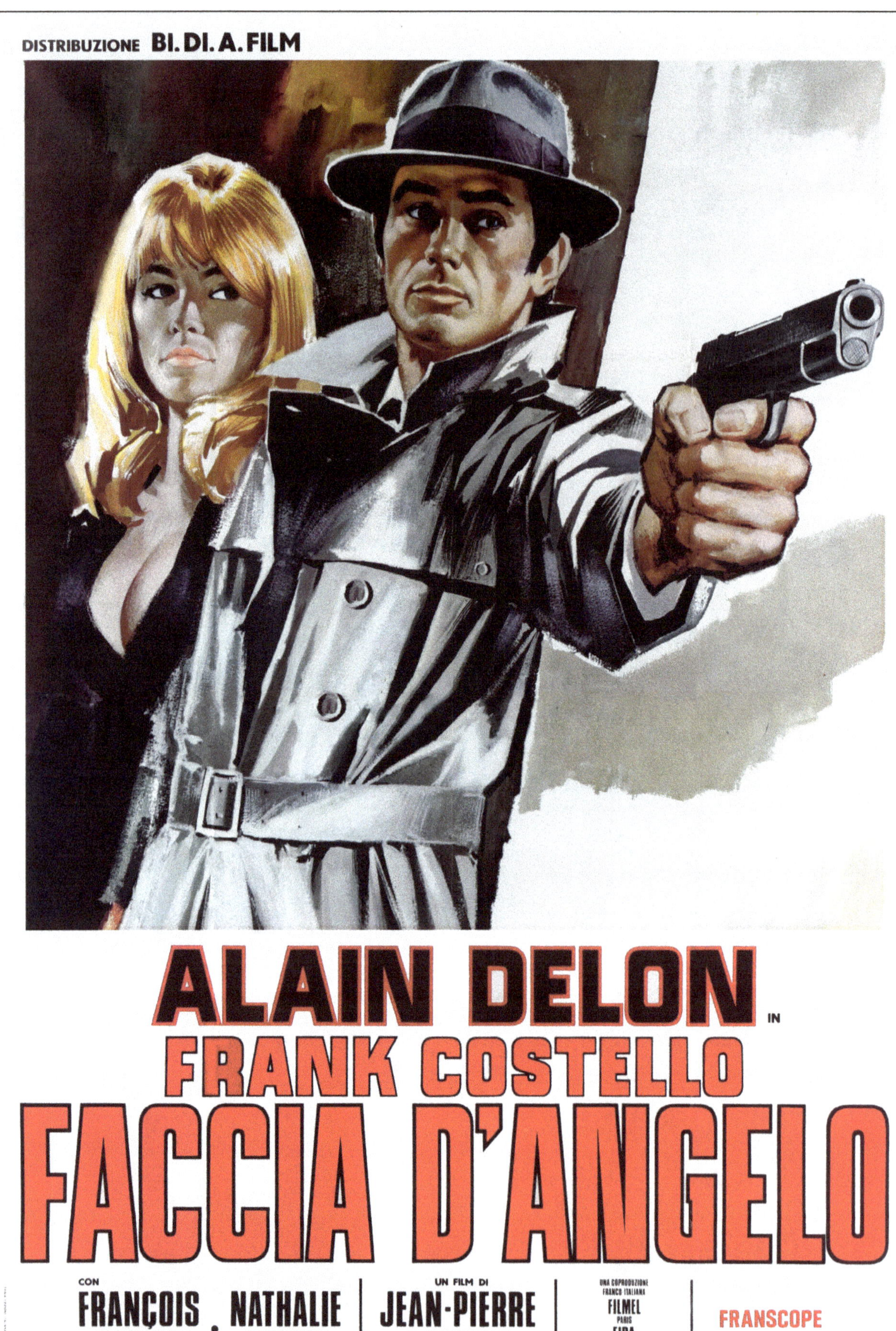

FRANK COSTELLO FACCIA D'ANGELO

(''Frank Costello, Face Of An Angel''). Artist: Sandro Symeoni. Original Title: **Le Samouraï** (1967).

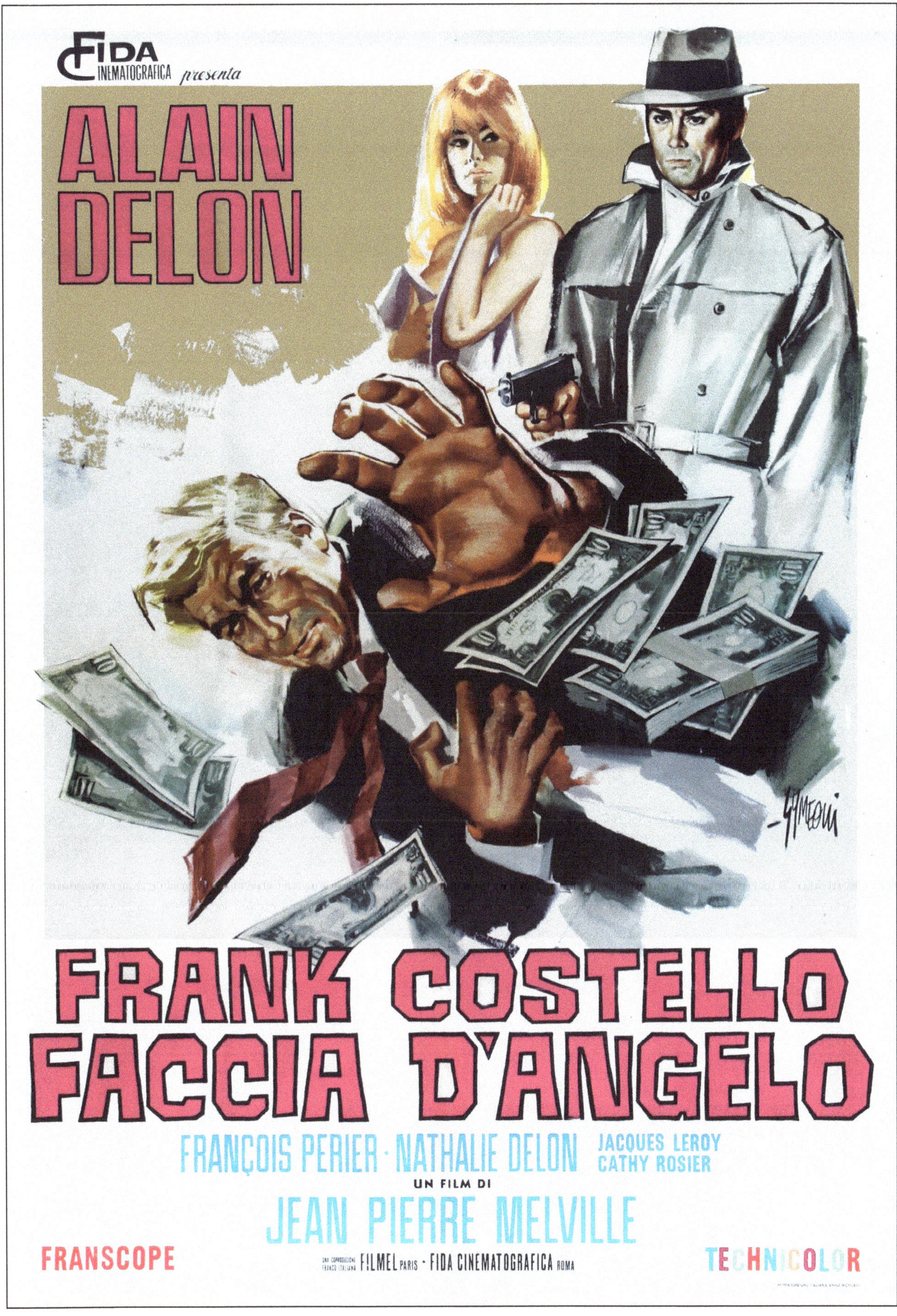

("Frank Costello, Face Of An Angel"). Artist: Sandro Symeoni. Original Title: **Le Samouraï** (1967).

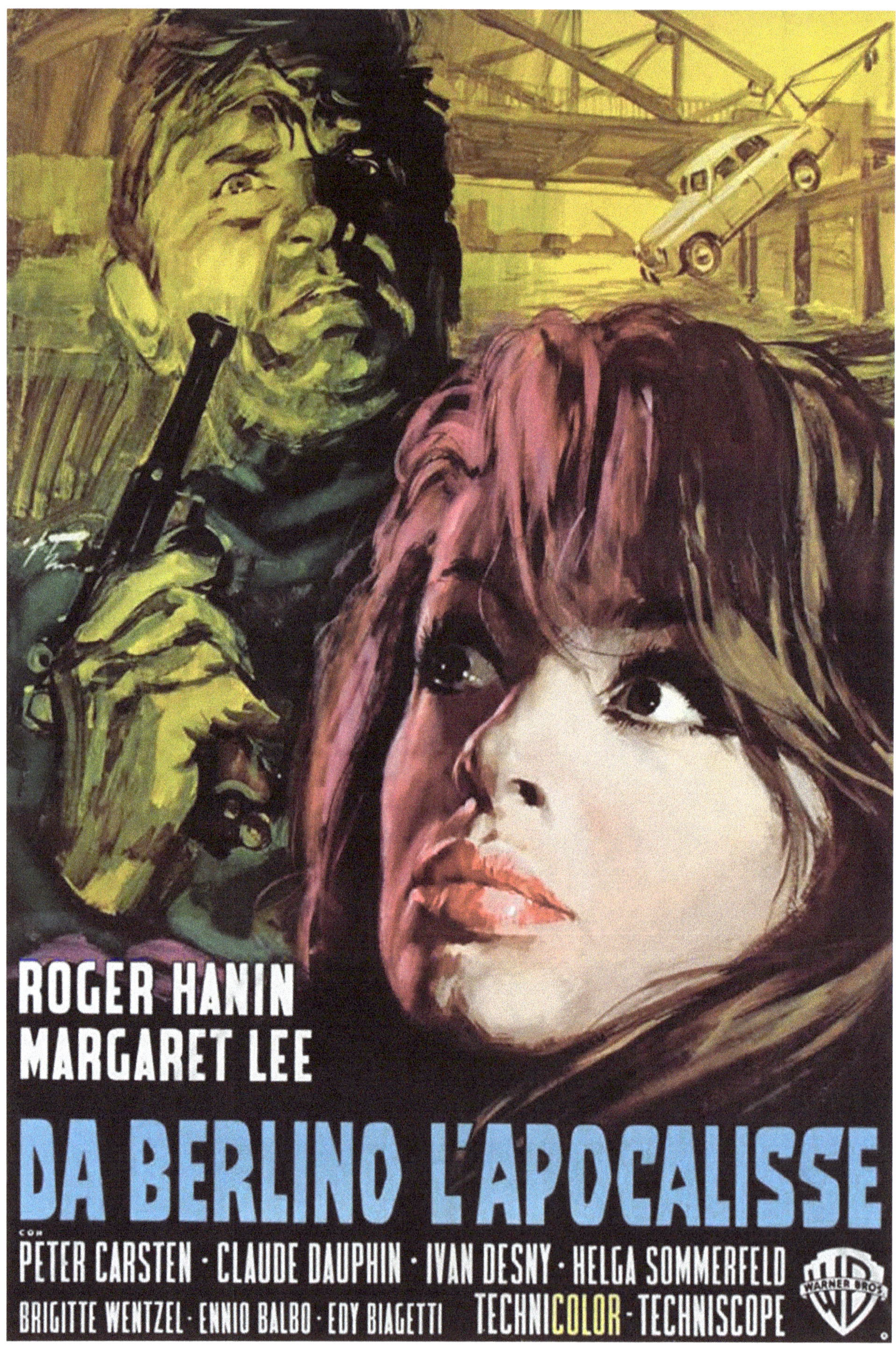

DA BERLINO L'APOCALISSE

("The Apocalypse From Berlin"). Artist: Arnaldo Putzu. Original Title: **Da Berlino L'Apocalisse** (1967).

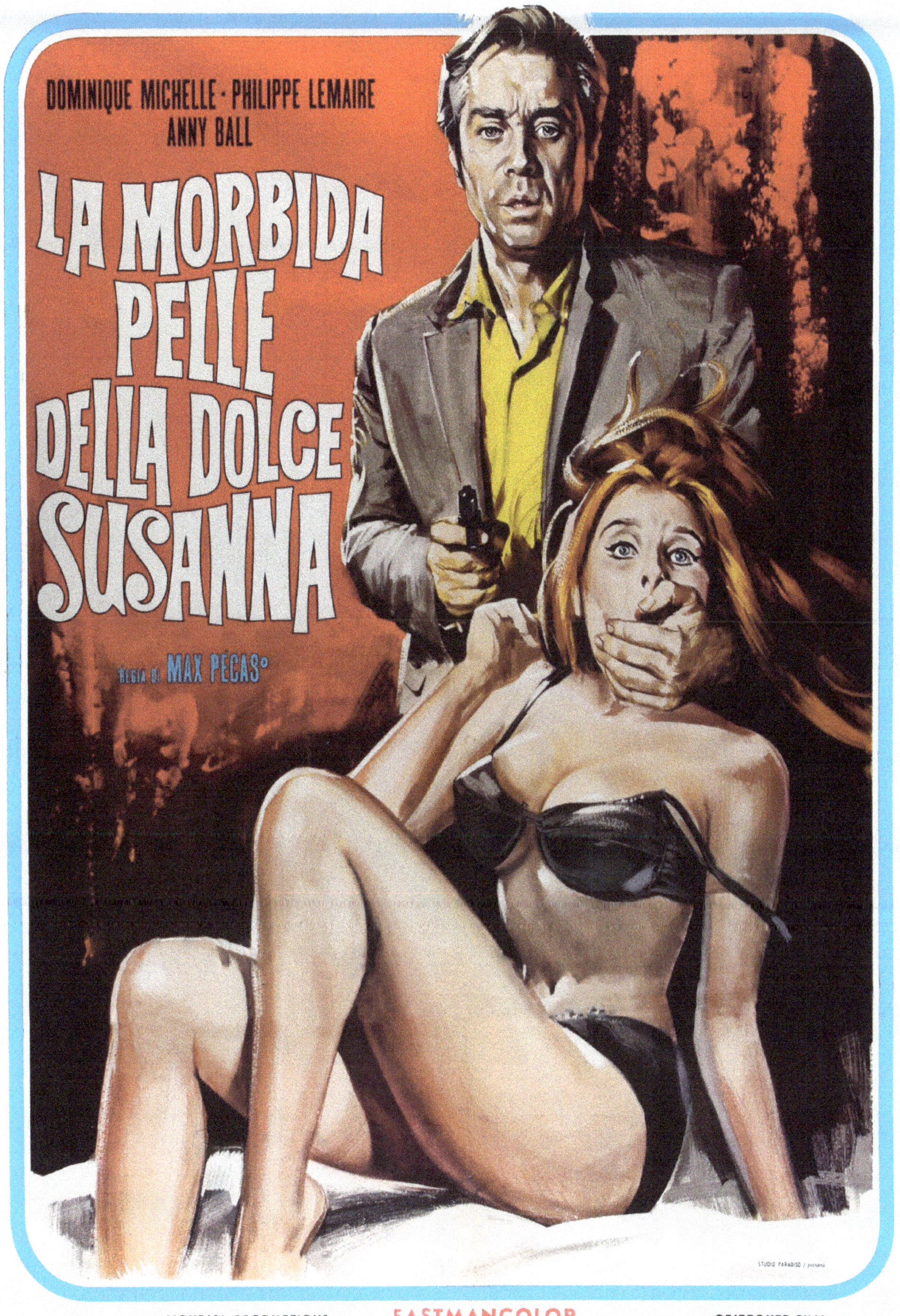

LA MORBIDA PELLE DELLA DOLCE SUSANNA

("Sweet Susanna's Soft Skin"). Artist: unsigned. Original Title: **La Nuit La Plus Chaude** (1968).

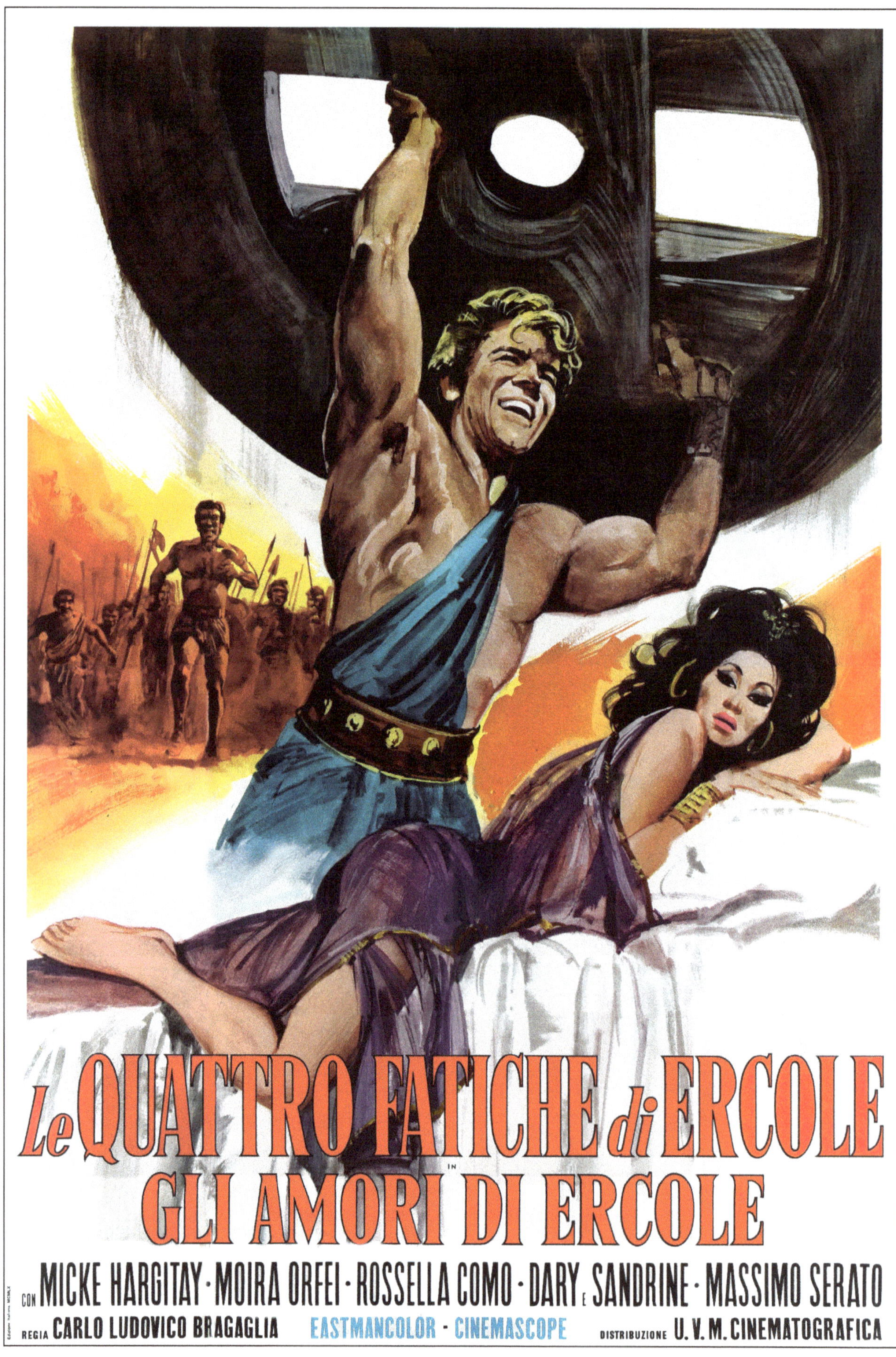

LE QUATTRO FATICHE DI ERCOLE

("The Four Labours Of Hercules"). Artist: unsigned. Original Title: **Gli Amore Di Ercole** (1955).

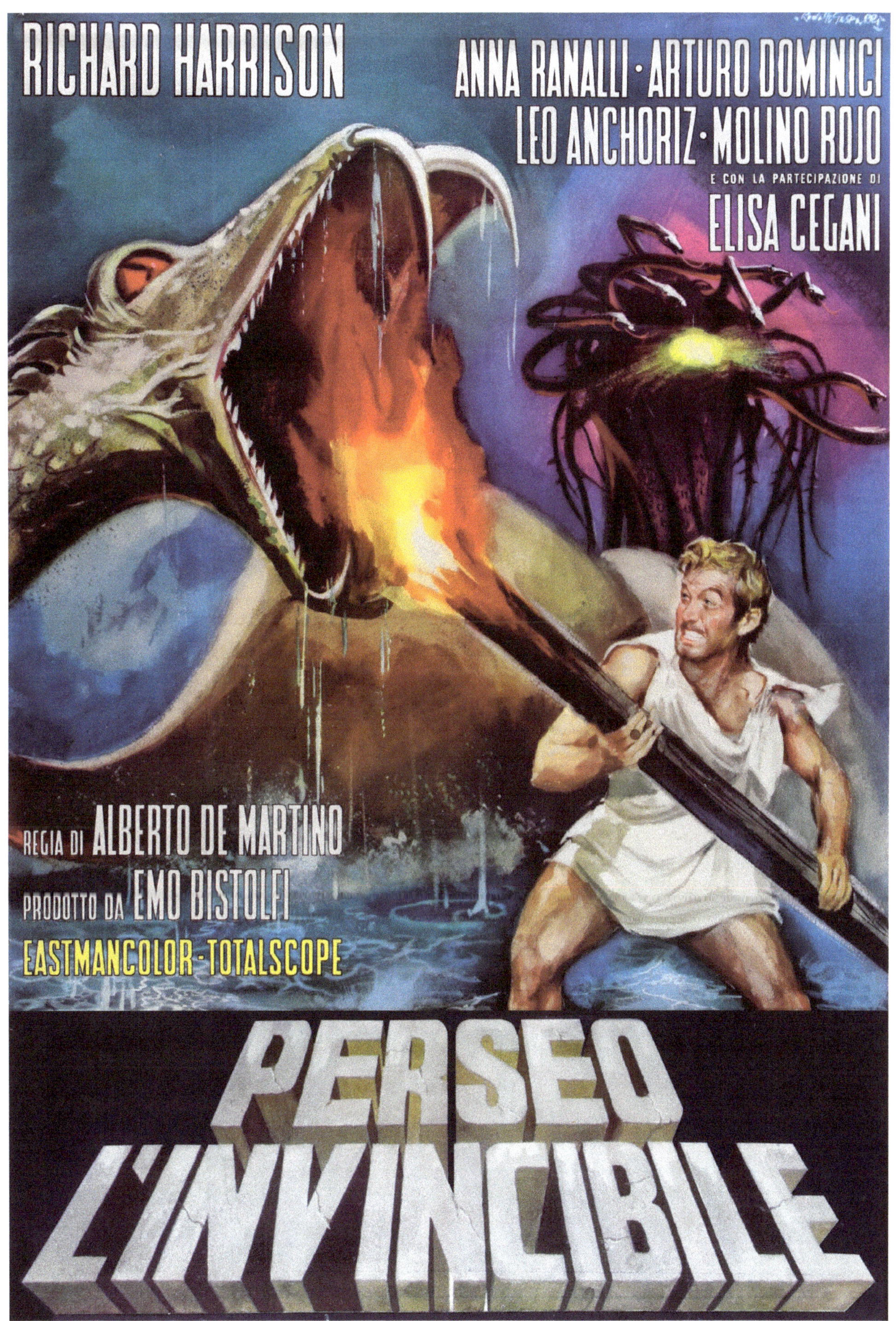

("Perseus The Invincible"). Artist: Rodolfo Gasparri. Original Title: **Perseo L'Invincibile** (1963).

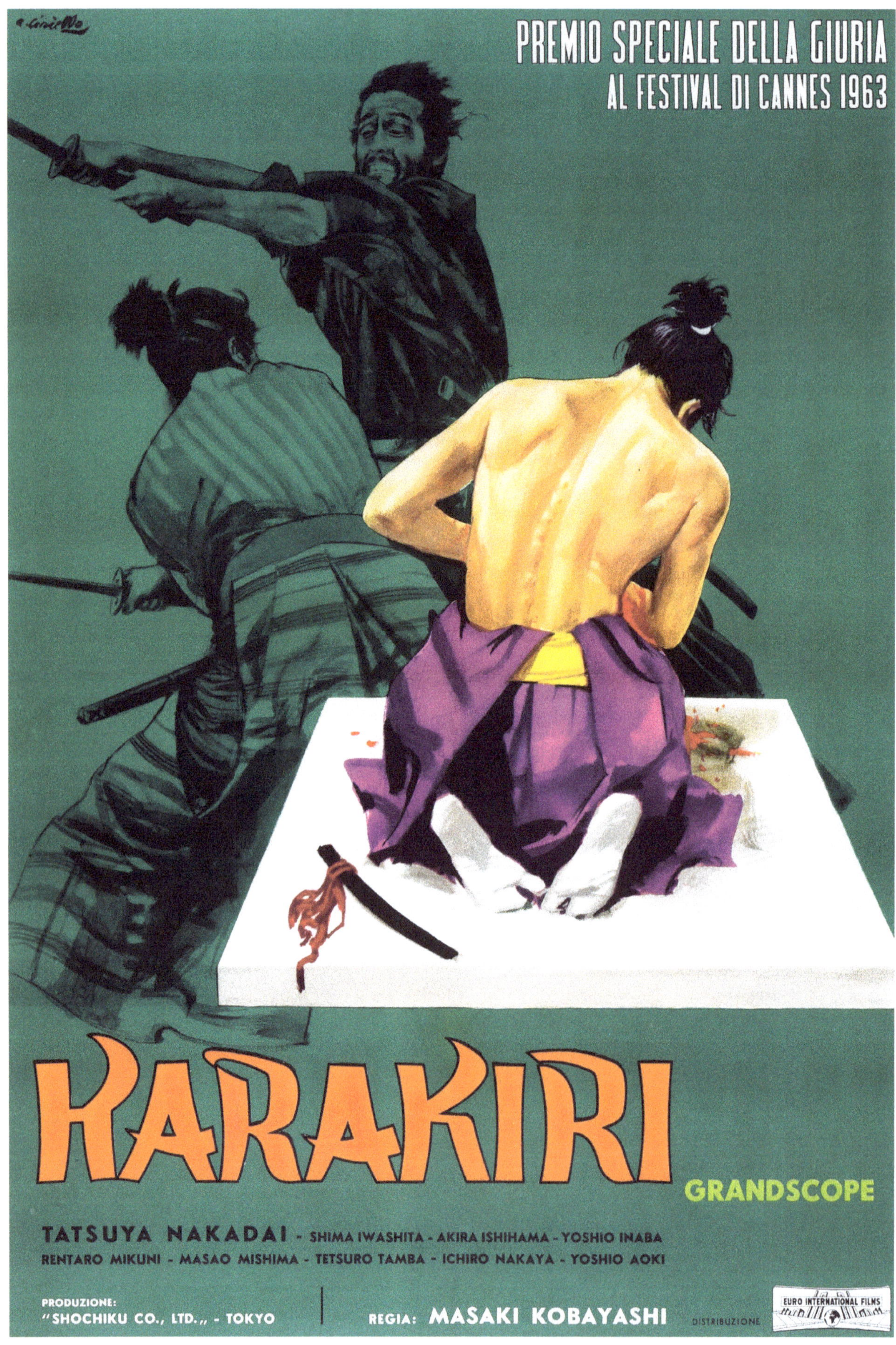

("Belly-Cut"). Artist: Averardo Ciriello. Original Title: **Seppuku** (1962).

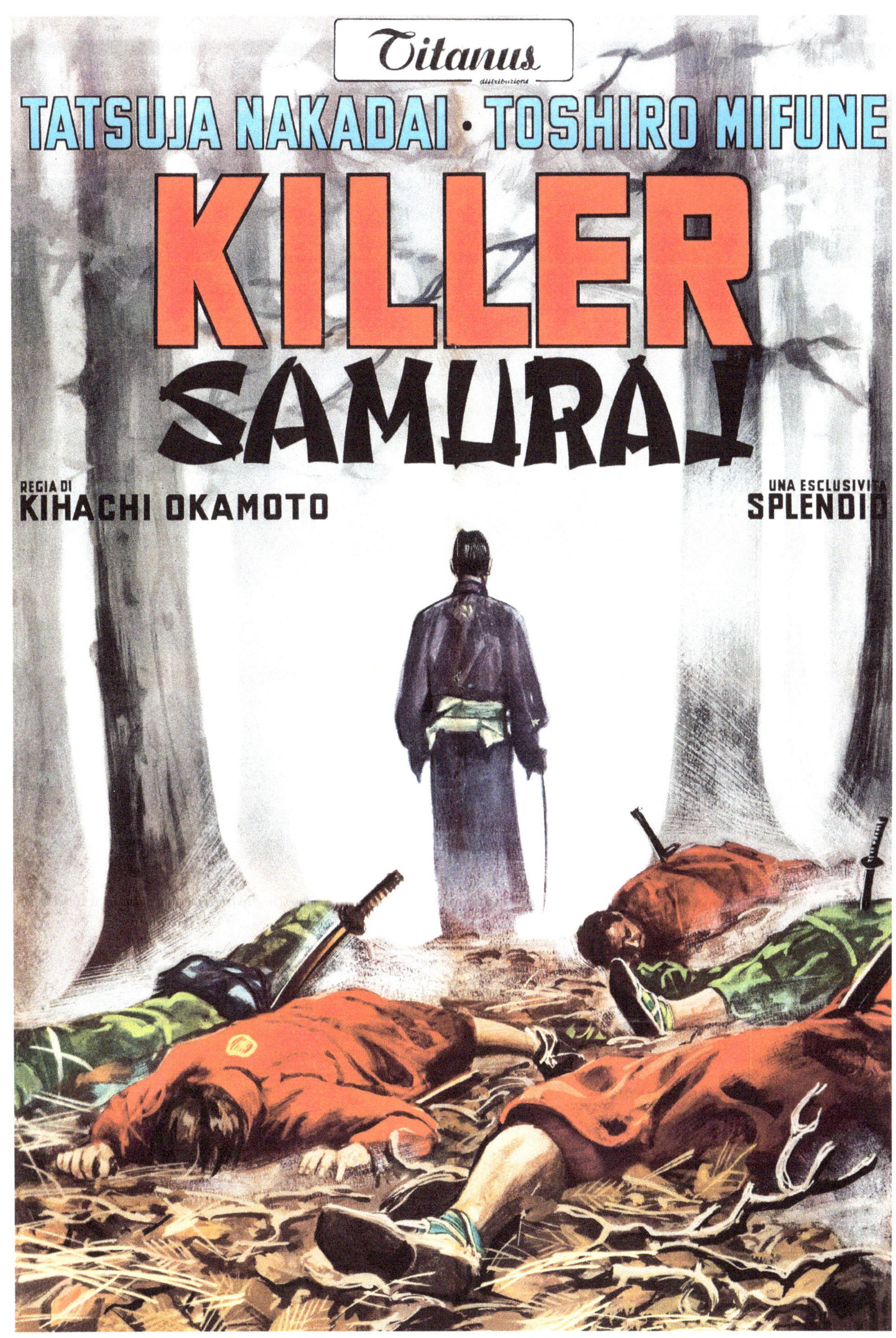

("KIller Samurai"). Artist: unsigned. Original Title: **Daobosatsu Toge** (1966).

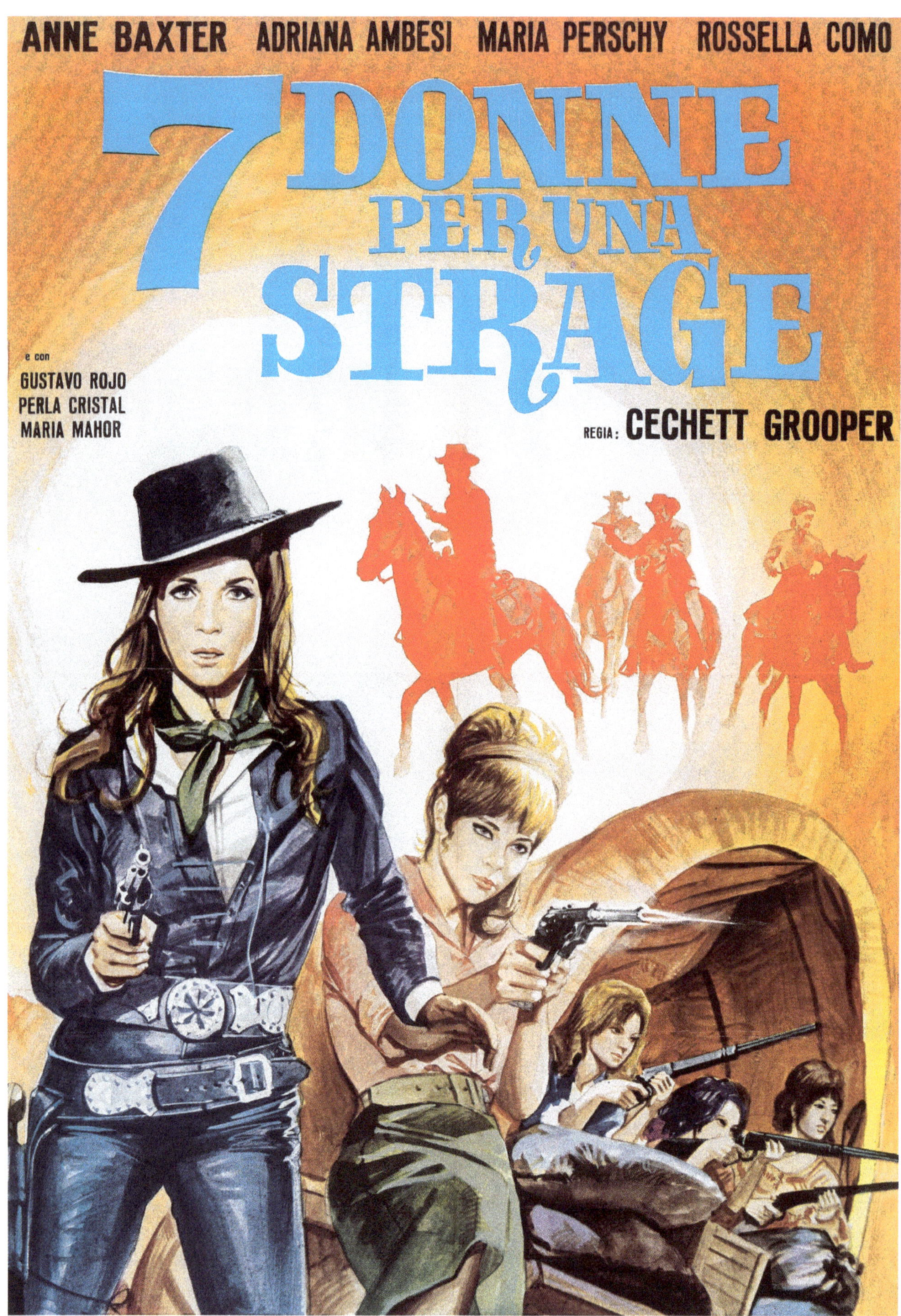

7 DONNE PER UNA STRAGE

(7 Women For A Slaughter''). Artist: unsigned. Original Title: **Las Siete Magnificas** (1966).

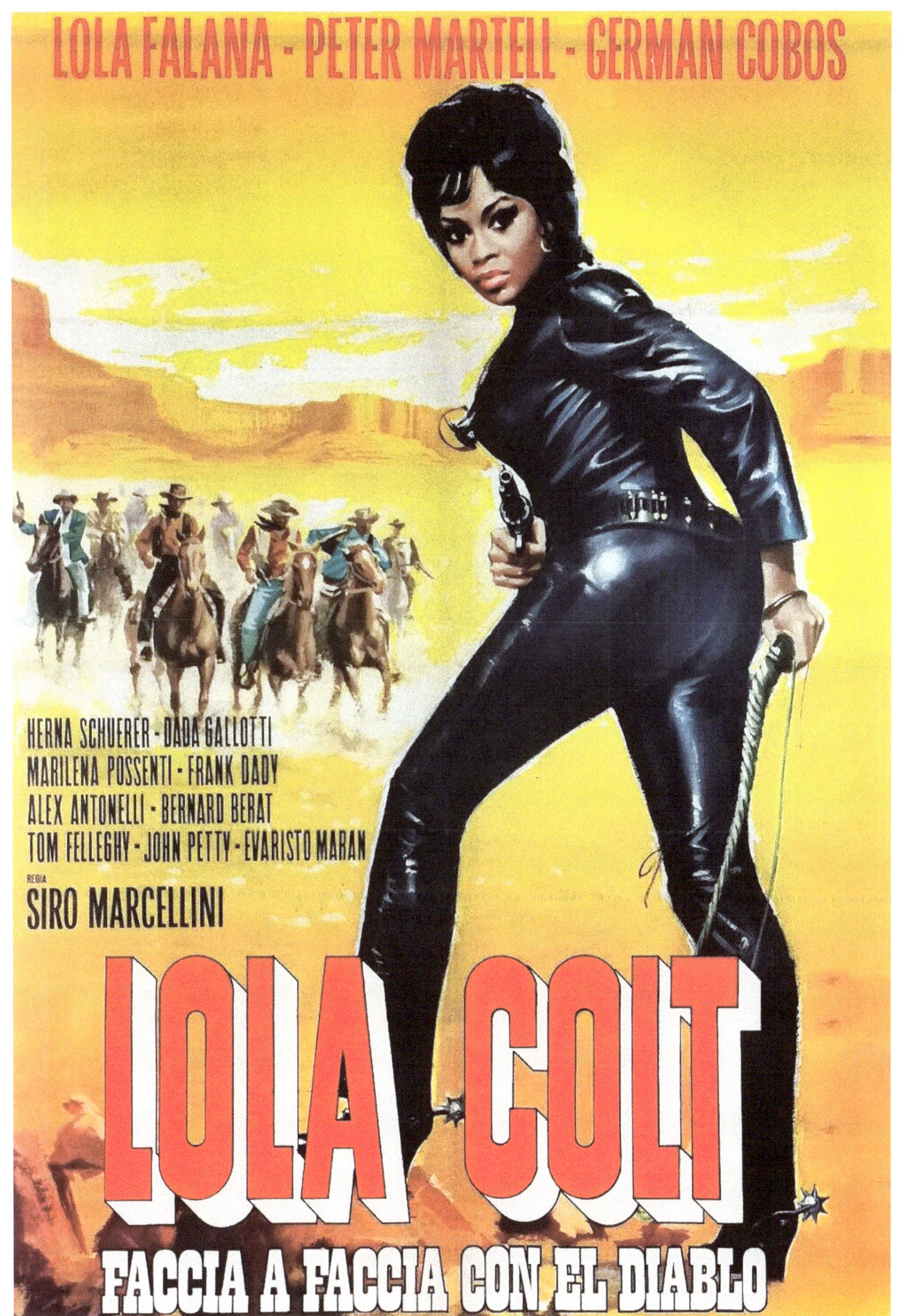

("Lola Colt"). Artist: unsigned. Original Title: **Lola Colt** (1967).

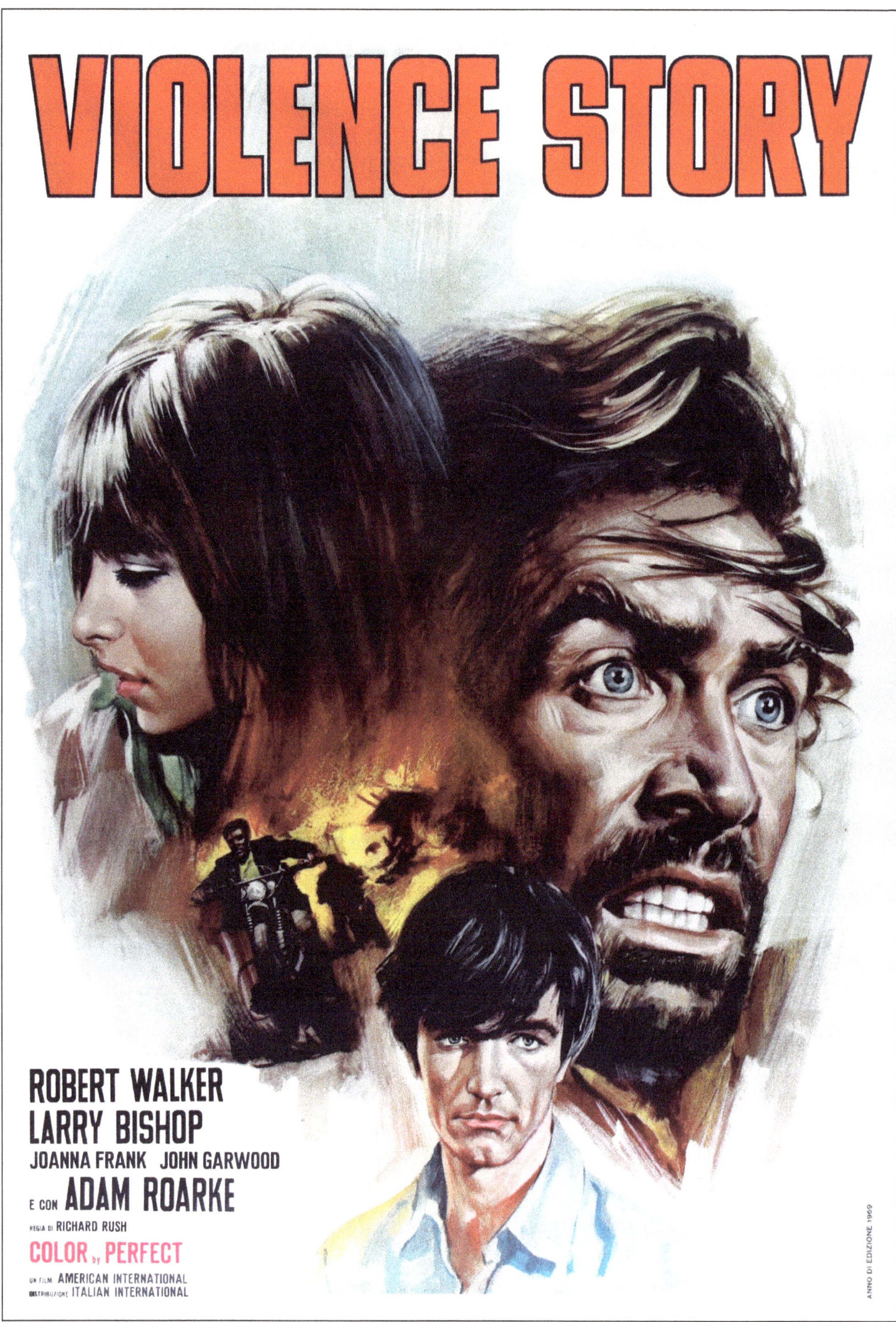

VIOLENCE STORY

(''Violence Story''). Artist: unsigned. Original Title: **The Savage Seven** (1968).

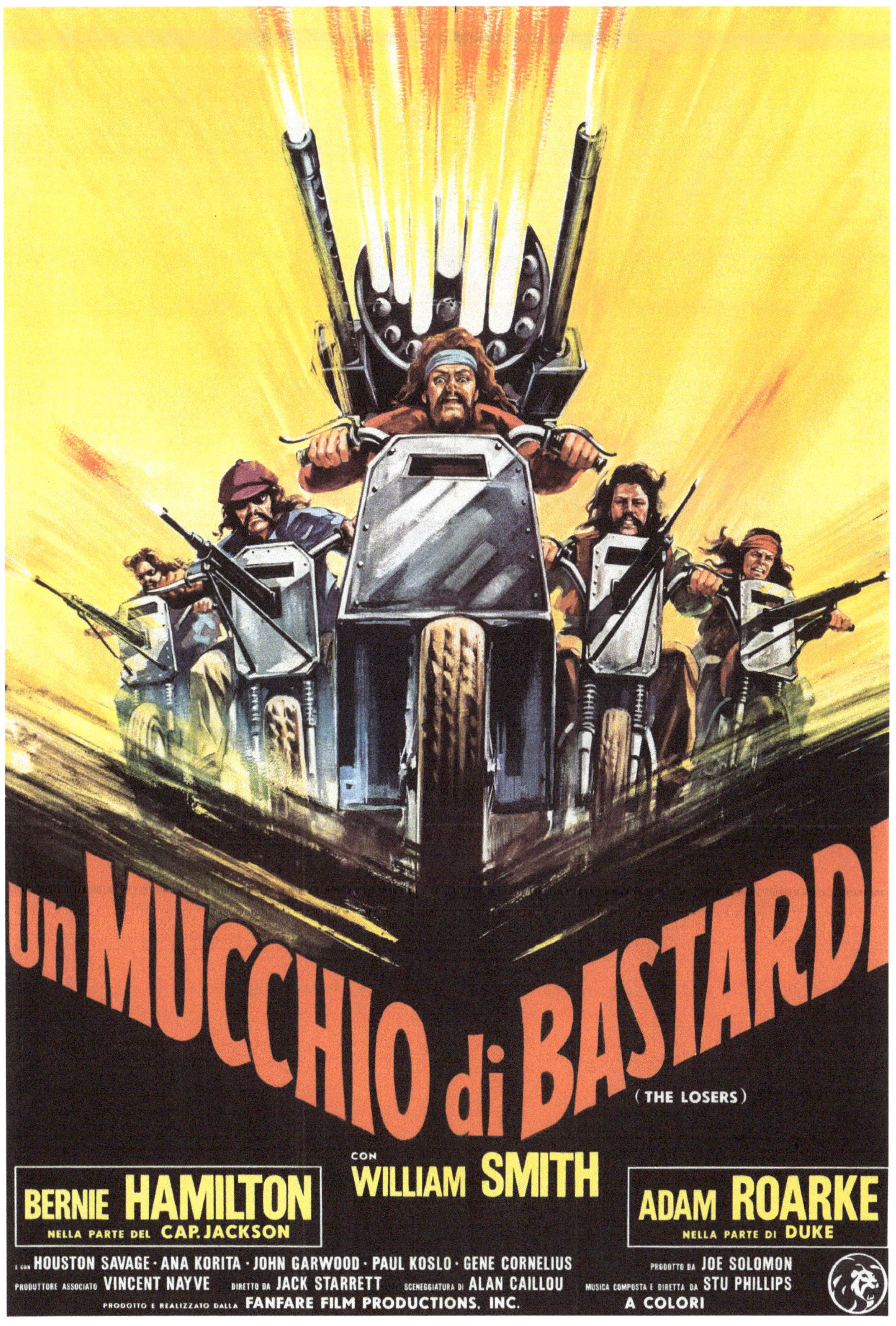

un MUCCHIO di BASTARDI
(THE LOSERS)
CON WILLIAM SMITH
BERNIE HAMILTON
NELLA PARTE DEL CAP. JACKSON
ADAM ROARKE
NELLA PARTE DI DUKE
E CON HOUSTON SAVAGE · ANA KORITA · JOHN GARWOOD · PAUL KOSLO · GENE CORNELIUS
PRODUTTORE ASSOCIATO VINCENT NAYVE   DIRETTO DA JACK STARRETT   SCENEGGIATURA DI ALAN CAILLOU
PRODOTTO E REALIZZATO DALLA FANFARE FILM PRODUCTIONS, INC.
PRODOTTO DA JOE SOLOMON
MUSICA COMPOSTA E DIRETTA DA STU PHILLIPS
A COLORI

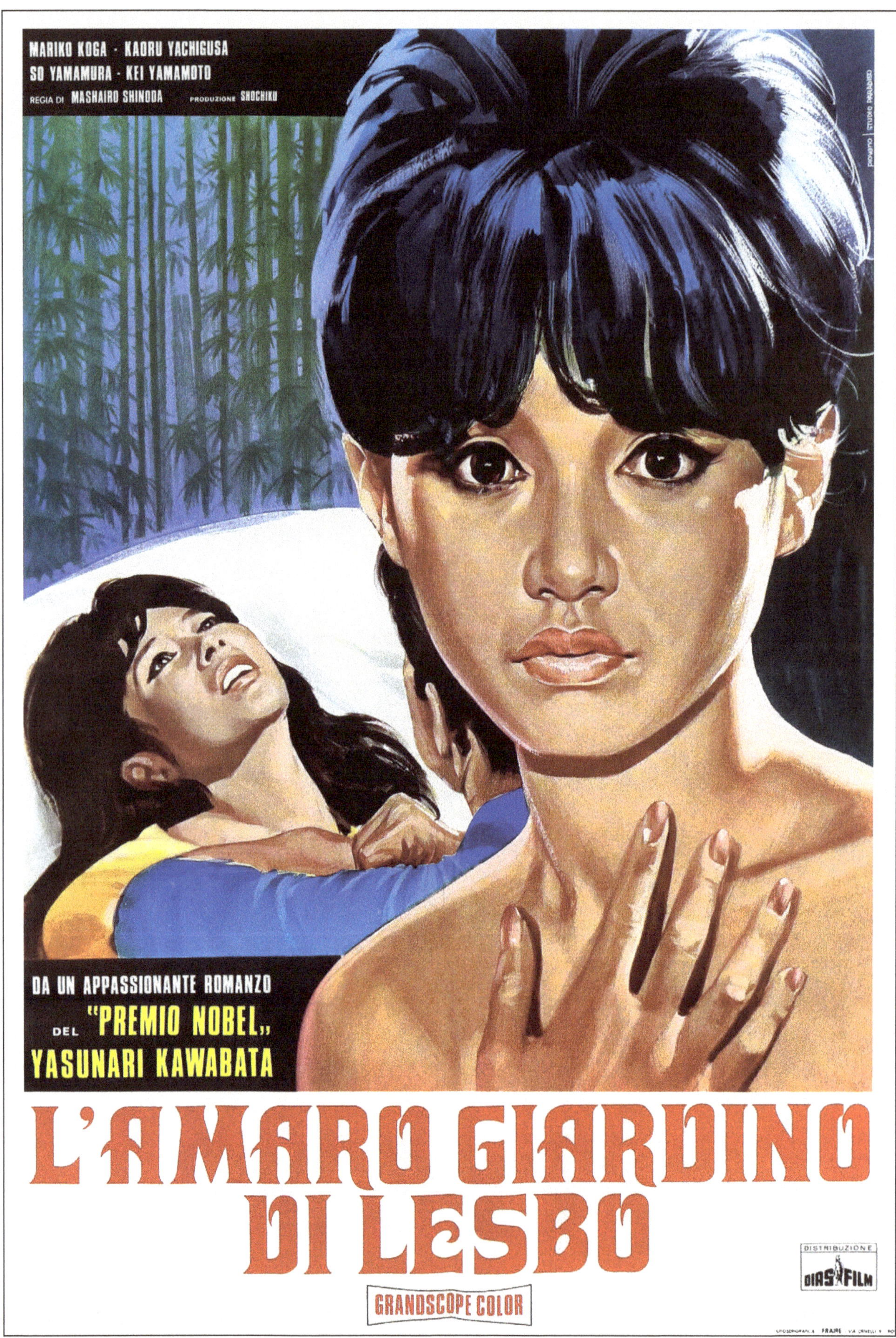

L'AMARO GIARDINO DI LESBO

(''The Bitter Garden Of Lesbos''). Artist: Mario Piovano. Original Title: **Utsukushisa To Kanashimi To** (1965).

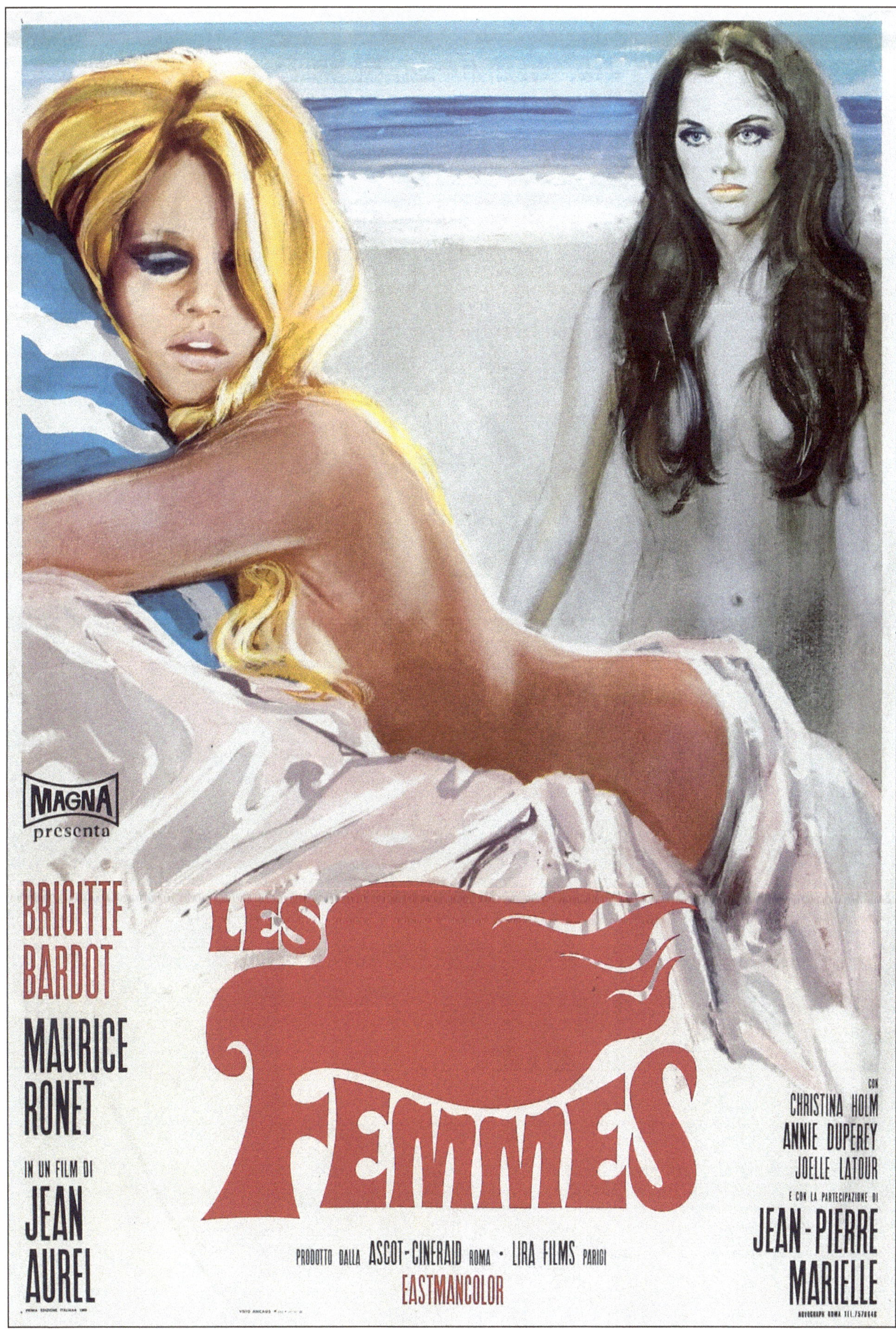

("The Women"). Artist: unsigned. Original Title: **Les Femmes** (1969).

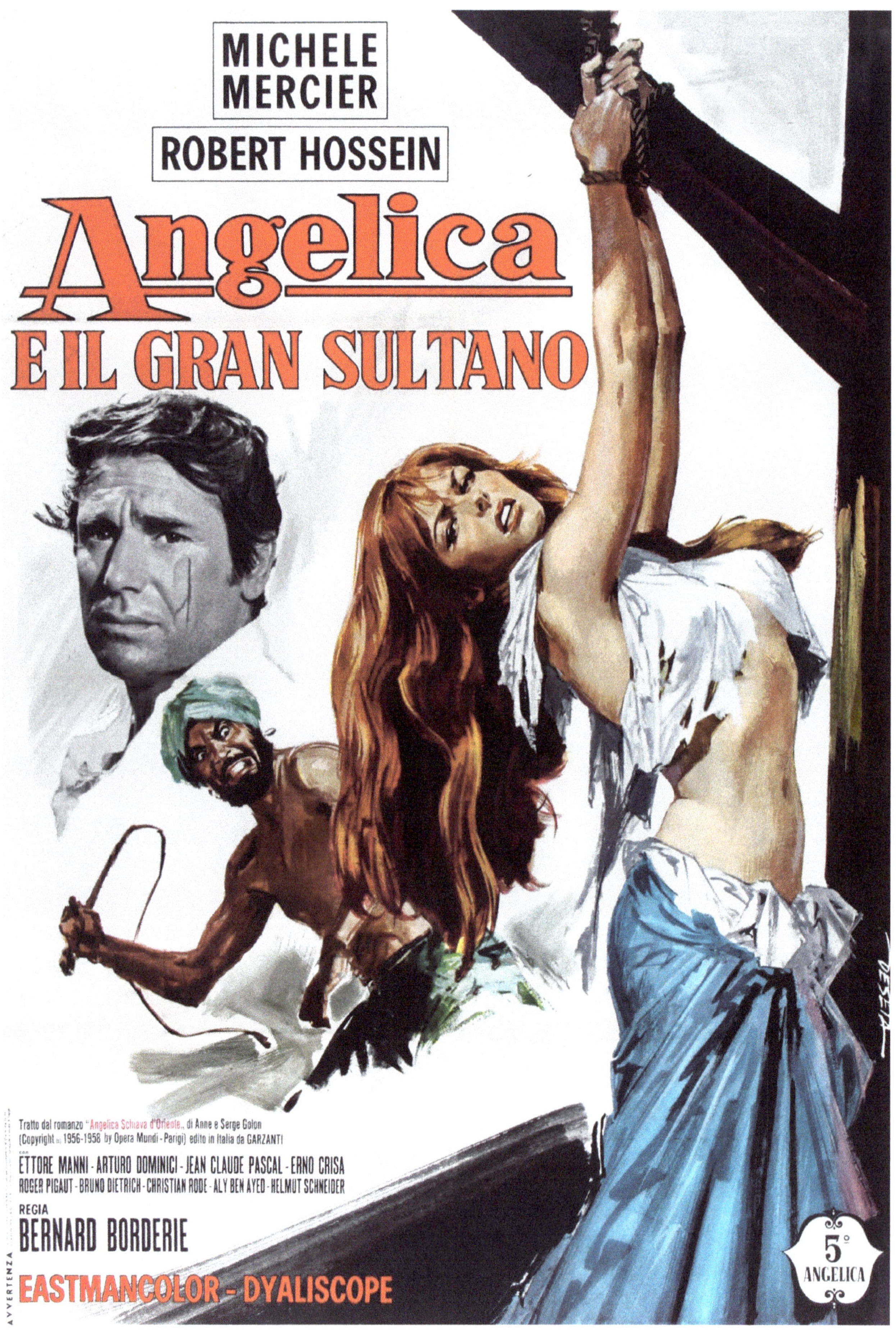

(''Angelica And the Great Sultan''). Artist: DeSeta. Original Title: **Angélique Et Le Sultan** (1968).

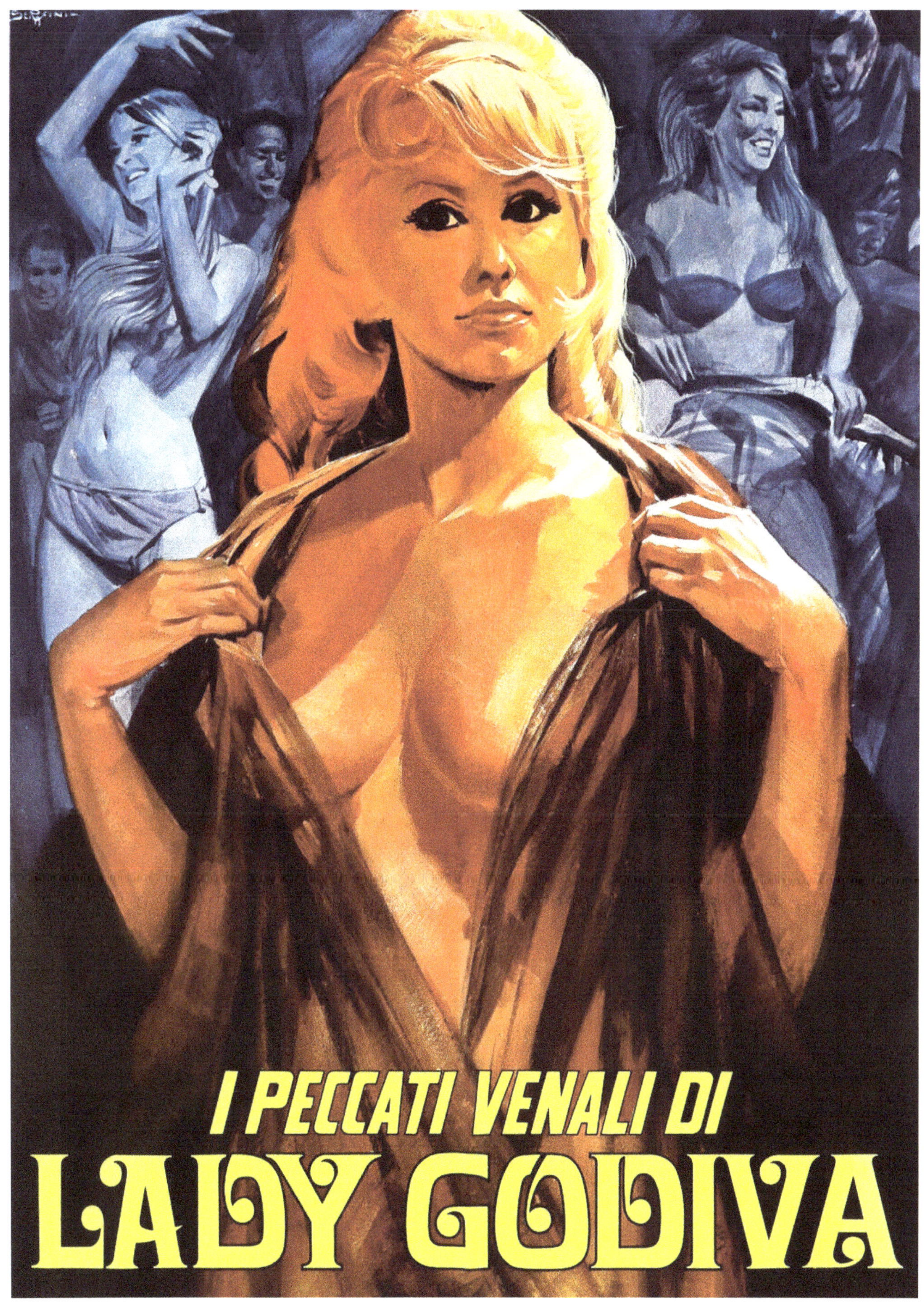

I PECCATI VENALI DI LADY GODIVA

("The Venal Sins Of Lady Godiva"). Artist: Serafini. Original Title: **Lady Godiva Rides** (1968).

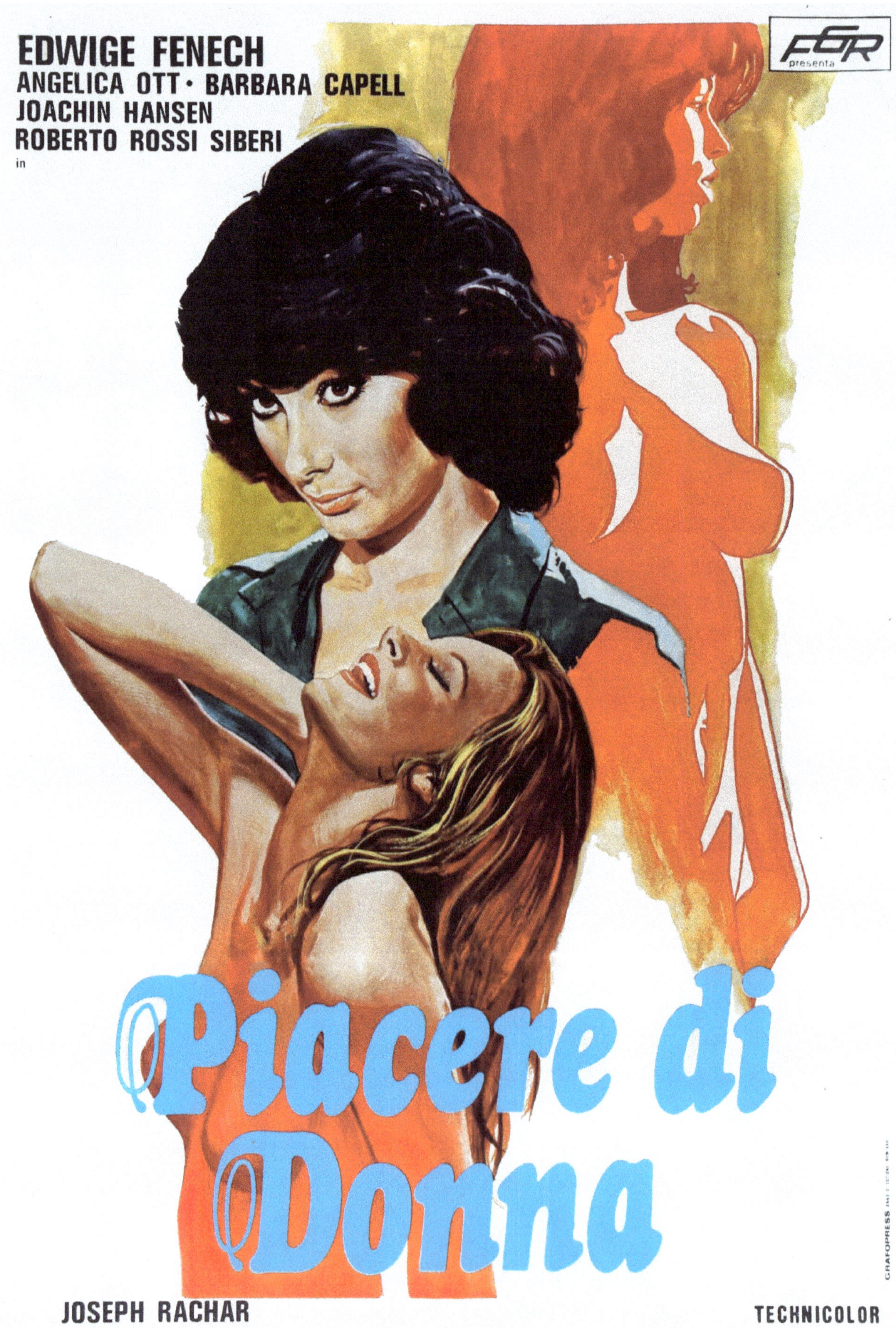

PIACERE DI DONNA

(''Woman's Pleasure''). Artist: unsigned. Original Title: **Komm Liebe Maid Und Mache...** (1969).

56

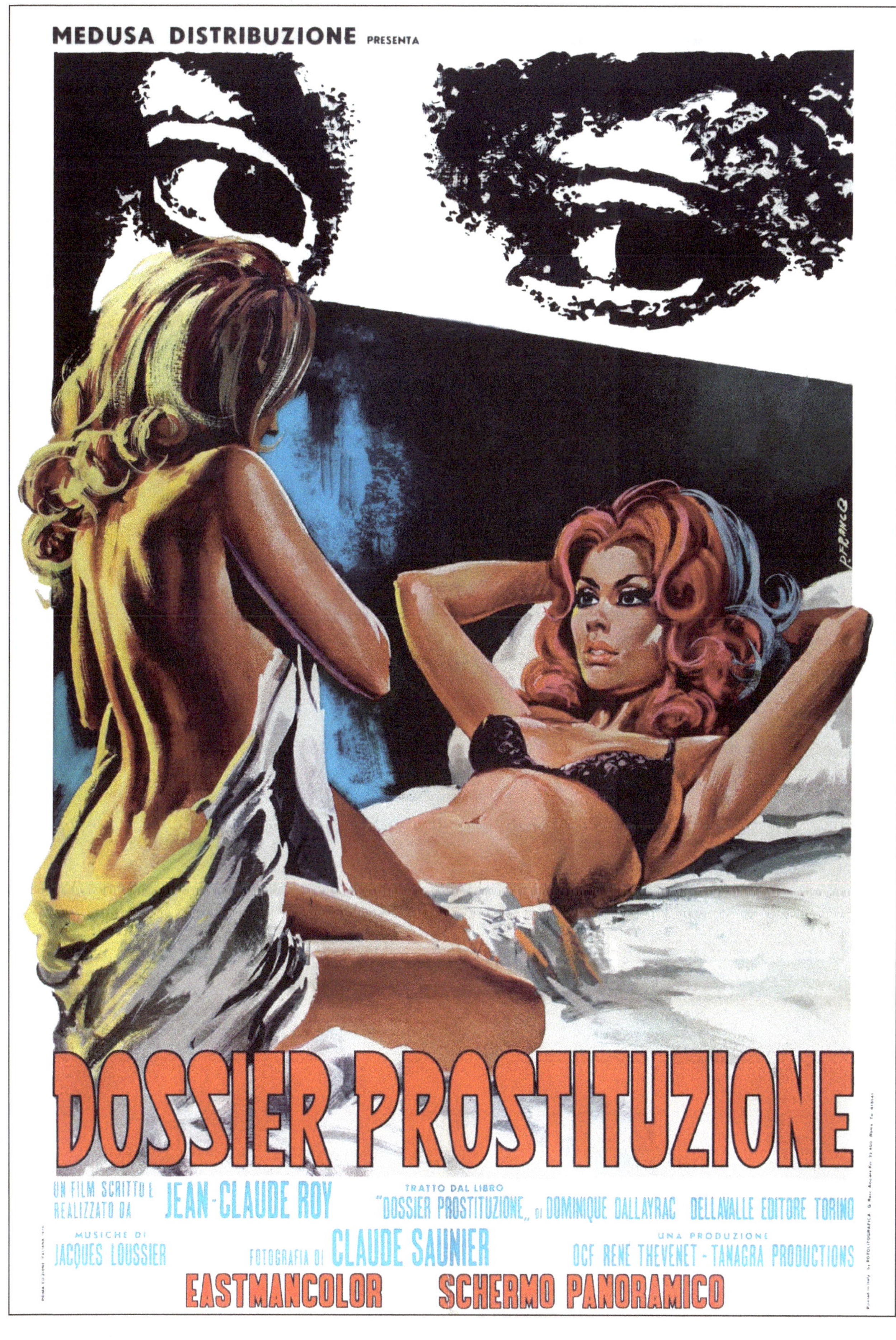

DOSSIER PROSTITUZIONE

("Prostitution File"). Artist: P. Franco. Original Title: **Dossier Prostitution** (1970).

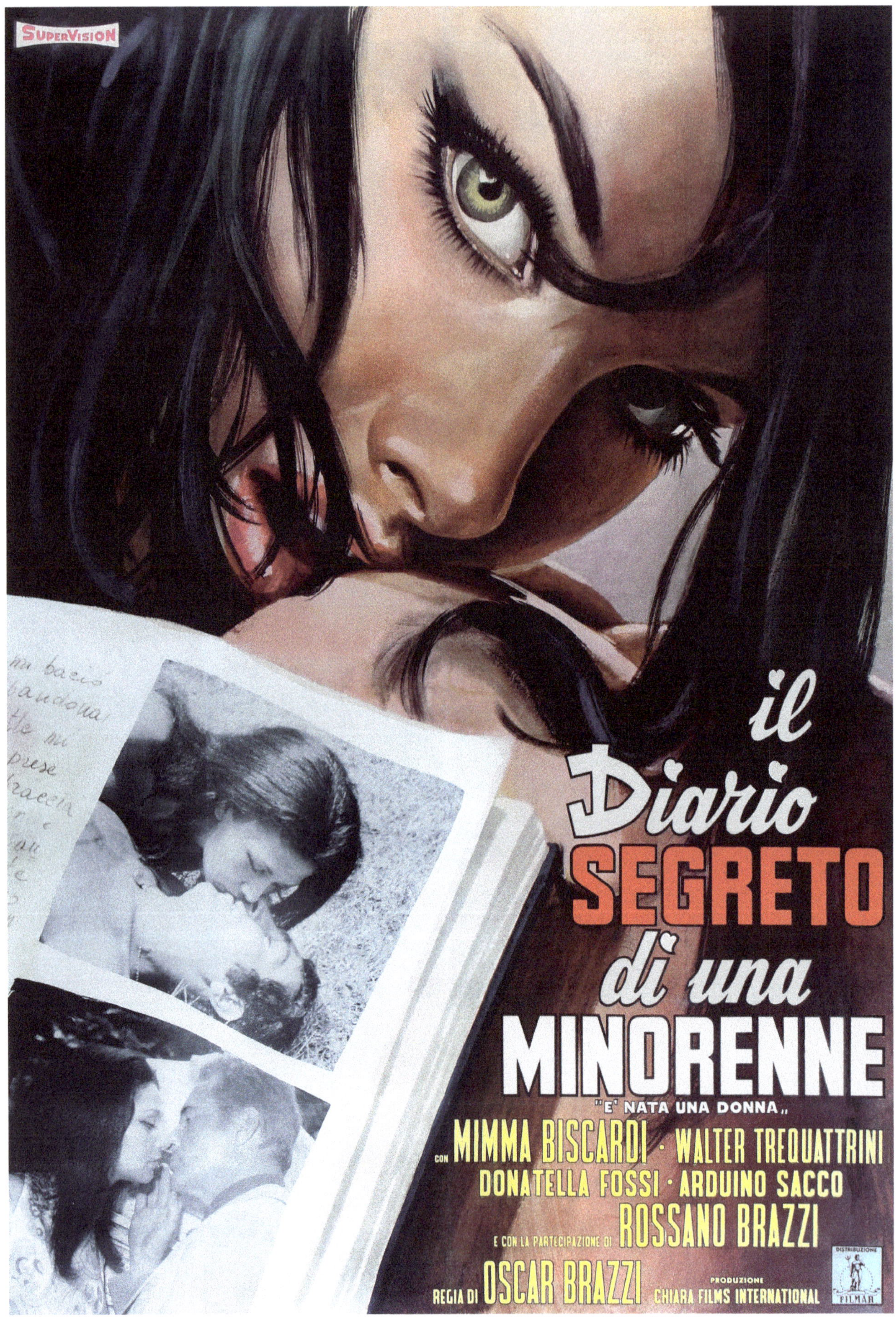

IL DIARIO SEGRETO DI UNA MINORENNE

("The Secret Diary Of A Young Girl"). Artist: unsigned. Original Title: **Il Diario Segreto Di Una Minorenne** (1968).

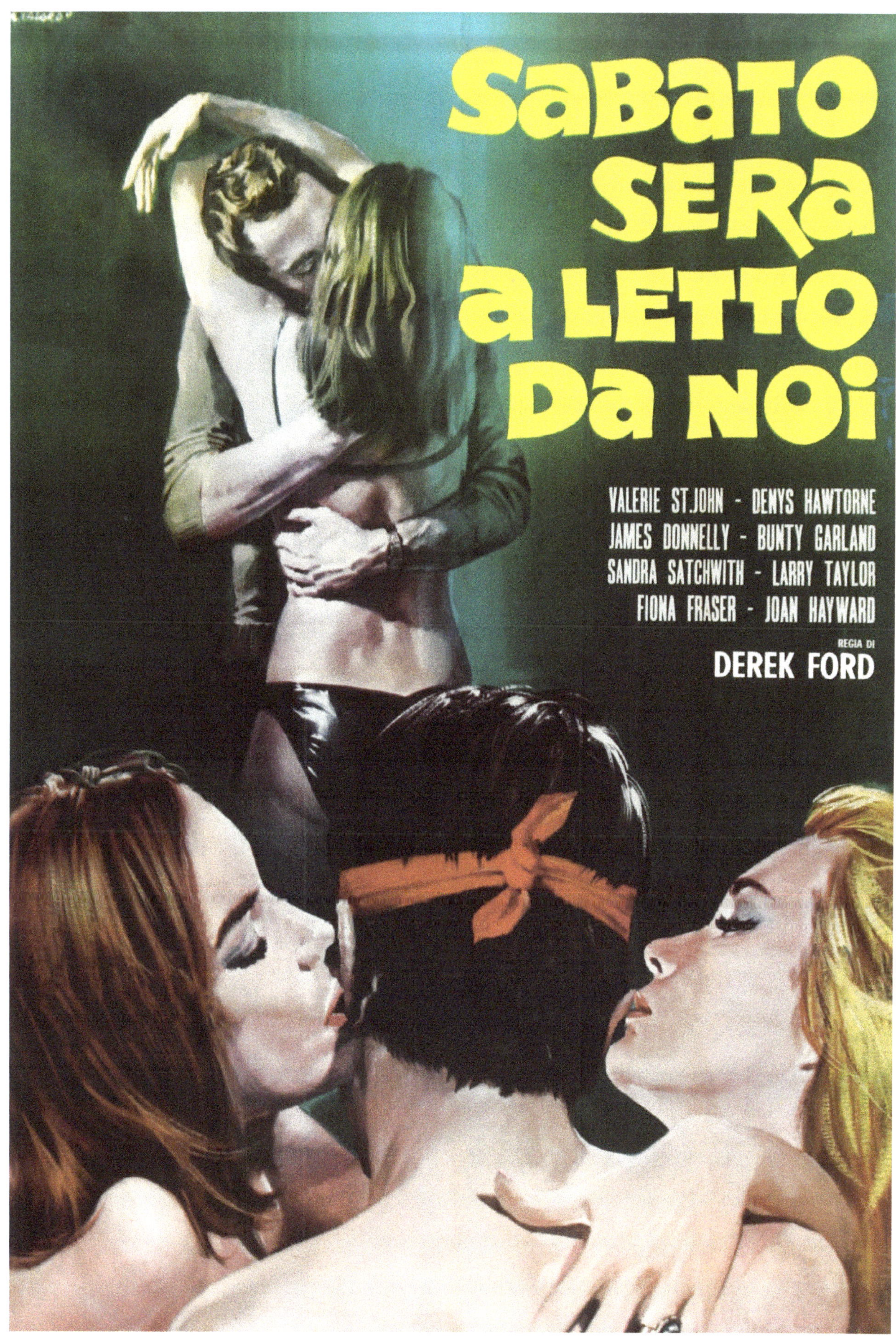

(''Saturday Night In Bed With Us''). Artist: Renato Casaro. Original Title: **The Wife Swappers** (1970).

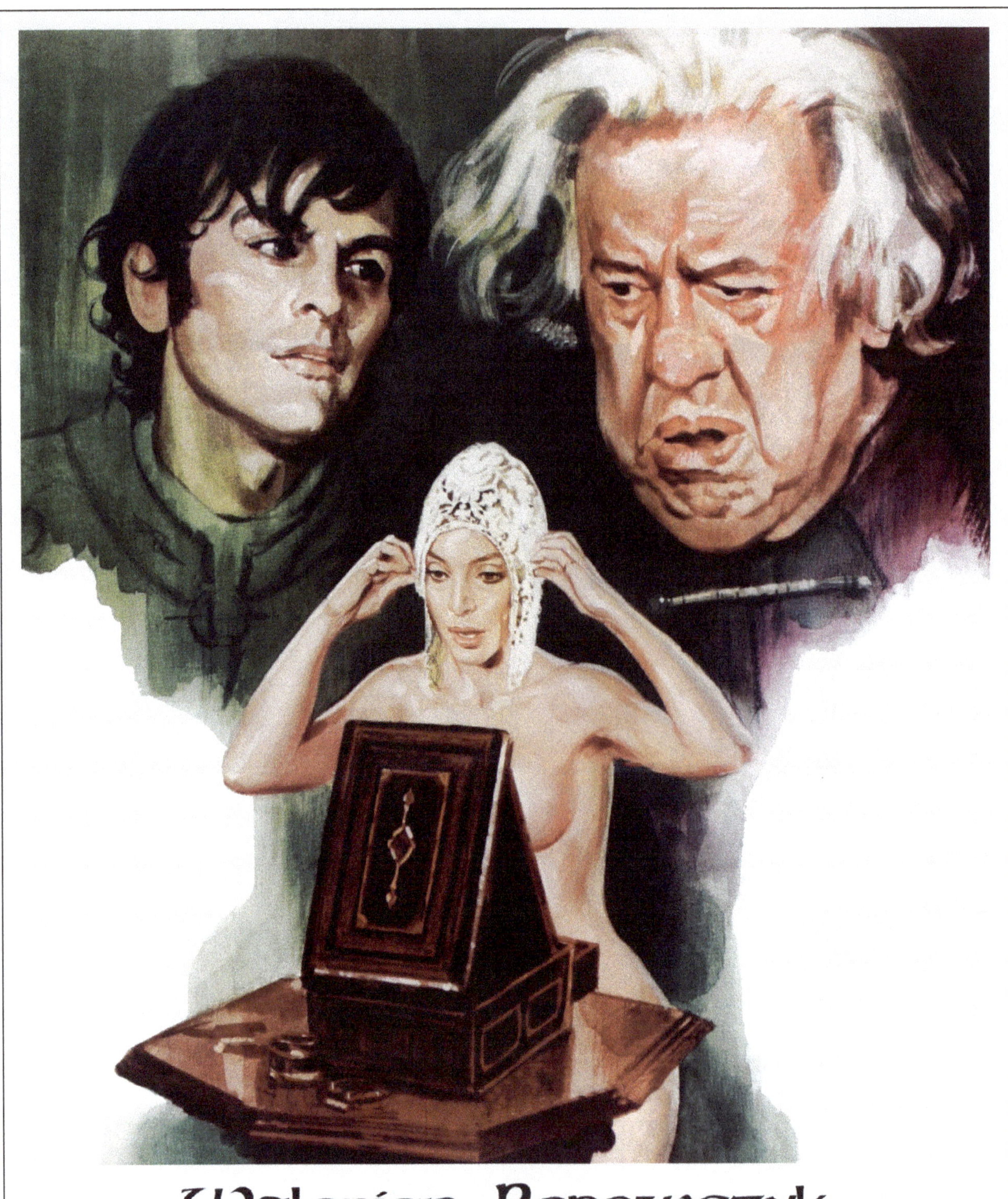

BLANCHE UN AMORE PROIBITO

("Blanche – A Forbidden Love"). Artist: unsigned. Original Title: **Blanche** (1971).

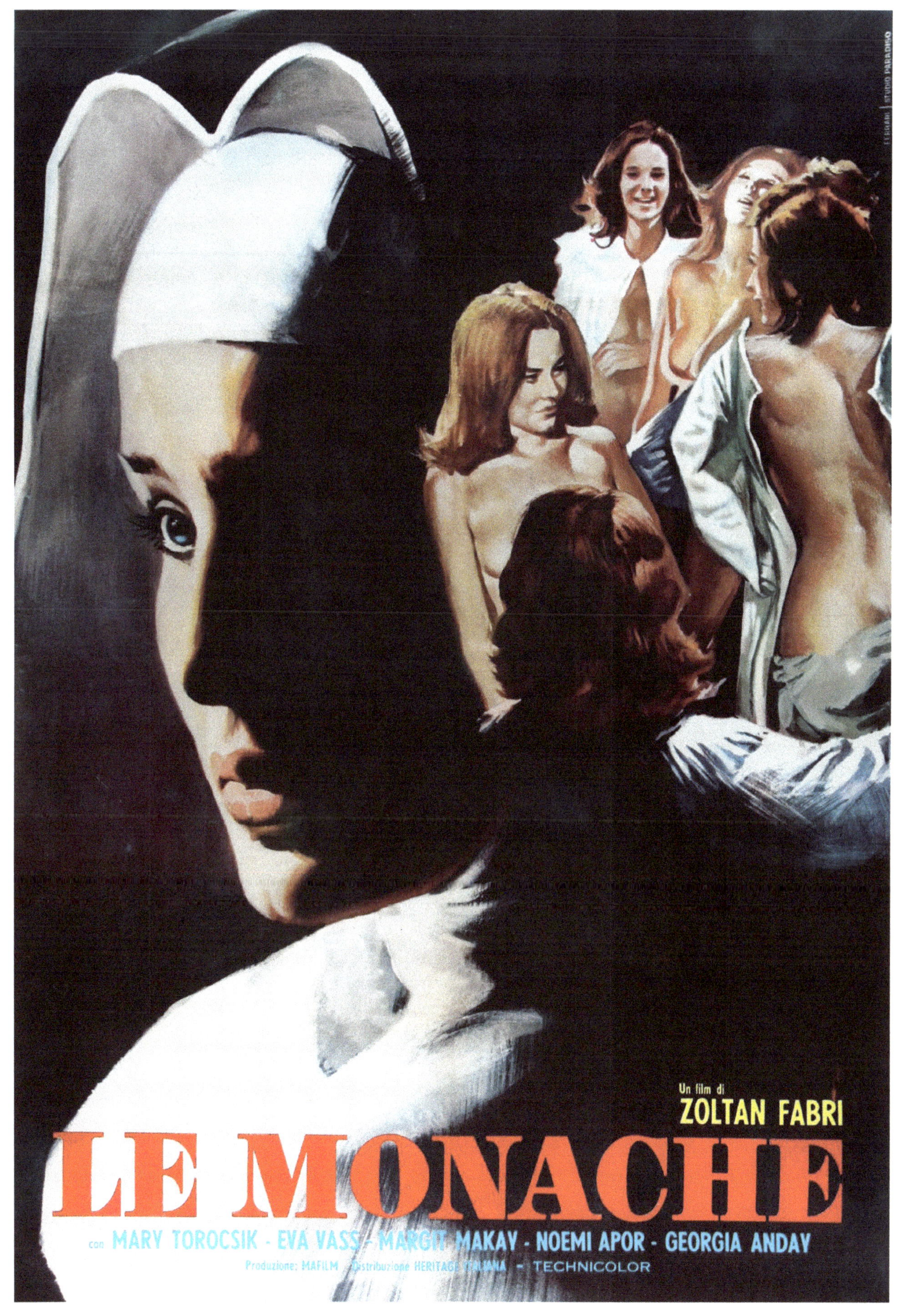

LE MONACHE

("The Nuns"). Artist: Ferrari/Studio Paradiso. Original Title: **Hangyaboly** (1971).

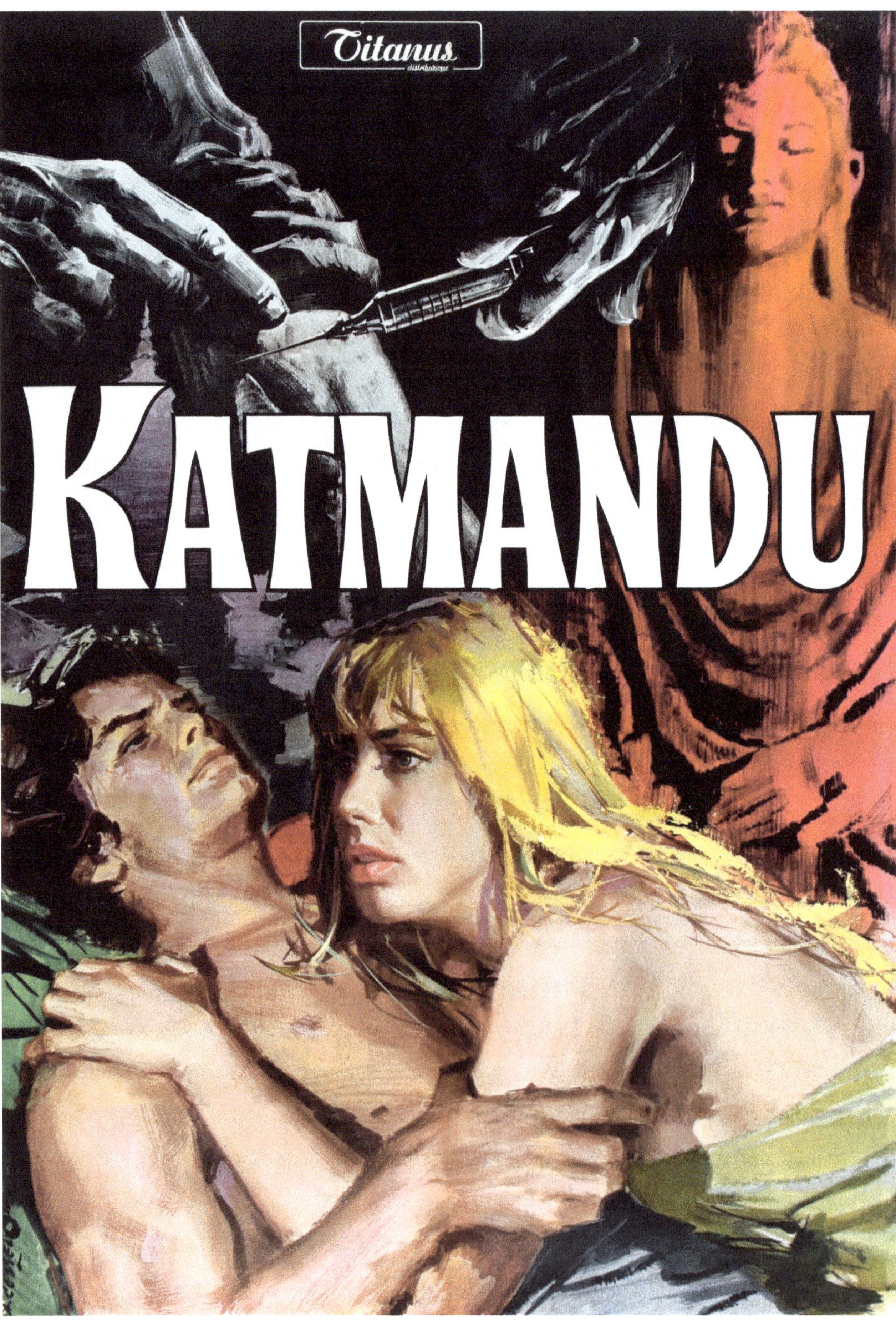

KATMANDU

(''Kathmandu''). Artist: Angelo Cessalon. Original Title: **Les Chemins De Katmandou** (1969).

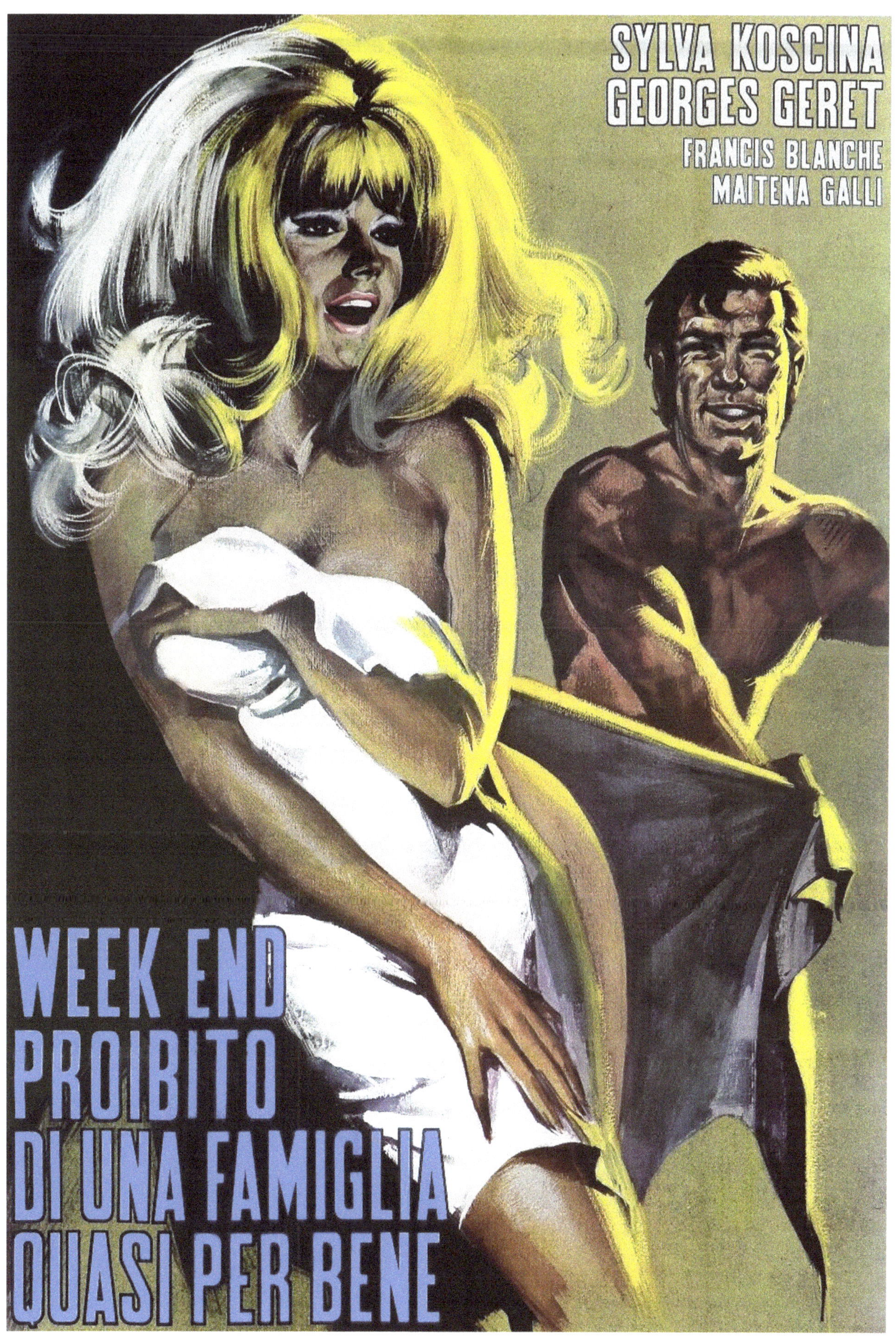

WEEK END PROIBITO DI UNA FAMIGLIA QUASI PER BENE
("Forbidden Weekend Of An Almost Respectable Family"). Artist: P. Franco. Original Title: **Les Jambes En L'Air** (1971).

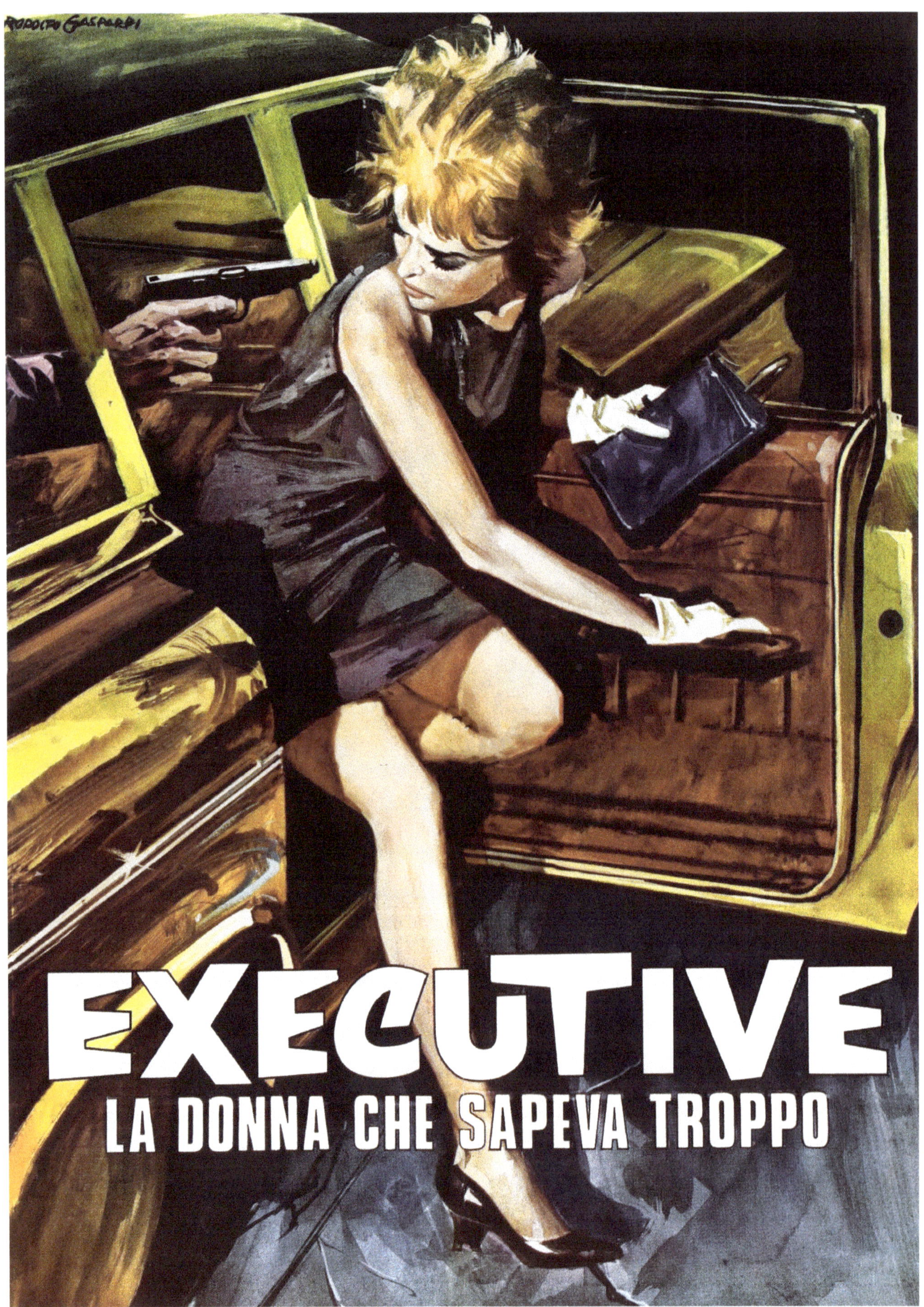

EXECUTIVE LA DONNA CHE SAPEVA TROPPO

("Executive: The Woman Who Knew Too Much"). Artist: Rodolfo Gasparri. Original Title: **The Girl Who Knew Too Much** (1969).

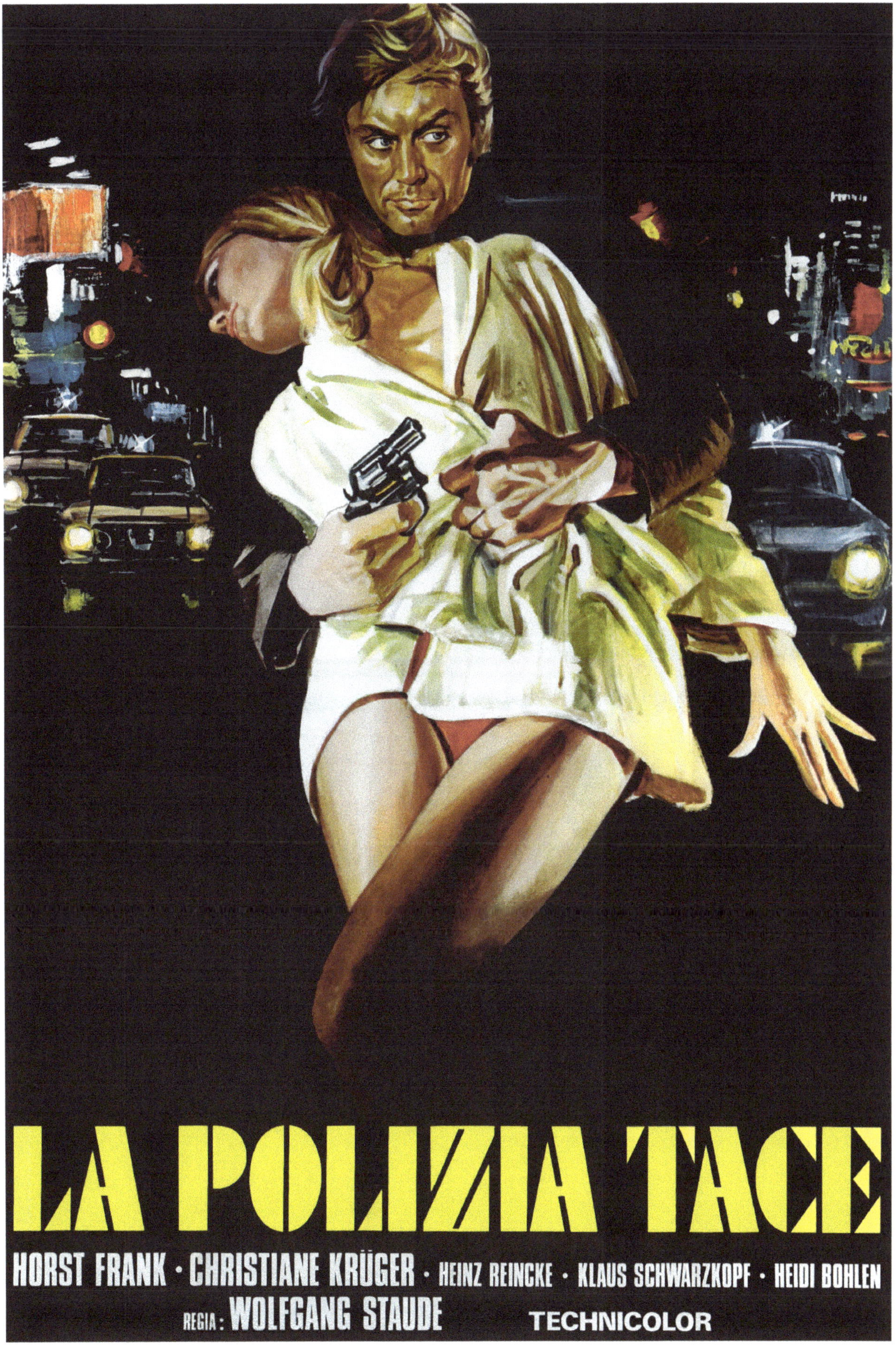

LA POLIZIA TACE

("The Police Are Silent"). Artist: unsigned. Original Title: Fluchtweg St. Pauli - Großalarm Für Die Davidswache (1971).

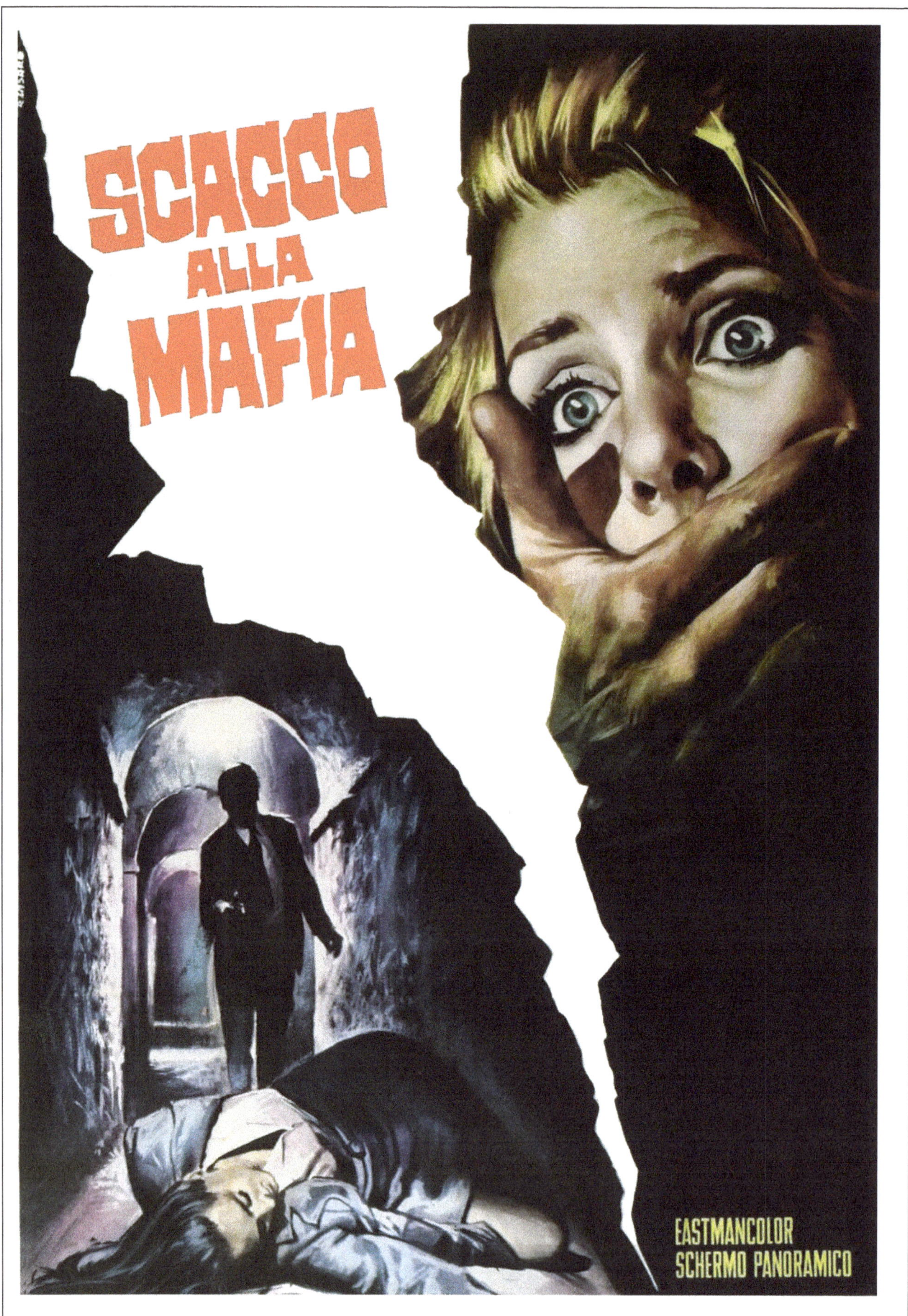

(''Checkmate To The Mafia''). Artist: Renato Casaro. Original Title: **Scacco Alla Mafia** (1970)

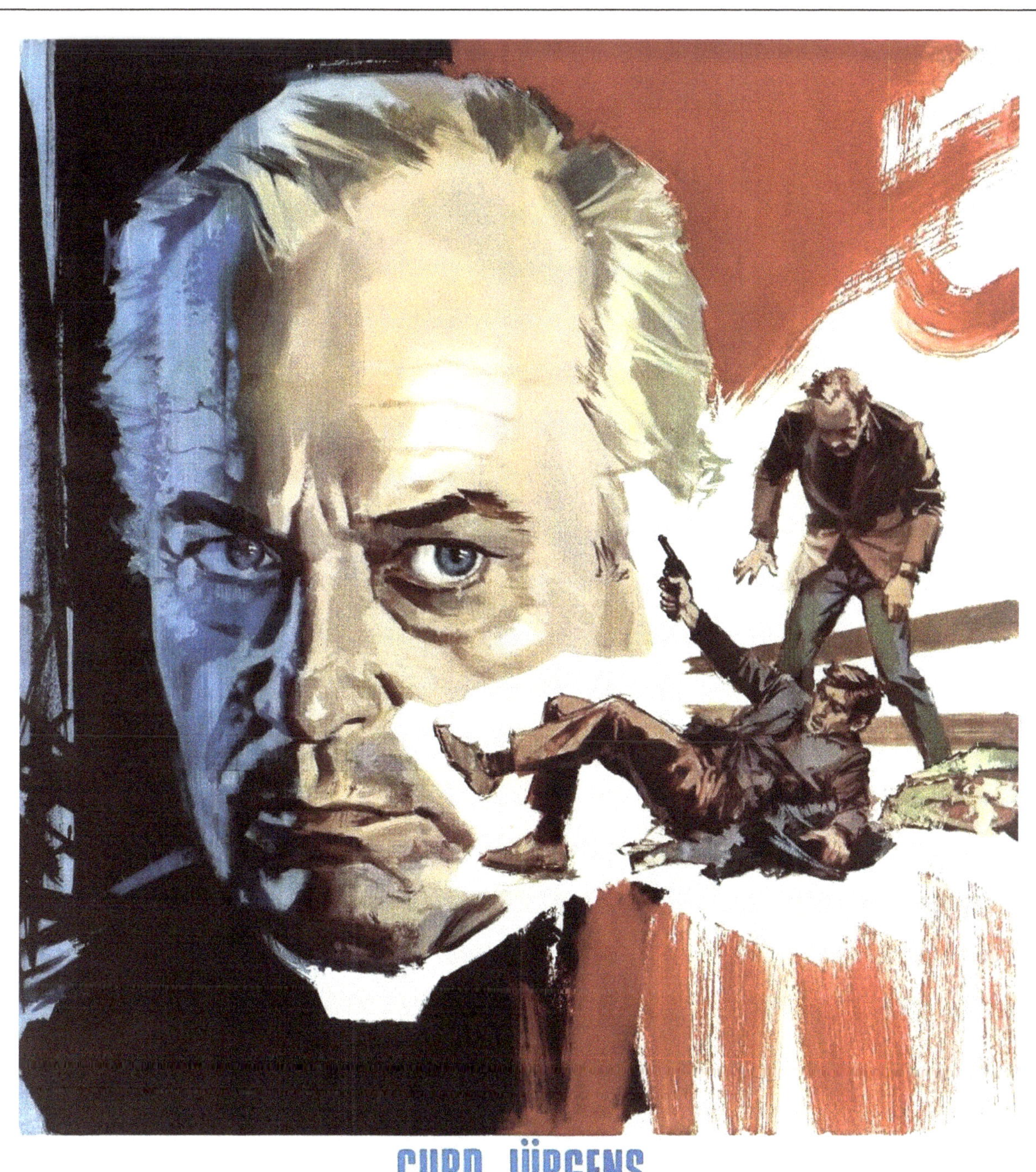

IO SO CHI HA UCCISO

(''I Know Who The Killer Is''). Artist: unsigned. Original Title: **Der Pfarrer Von St. Pauli** (1970).

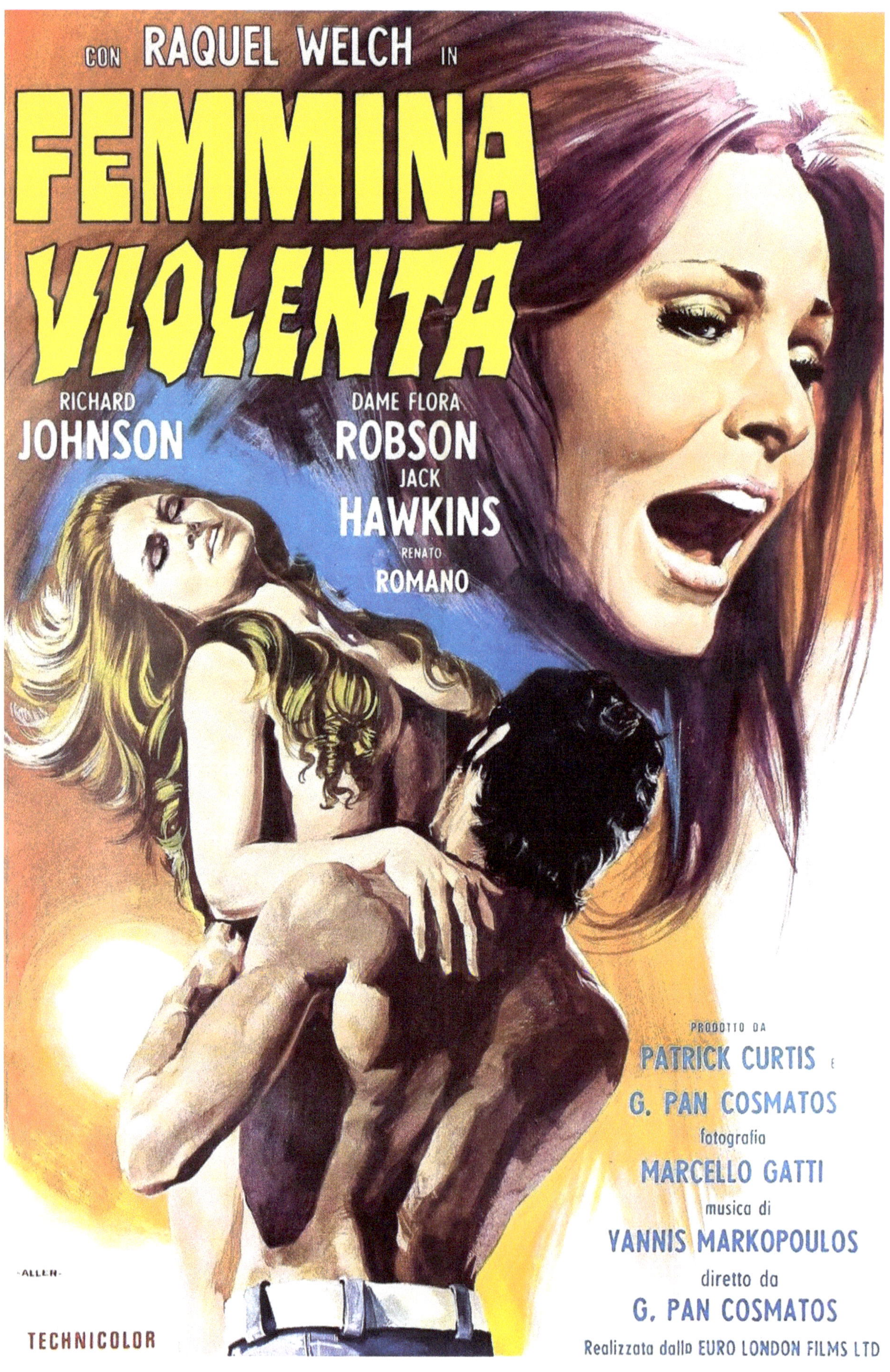

FEMMINA VIOLENTA

("Violent Female"). Artist: Aller. Original Title: **The Beloved** (1971).

68

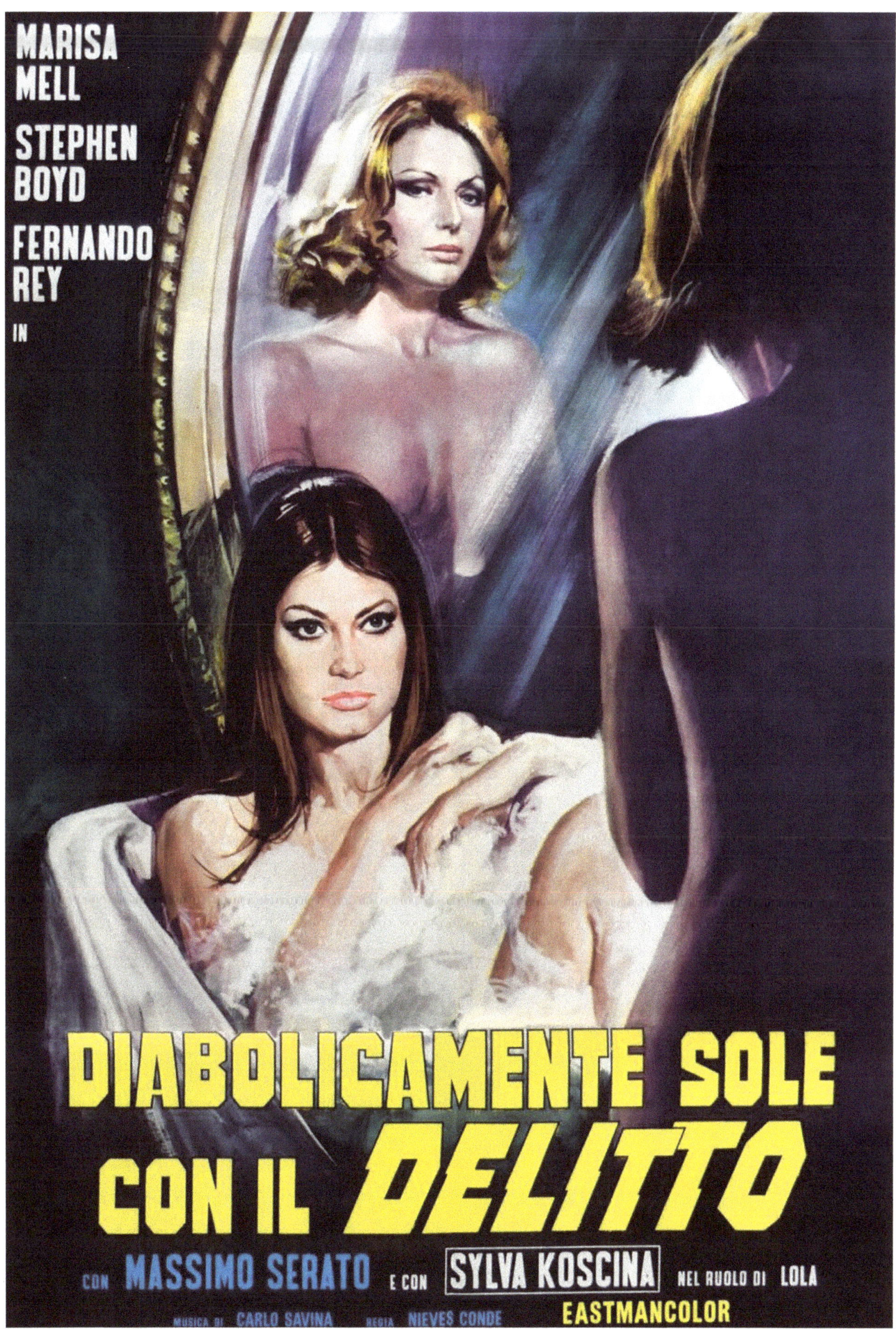

("Diabolically Alone With The Crime"). Artist: unsigned. Original Title: **Historia De Una Traición** (1971).

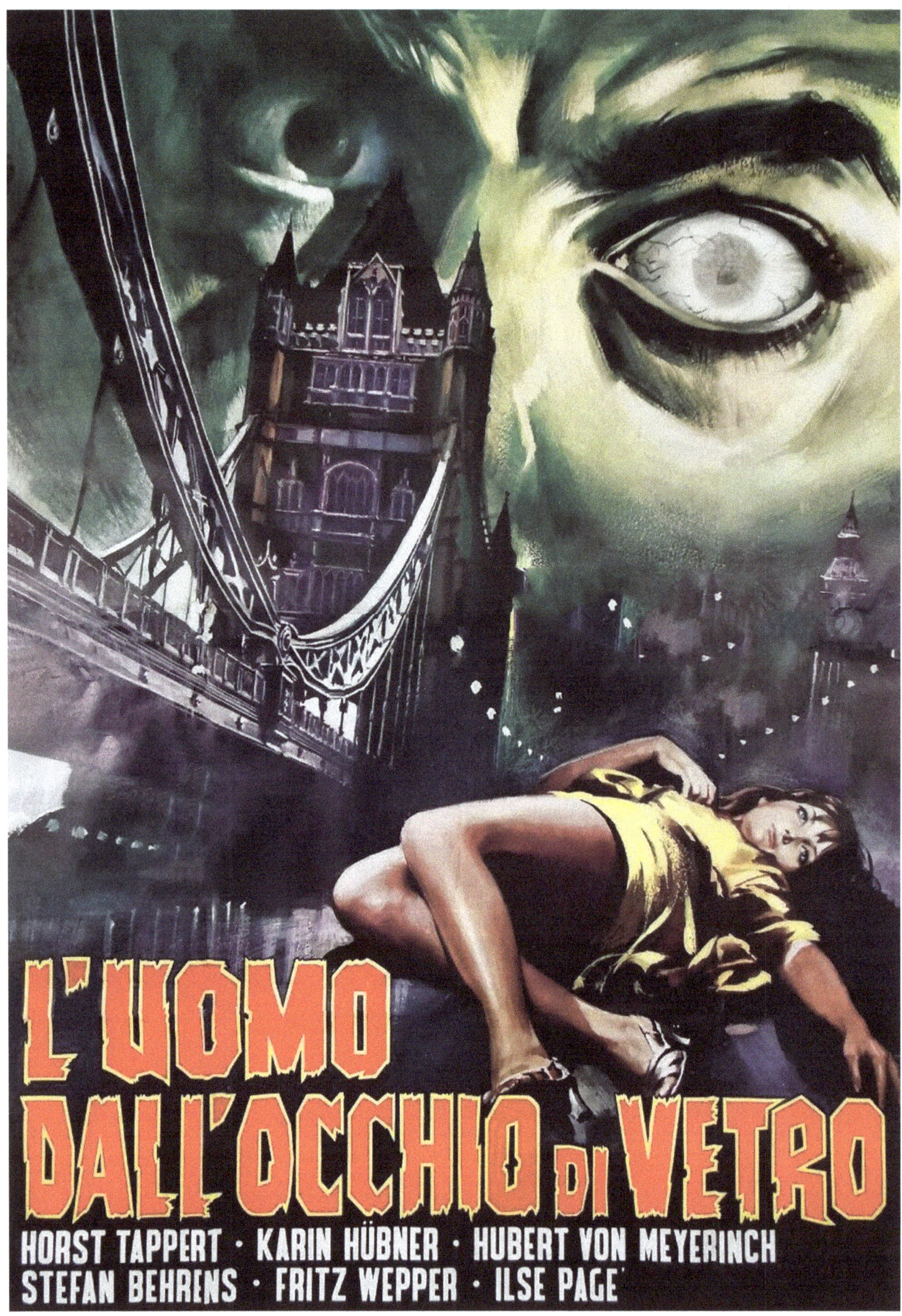

L'UOMO DALL'OCCHIO DI VETRO

("The Man With The Glass Eye"). Artist: unsigned. Original Title: **Der Mann Mit Dem Glasauge** (1969).

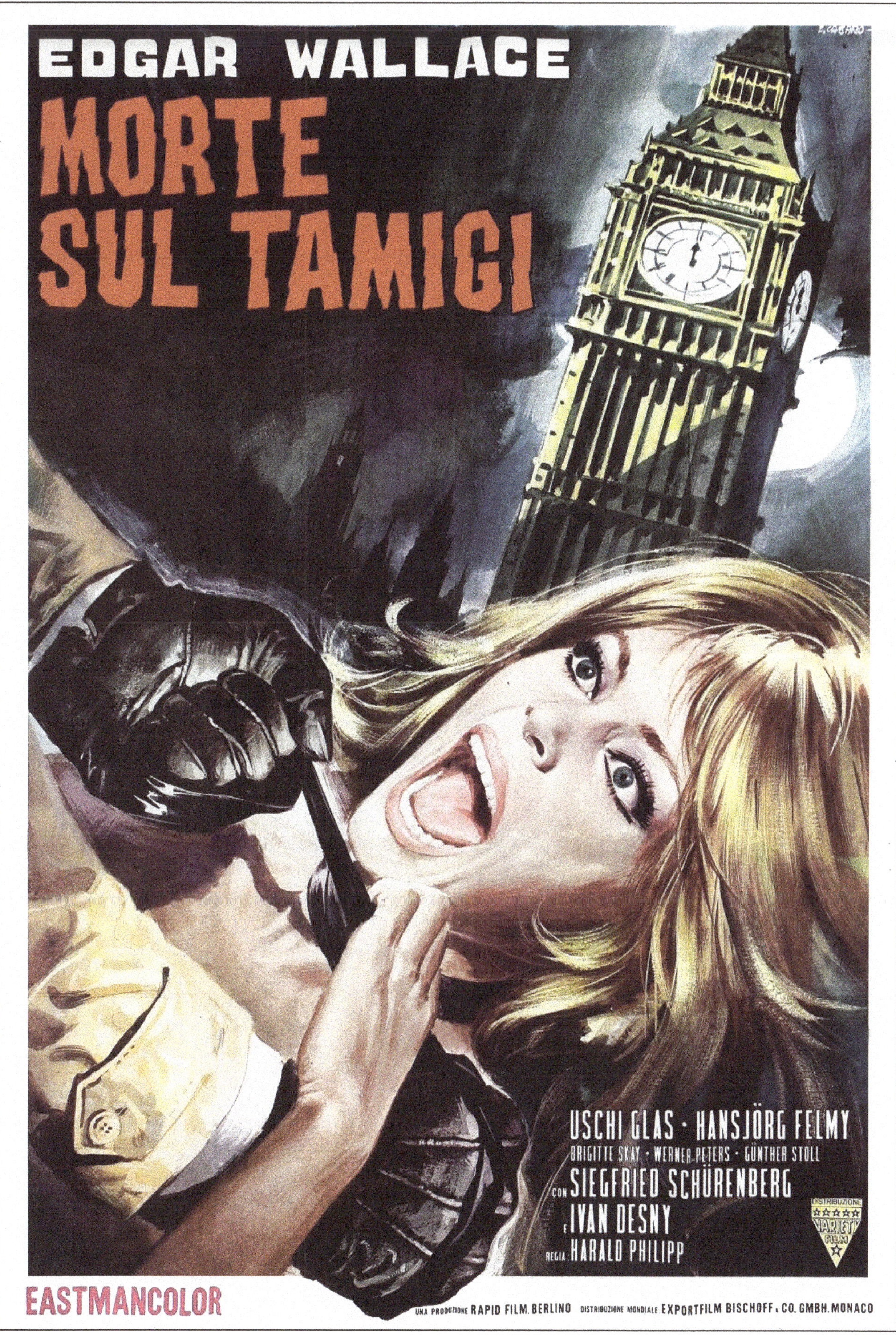

("Death On The Thames"). Artist: Renato Casaro. Original Title: **Die Tote Aus Der Themse** (1971).

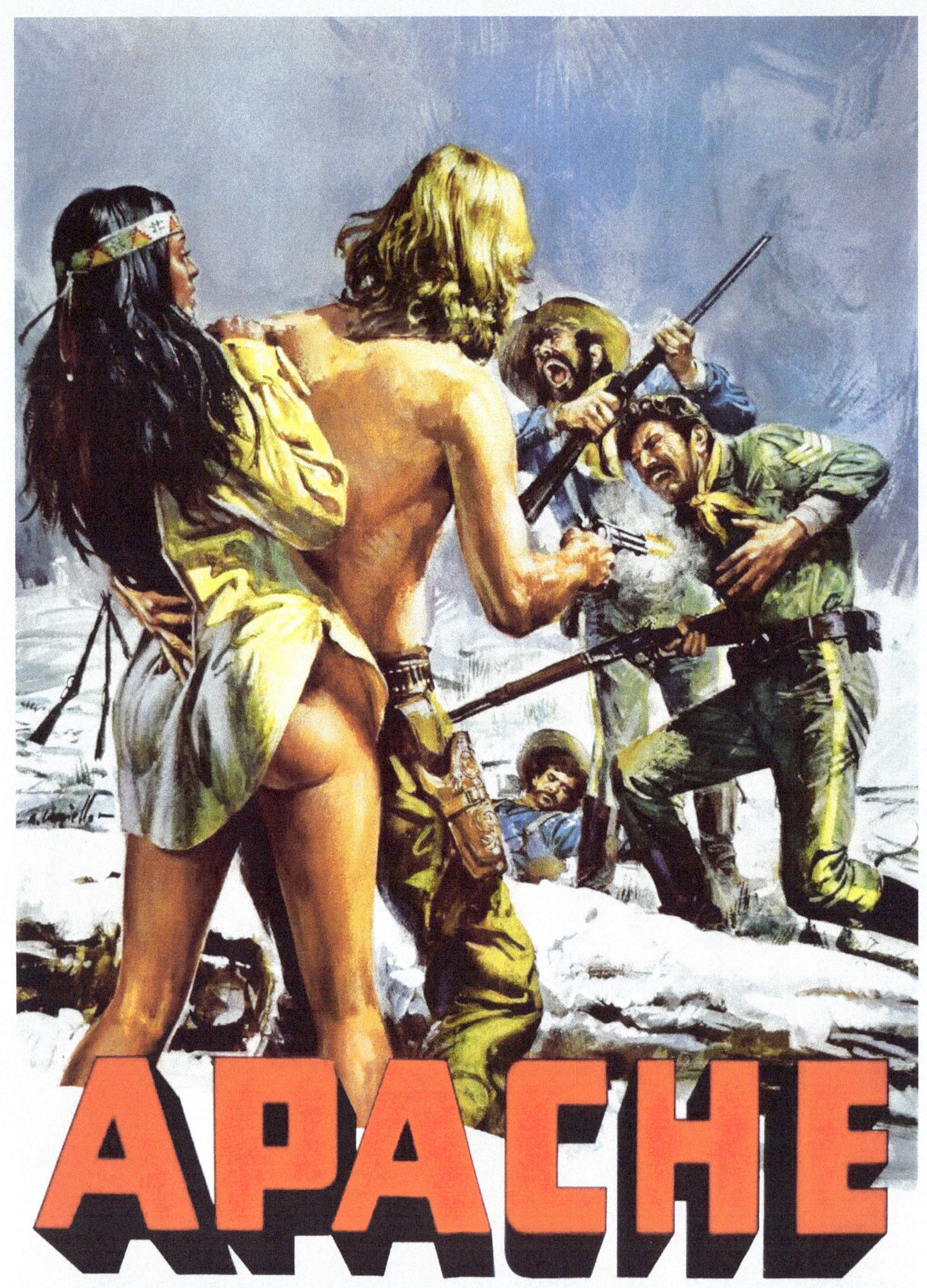

APACHE

(''Apache''). Artist: unsigned. Original Title: **Cry For Me, Billy** (1972).

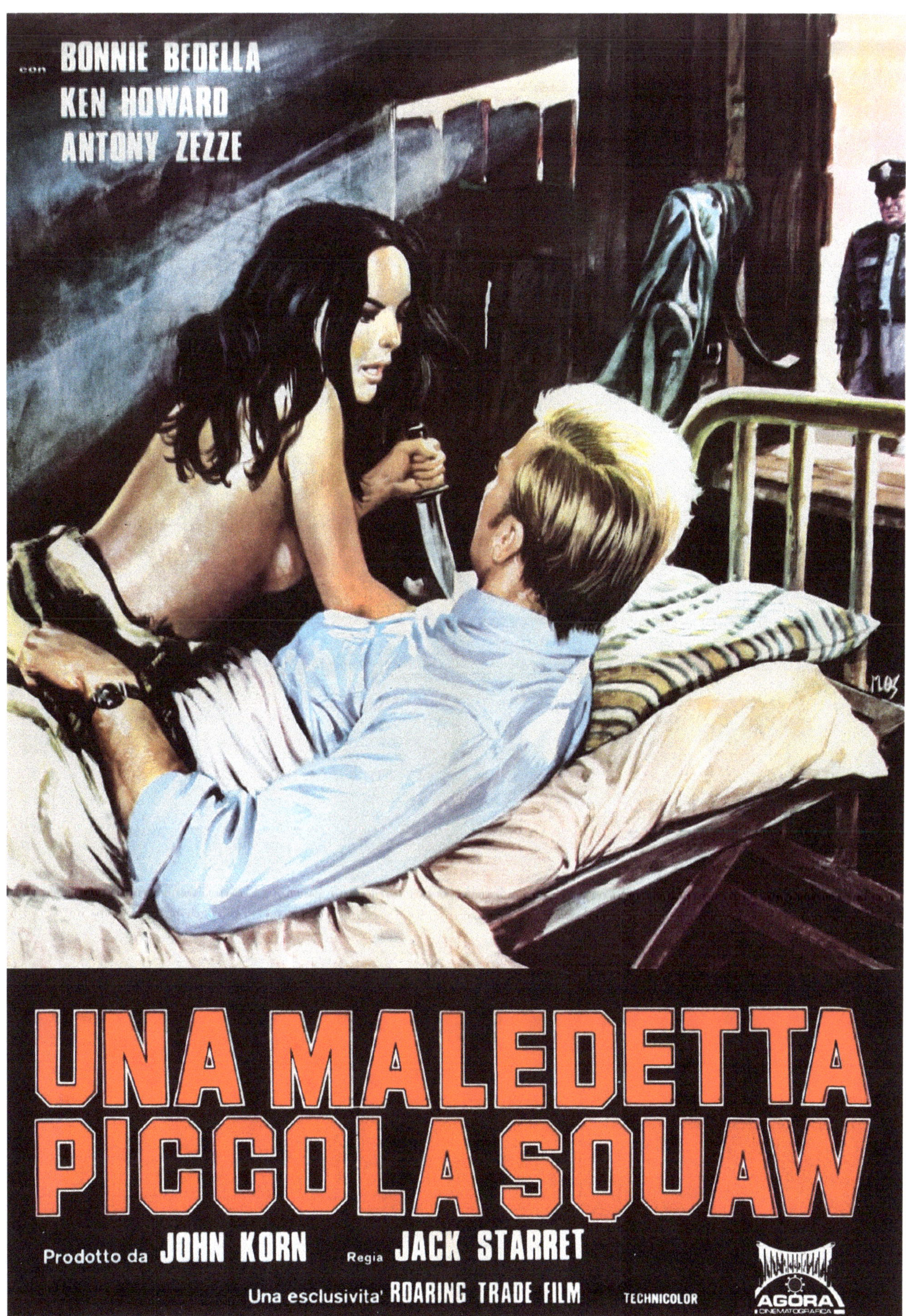

("A Cursed Little Squaw"). Artist: Moz. Original Title: **The Strange Vengeance Of Rosalie** (1972).

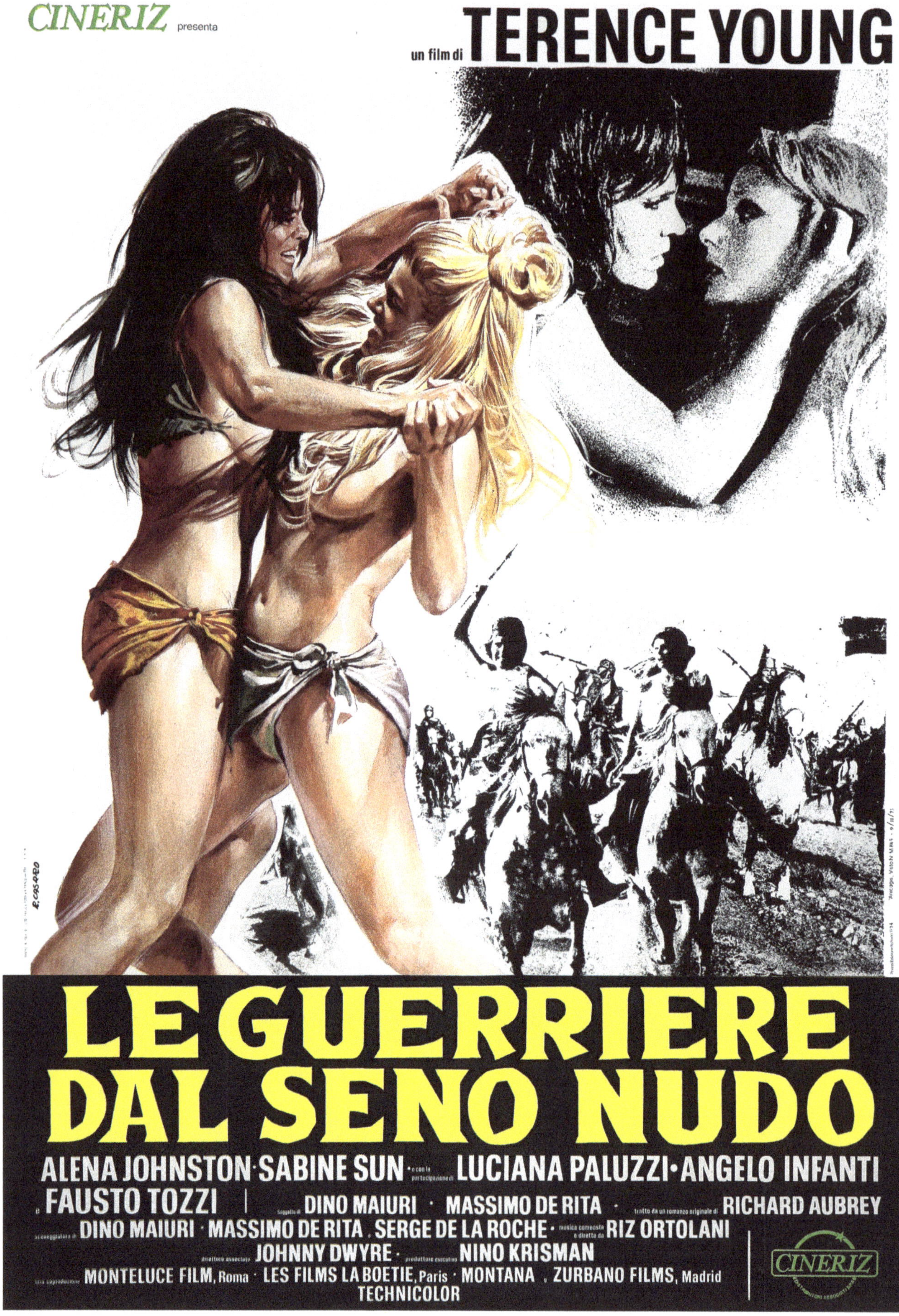

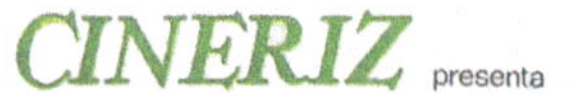 presenta

un film di **TERENCE YOUNG**

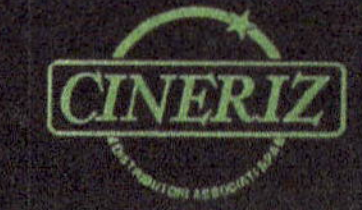

LE GUERRIERE DAL SENO NUDO

ALENA JOHNSTON · SABINE SUN e con la partecipazione di **LUCIANA PALUZZI · ANGELO INFANTI**
e **FAUSTO TOZZI** | soggetto di **DINO MAIURI · MASSIMO DE RITA** tratto da un romanzo originale di **RICHARD AUBREY**
sceneggiatura di **DINO MAIURI · MASSIMO DE RITA · SERGE DE LA ROCHE** musica composta e diretta da **RIZ ORTOLANI**
JOHNNY DWYRE direttore associato **NINO KRISMAN** produttore esecutivo
una coproduzione **MONTELUCE FILM**, Roma · **LES FILMS LA BOETIE**, Paris · **MONTANA** , **ZURBANO FILMS**, Madrid
TECHNICOLOR

LE GUERRIERE DAL SENO NUDO

("Warriors With Naked Breasts"). Artist: Renato Casaro. Original Title: **Le Guerriere Dal Seno Nudo** (1973).

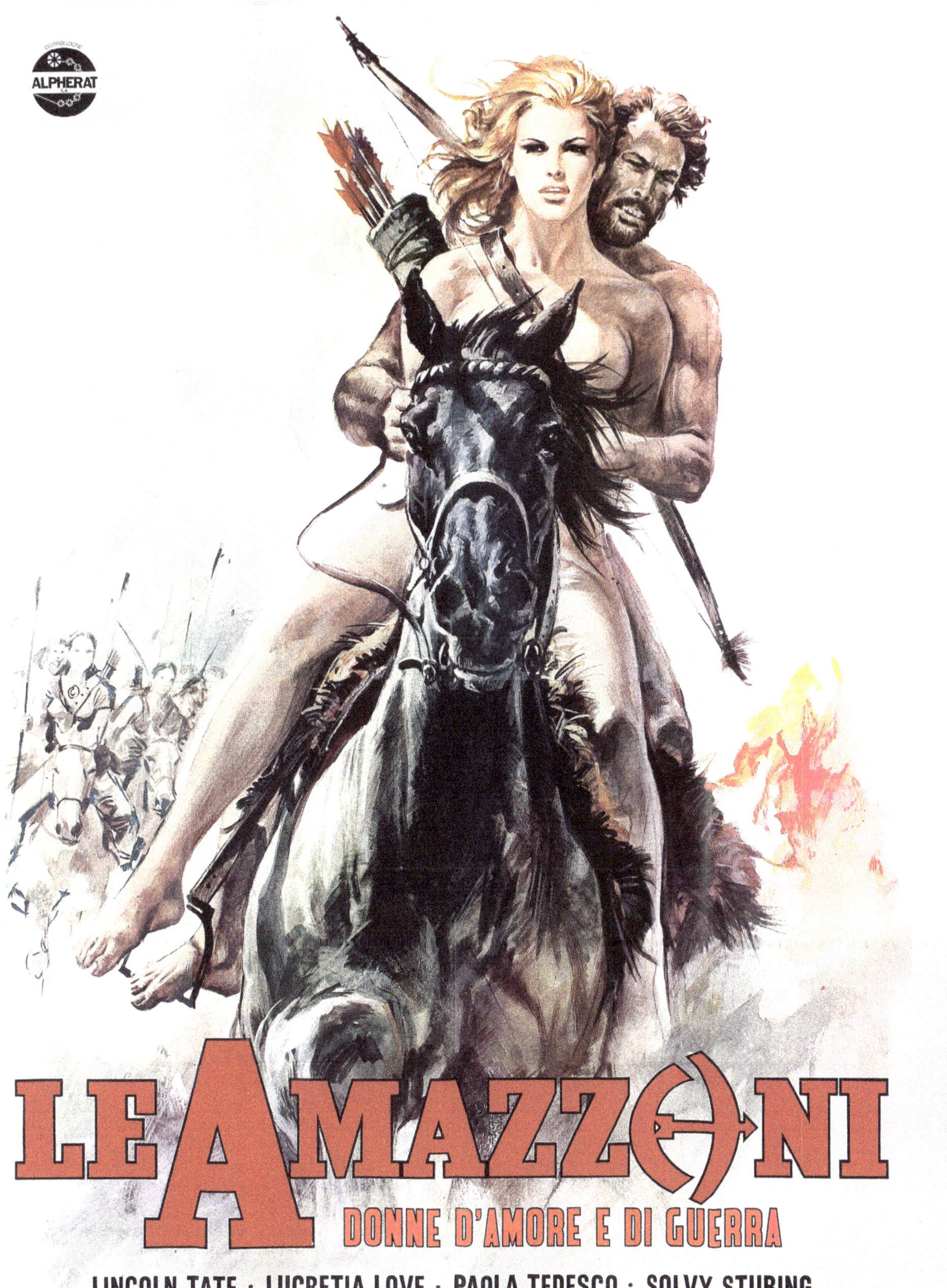

LE AMAZZONI: DONNE D'AMORE E DI GUERRA

("The Amazons, Women Of Love And War"). Artist: unsigned. Original Title: **Le Amazzoni: Donne D'Amore E Di Guerra** (1973).

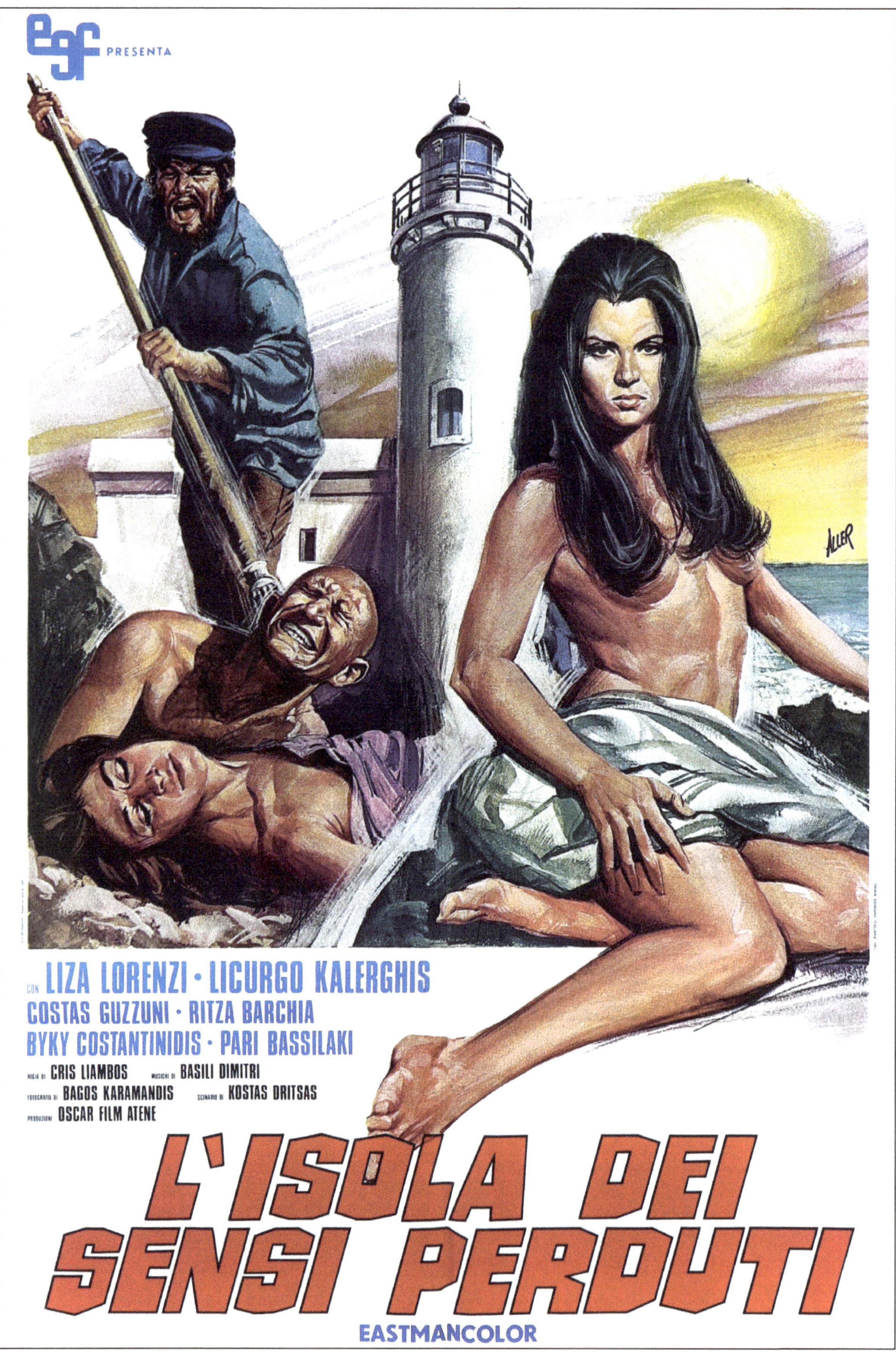

L'ISOLA DEI SENSI PERDUTI

("Island Of Lost Senses"). Artist: Aller. Original Title: **Sex... 13 Beaufort!** (1971).

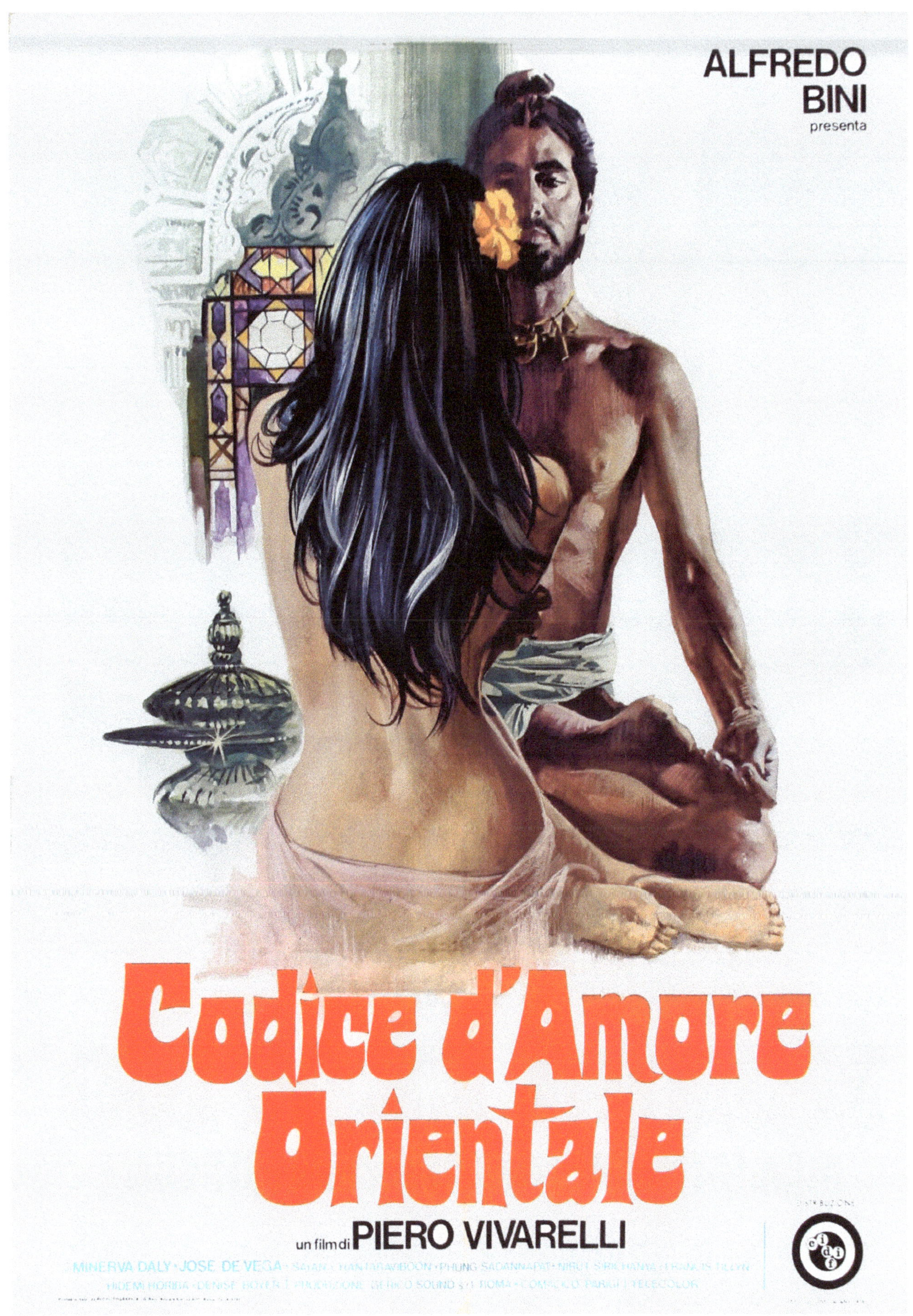

("Codex Of Eastern Love"). Artist: unsigned. Original Title: **Codice D'Amore Orientale** (1974).

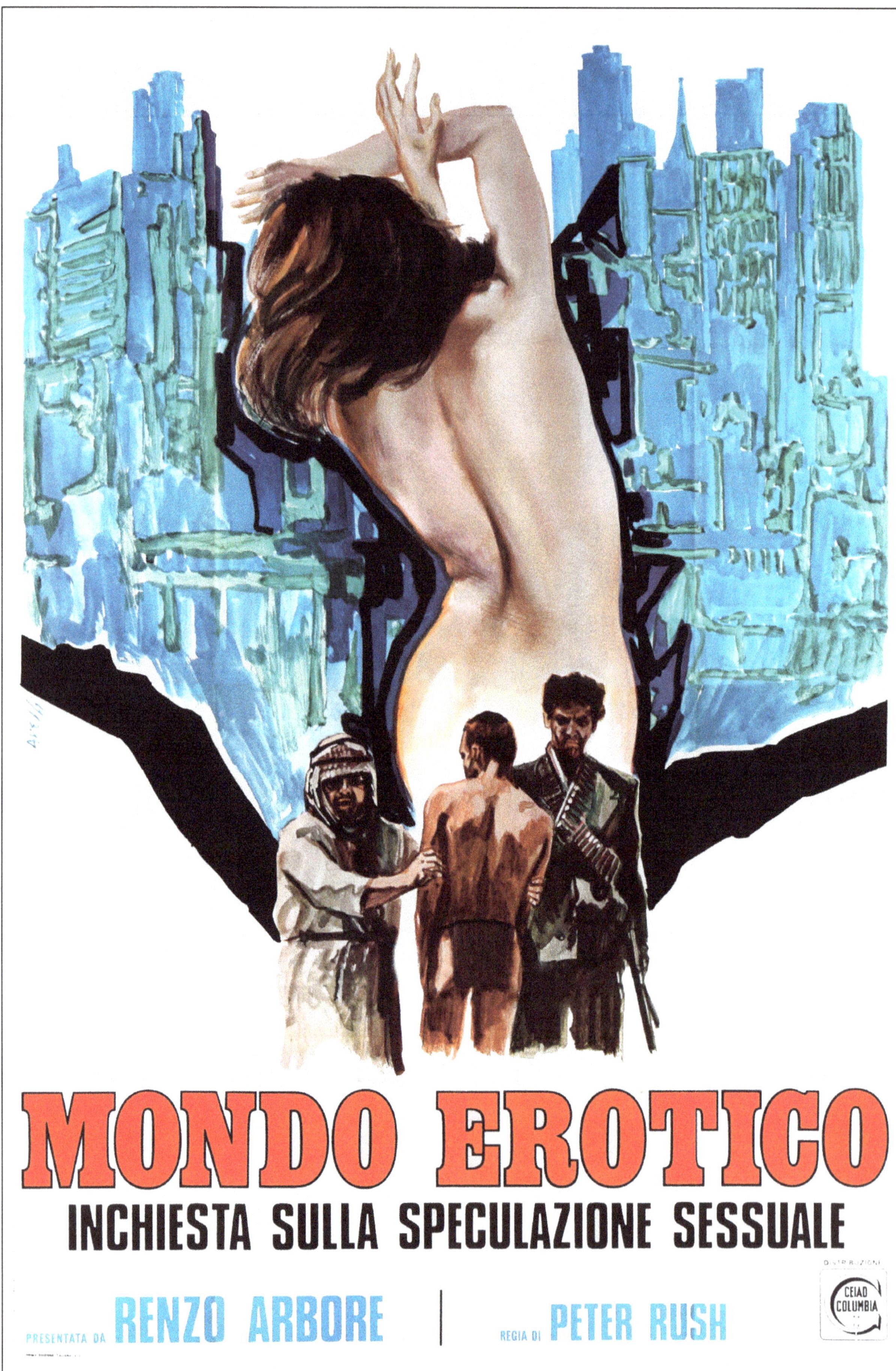

("Mondo Erotico"). Artist: Tino Avelli. Original Title: **Mondo Erotico** (1973).

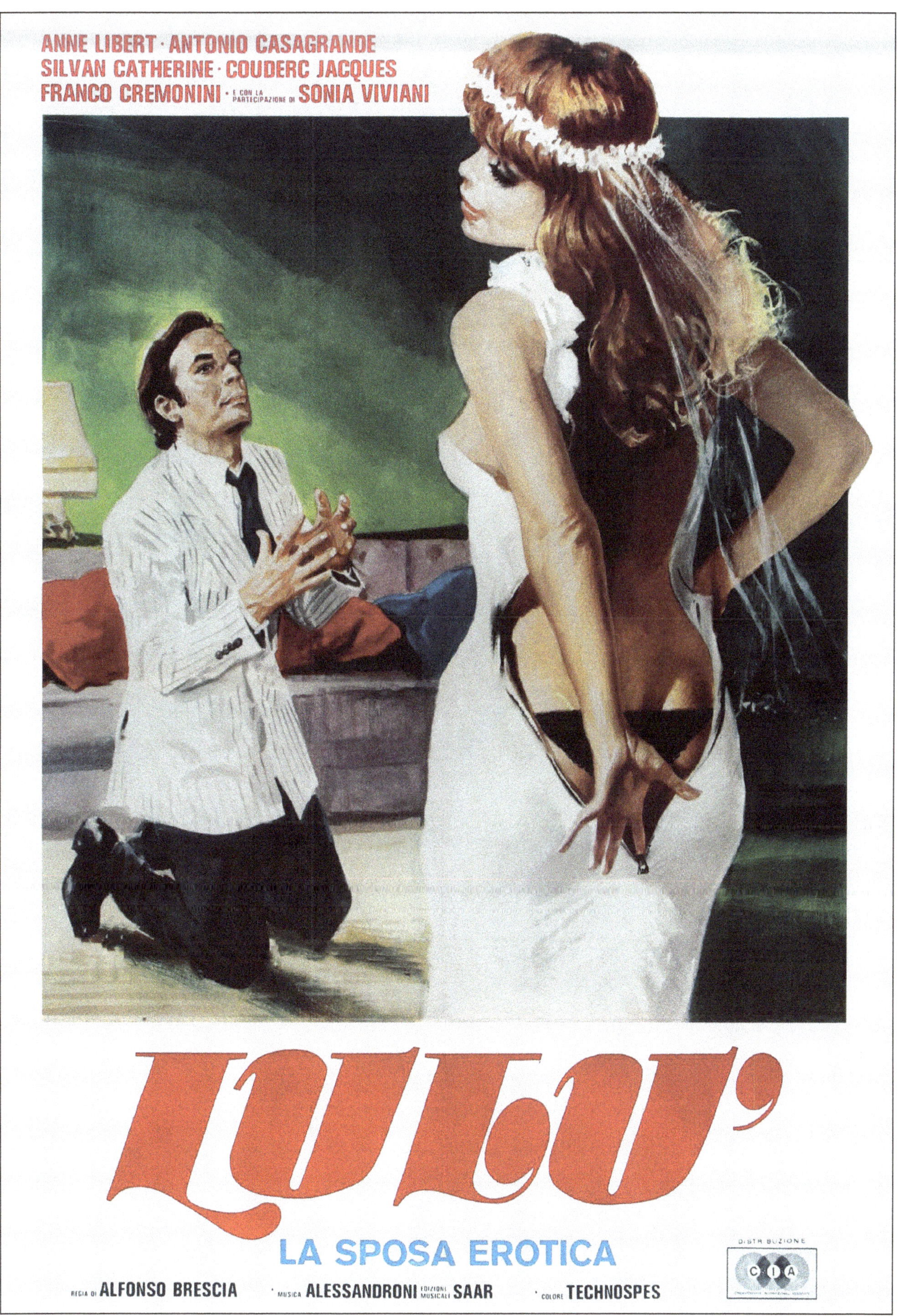

("Lulù The Erotic Bride"). Artist: unsigned. Original Title: **Lulù 77** (1977).

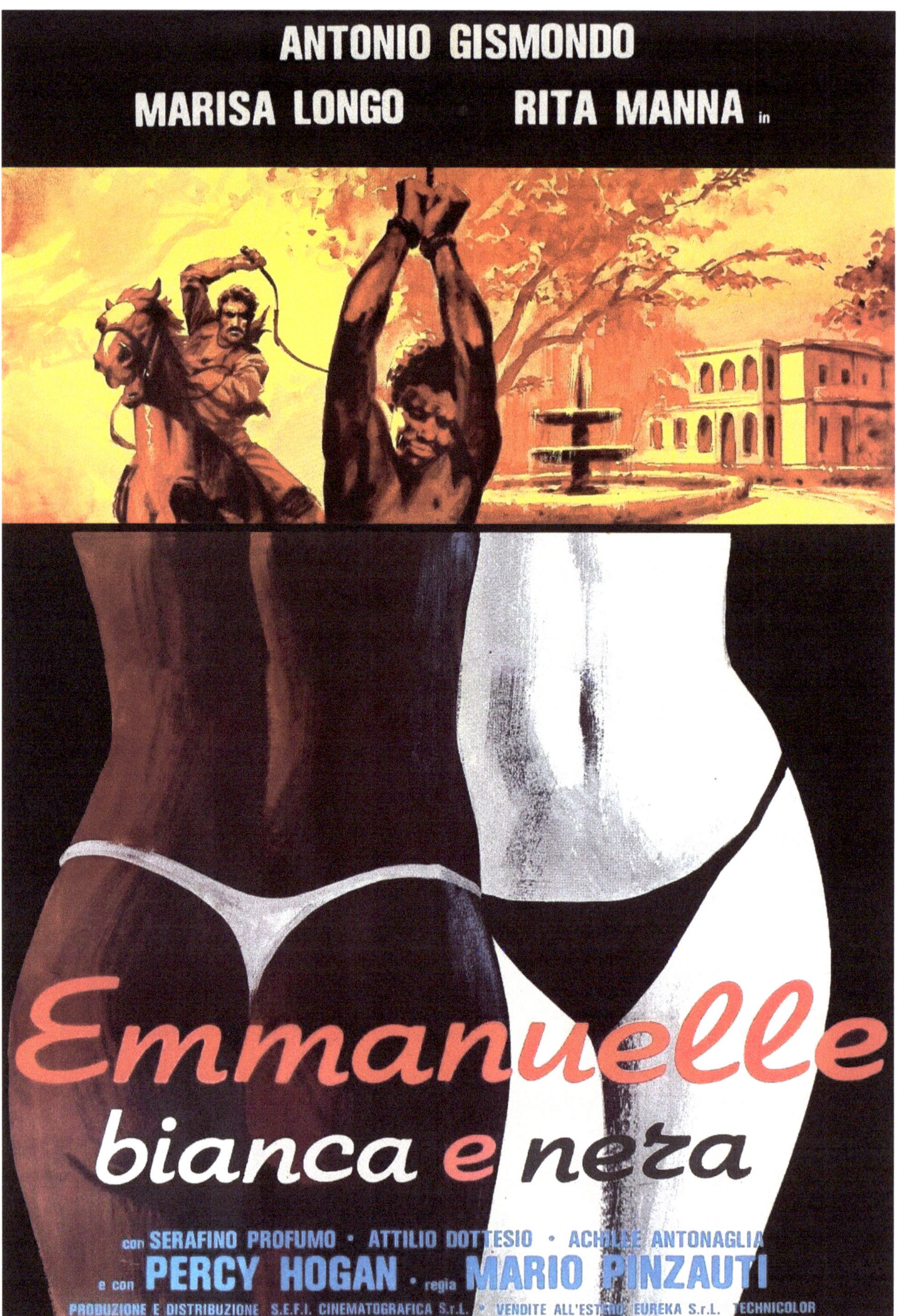

EMMANUELLE BIANCA E NERA

(''Black And White Emmanuelle''). Artist: unsigned. Original Title: **Emmanuelle Bianca E Nera** (1976).

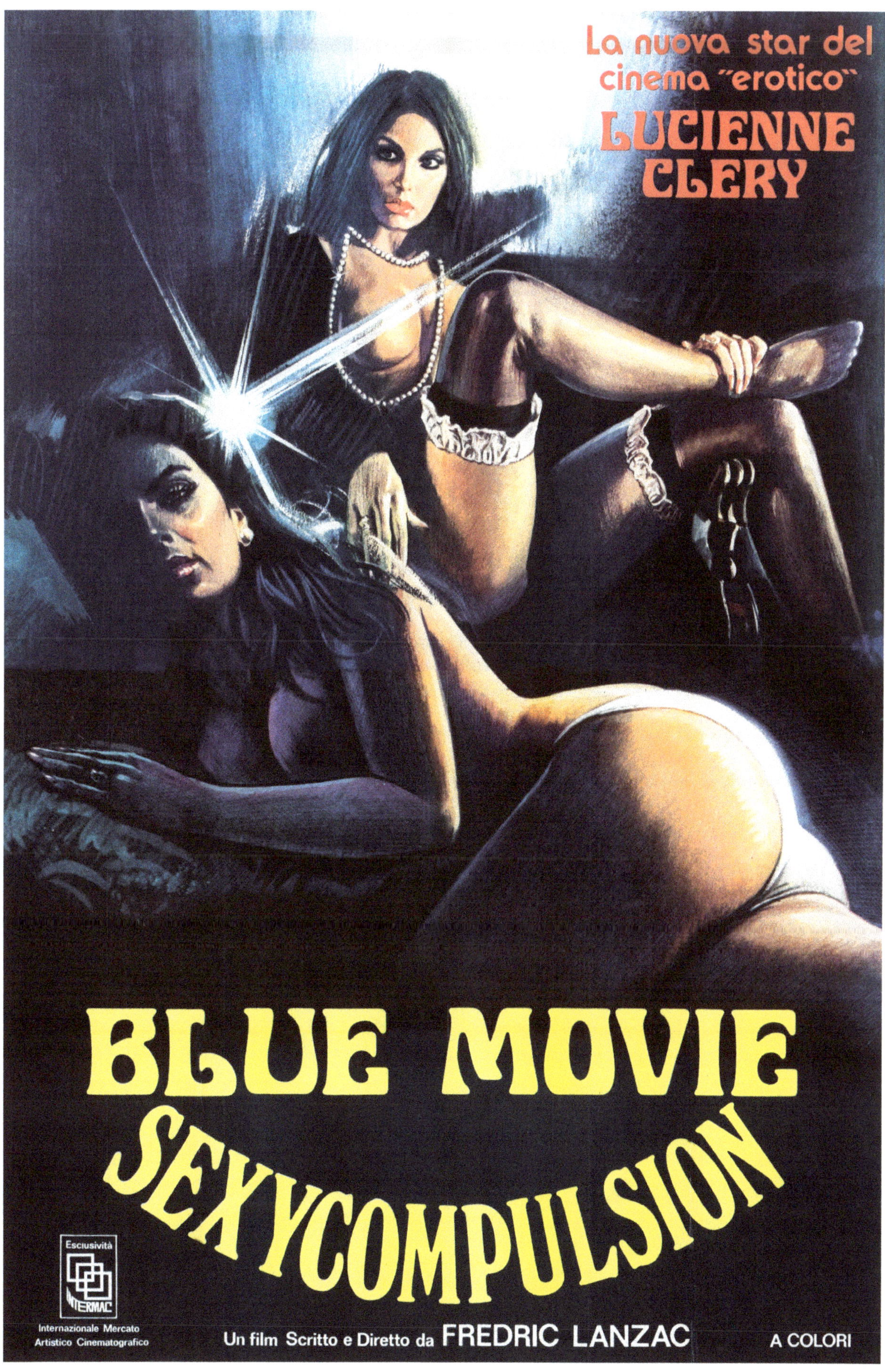

BLUE MOVIE SEXYCOMPULSION

("Blue Movie: Sexy Compulsion"). Artist: unsigned. Original Title: Échanges De Partenaires (1976).

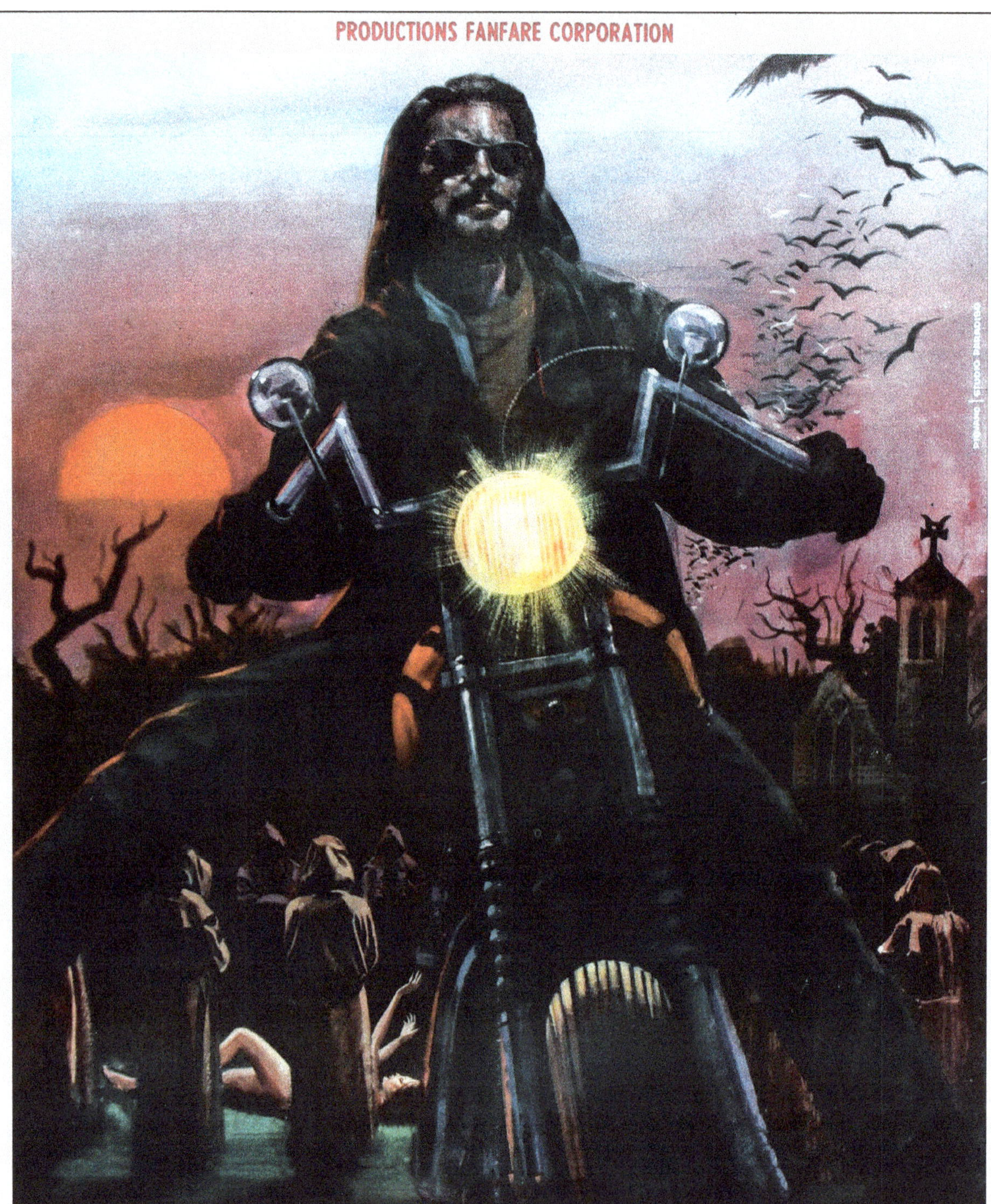

LA NOTTE DEI DEMONI

(''Night Of The Demons''). Artist: Mario Piovano. Original Title: **Werewolves On Wheels** (1971).

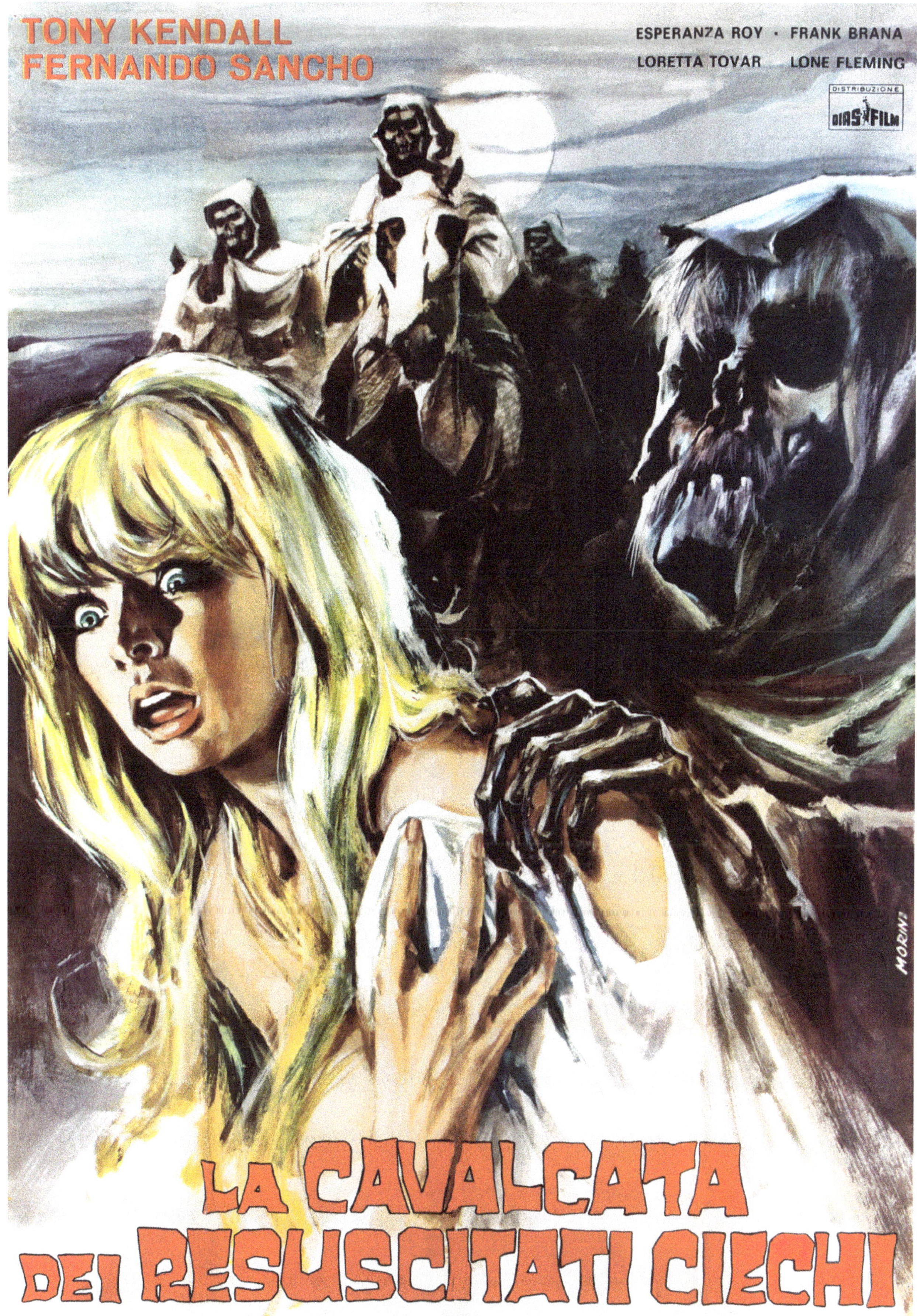

("Ride Of The Blind Living Dead"). Artist: Morini. Original Title: El Ataque De Los Muertos Sin Ojos (1973).

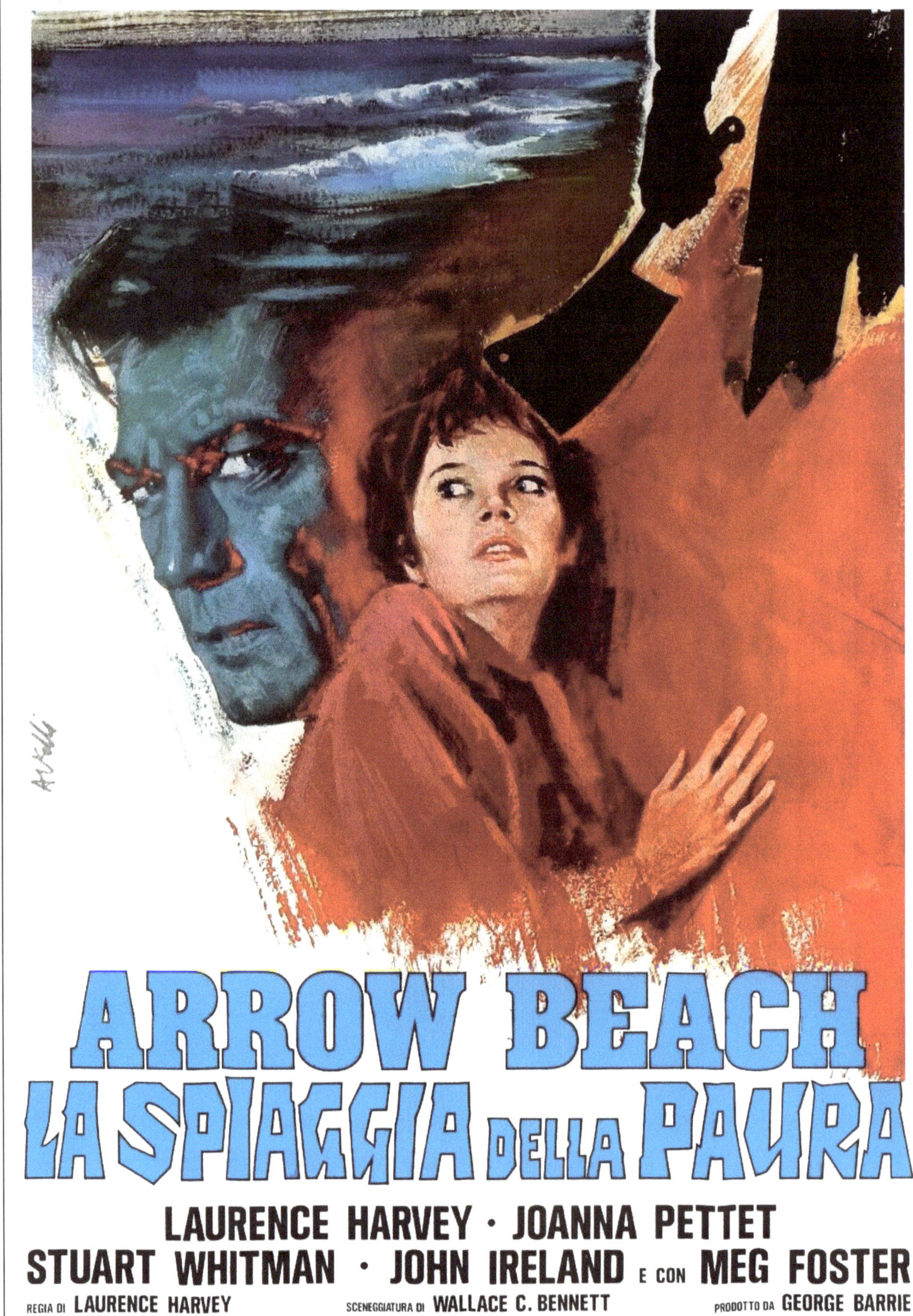

ARROW BEACH, LA SPIAGGIA DELLA PAURA

(''Arrow Beach, Beach Of Fear''). Artist: Tino Avelli. Original Title: **Welcome To Arrow Beach** (1973).

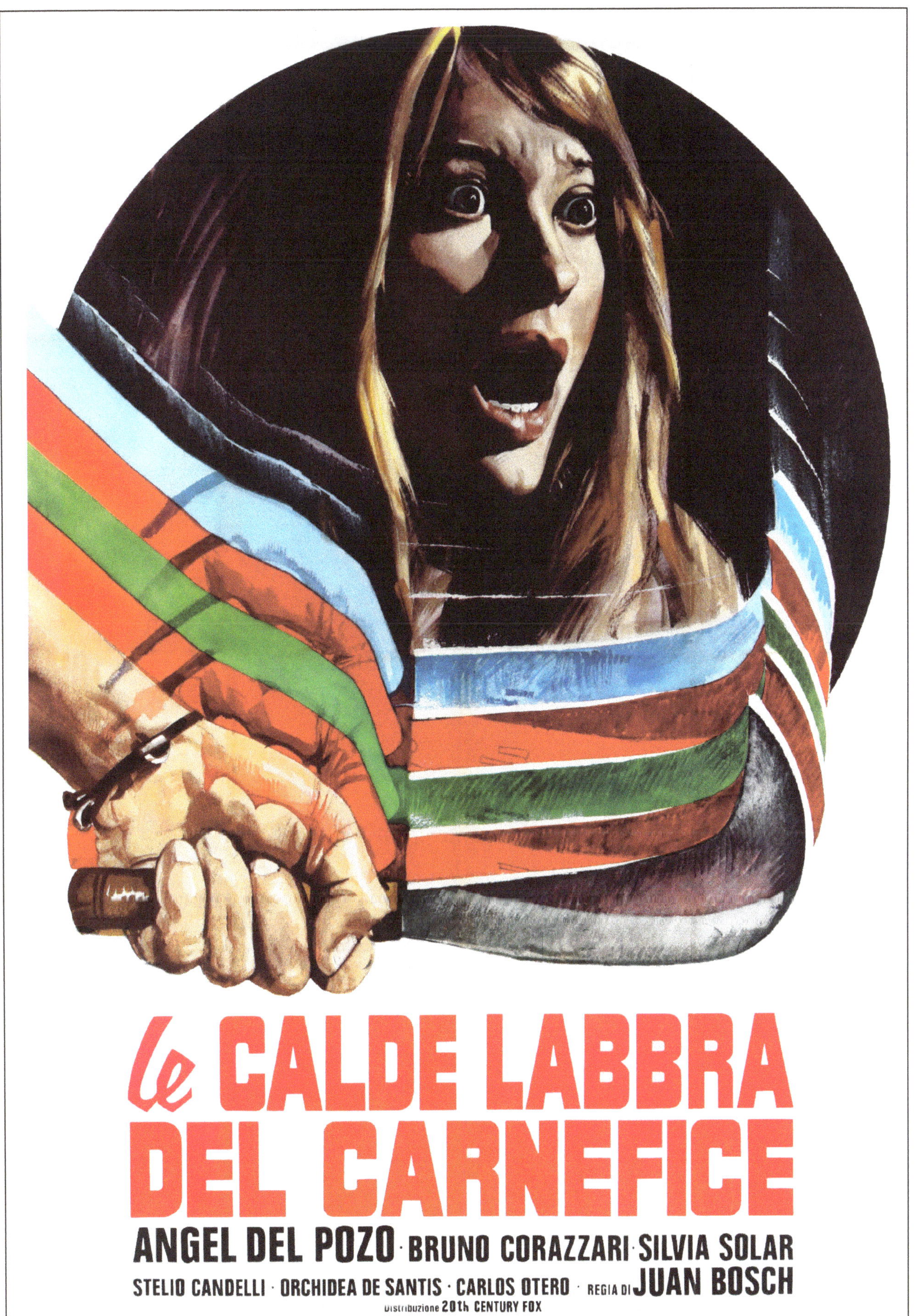

("Hot Lips Of The Executioner"). Artist: unsigned. Original Title: **La Muerte Llama A Las 10 (1974)**.

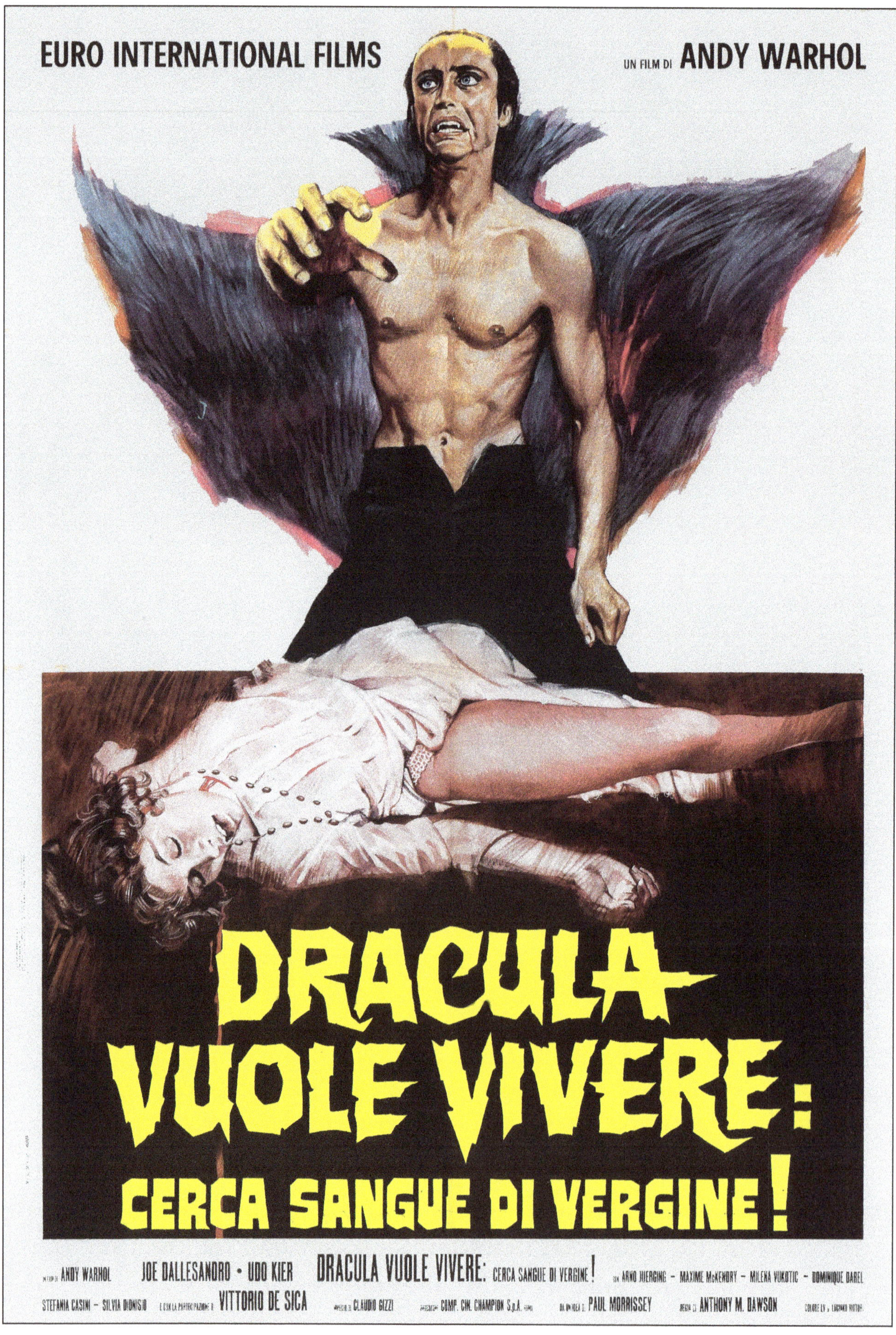

DRACULA VUOLE VIVERE: CERCA SANGUE DI VERGINE!

("Dracula Wants To Live: Find Virgin Blood!"). Artist: Ermanno Iaia. Original Title: **Dracula Cerca Sangue Di Vergine... E Mori Di Sete!!!** (1973).

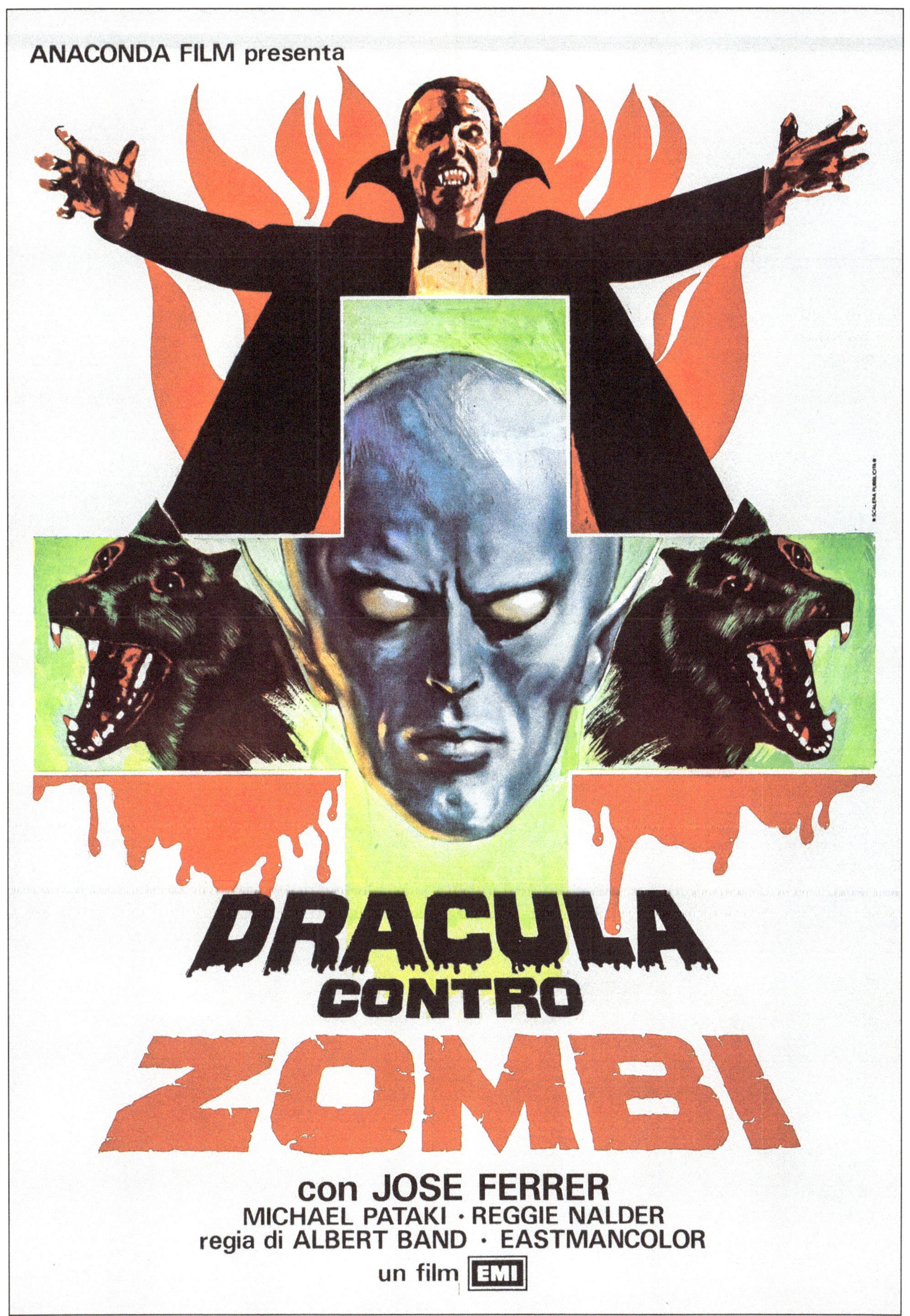

("Dracula Versus Zombie"). Artist: Scalera. Original Title: **Zoltan... Hound Of Dracula** (1977).

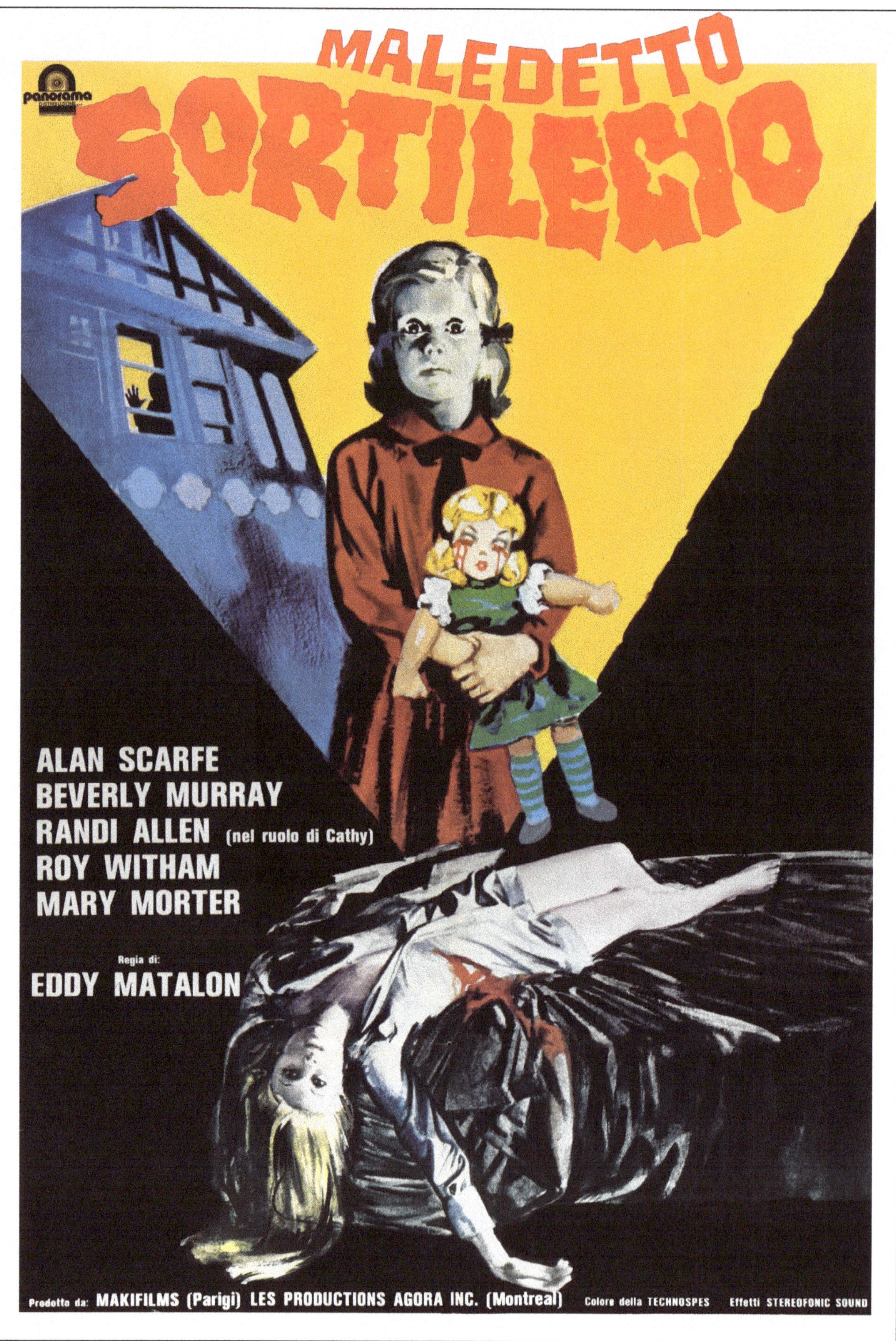

MALEDETTO SORTILEGIO

("Cursed Spell"). Artist: unsigned. Original Title: **Cathy's Curse** (1977).

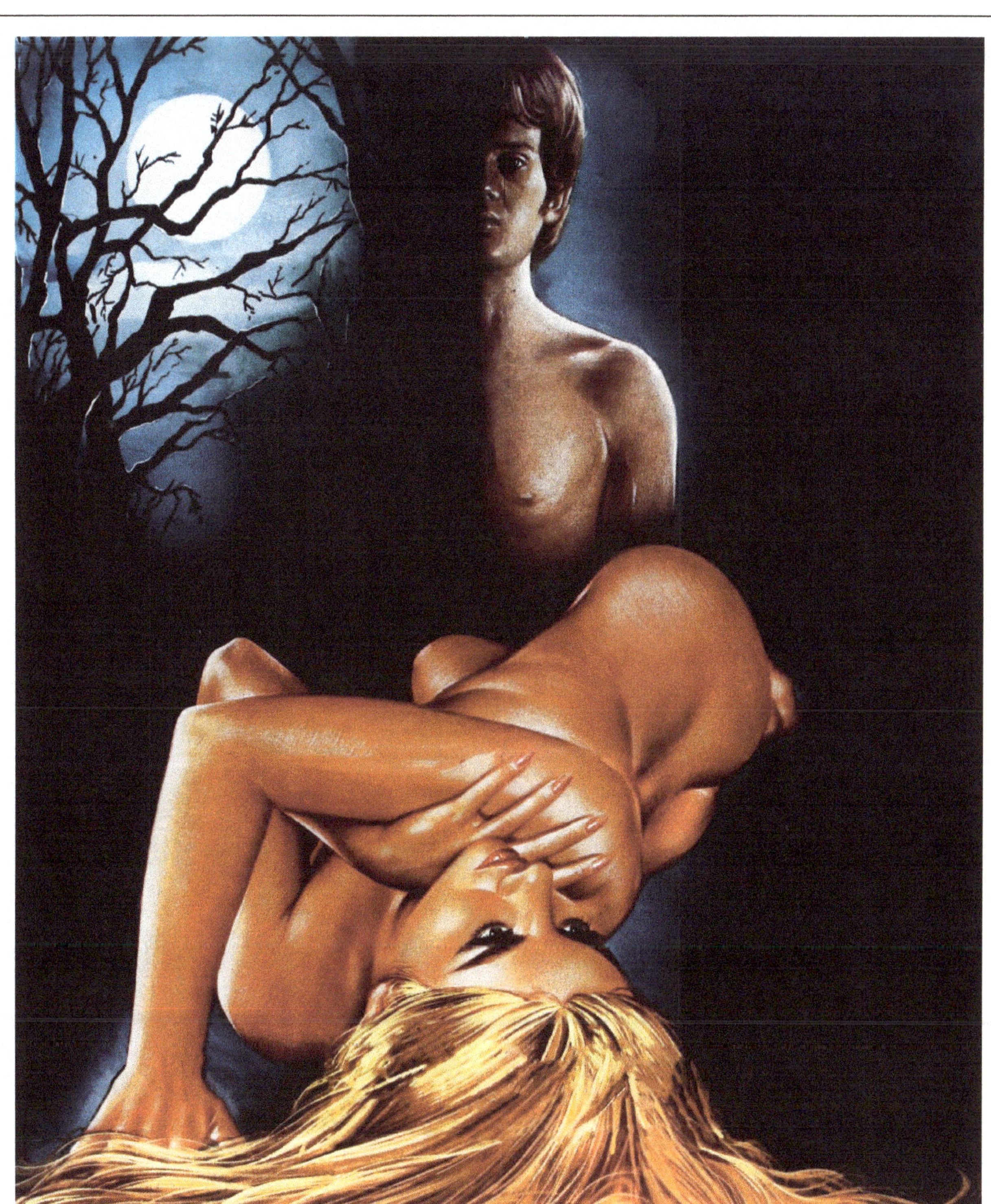

("Porno Zombies"). Artist: unsigned. Original Title: **La Fille À La Fourrure** (1978).

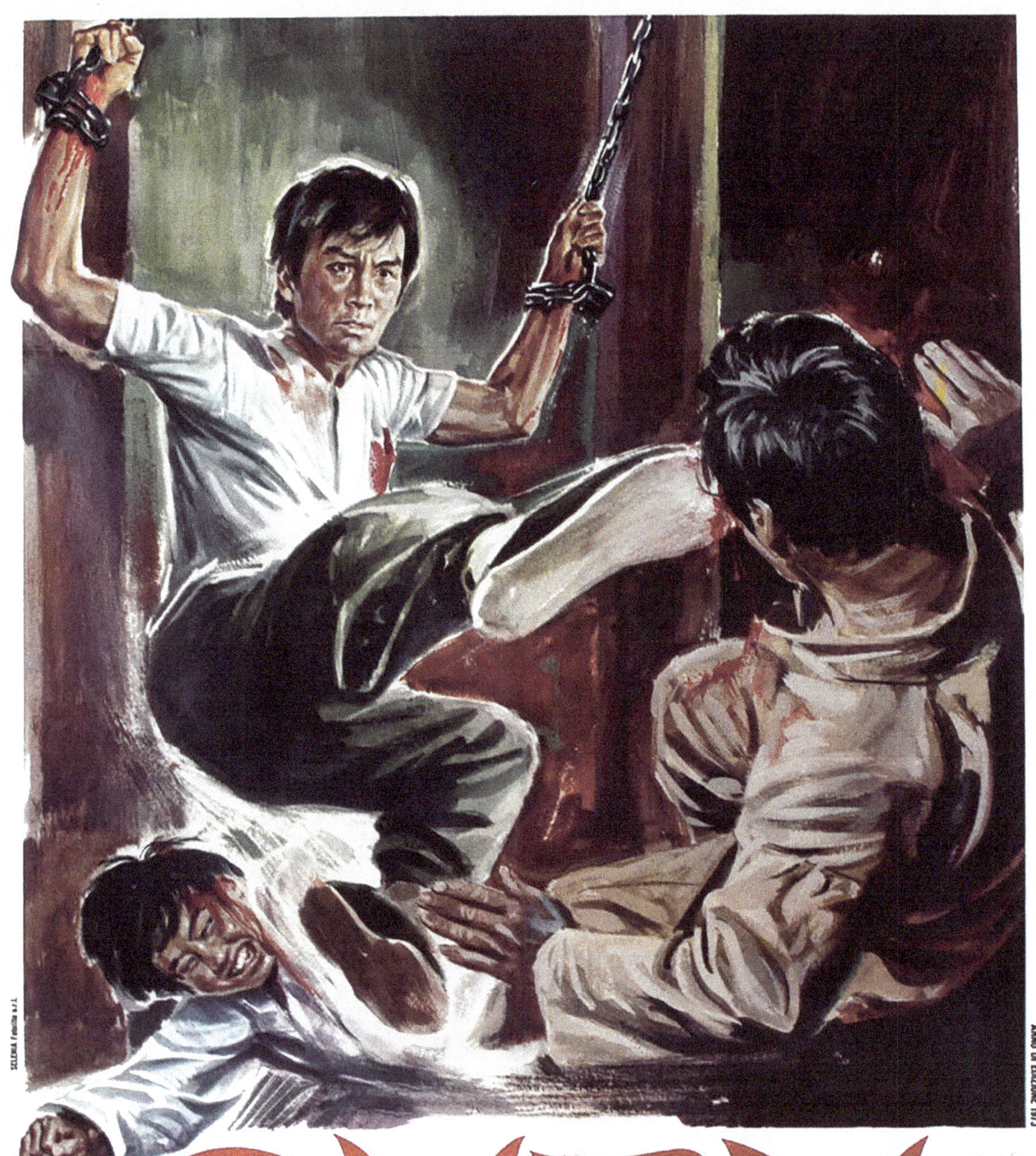

CHEN IL FLAGELLO DEL KUNG-FU

("Chen, The Scourge Of Kung-Fu"). Artist: unsigned. Original Title: **Qi Sha Jie** (1973).

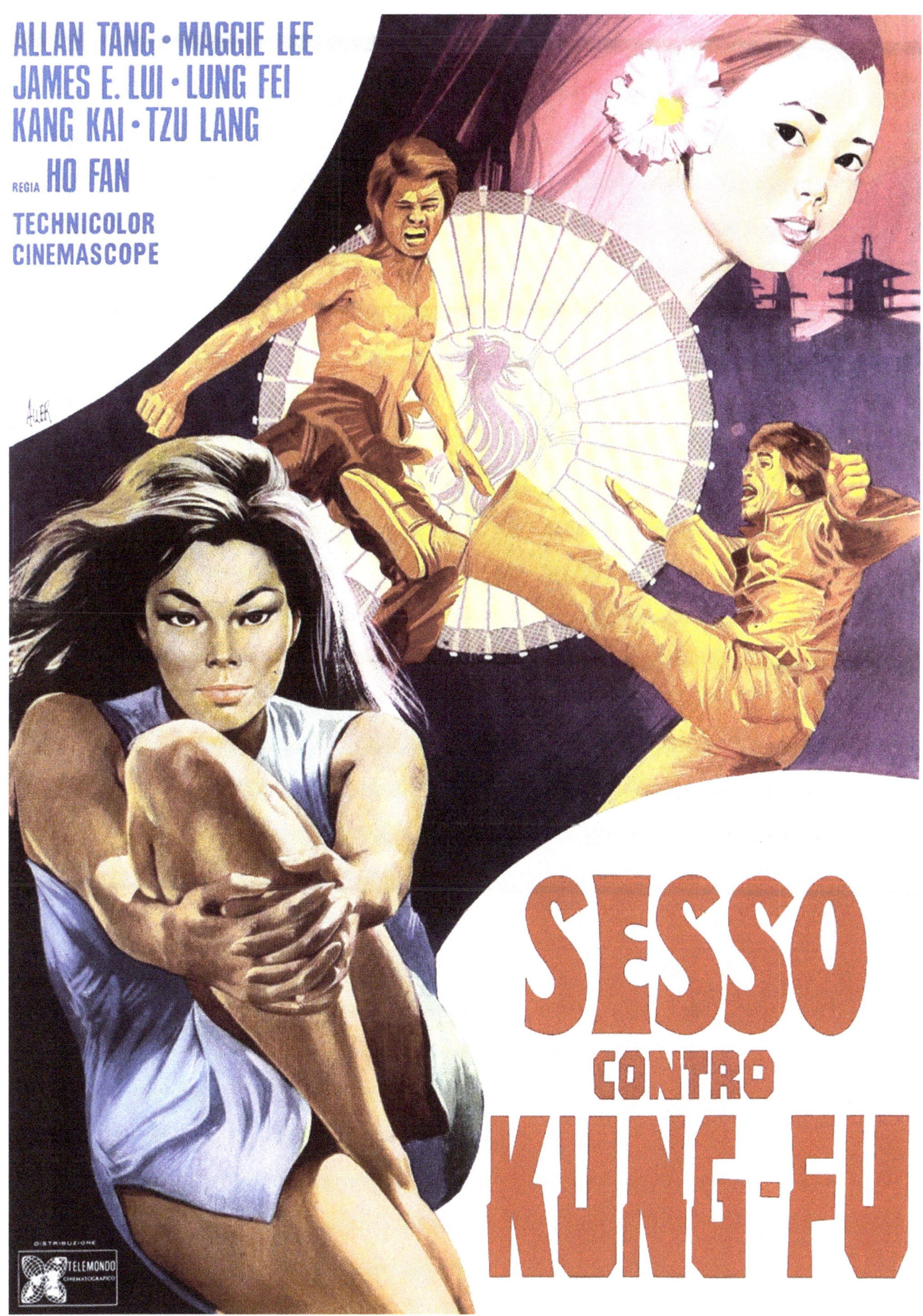

("Sex Versus Kung-Fu"). Artist: Aller. Original Title: **Xue Ai** (1972).

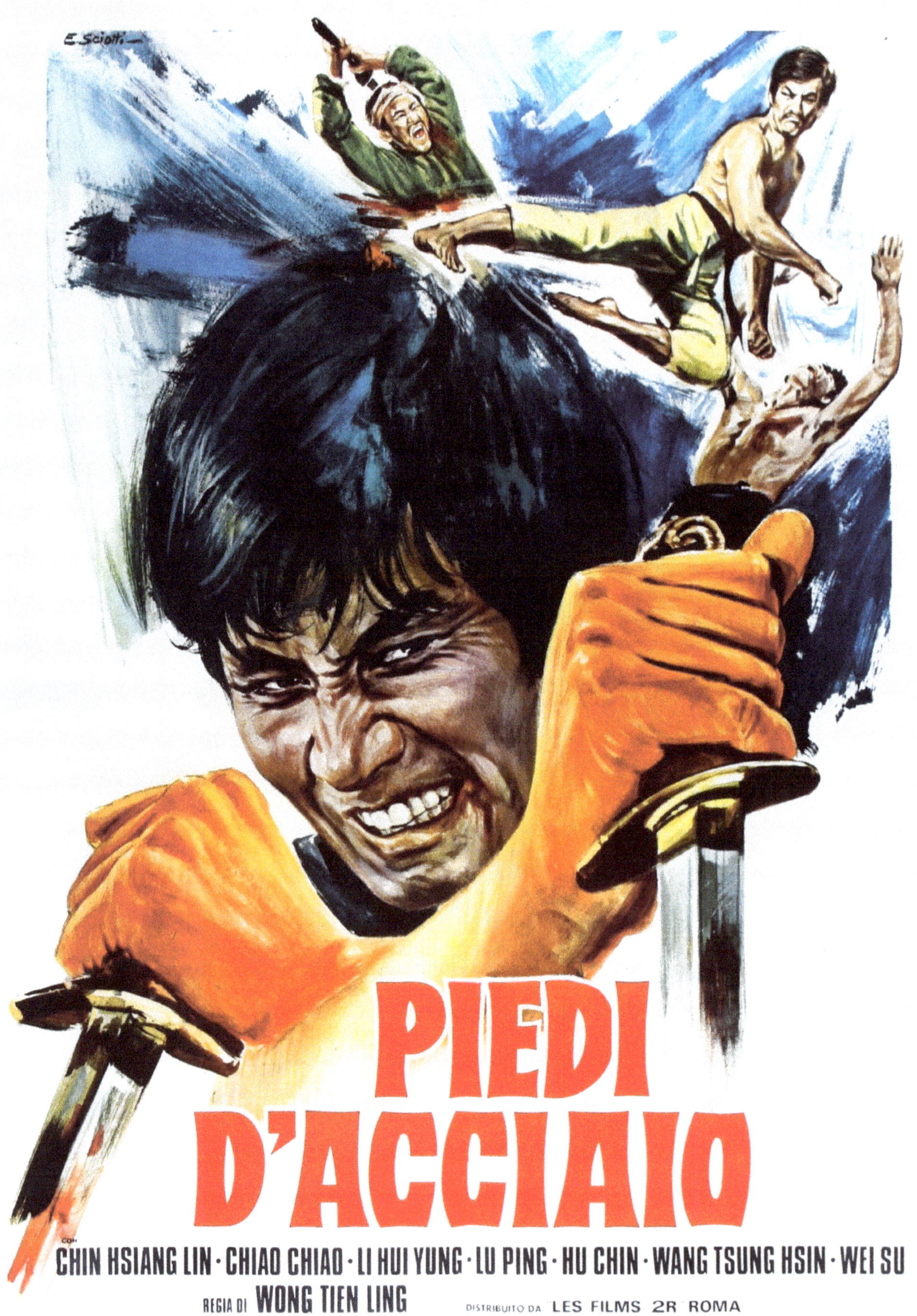

PIEDI D'ACCIAIO

("Feet Of Steel"). Artist: Enzo Sciotti. Original Title: **Shan Dong Lao Da** (1973).

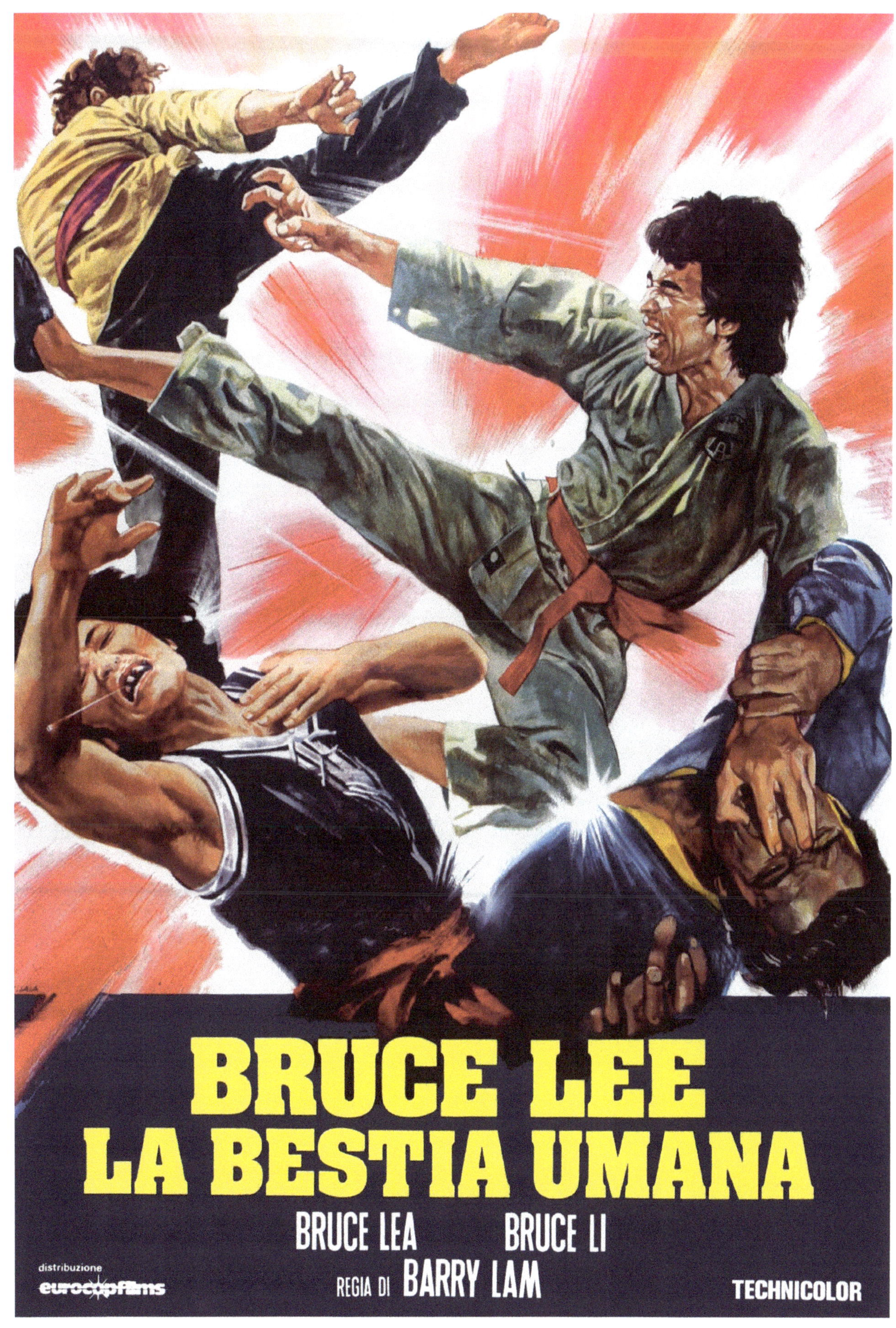

("Bruce Lee, The Human Beast"). Artist: Ermanno Iaia. Original Title: **Guai Quan Guai Zhao** (1978).

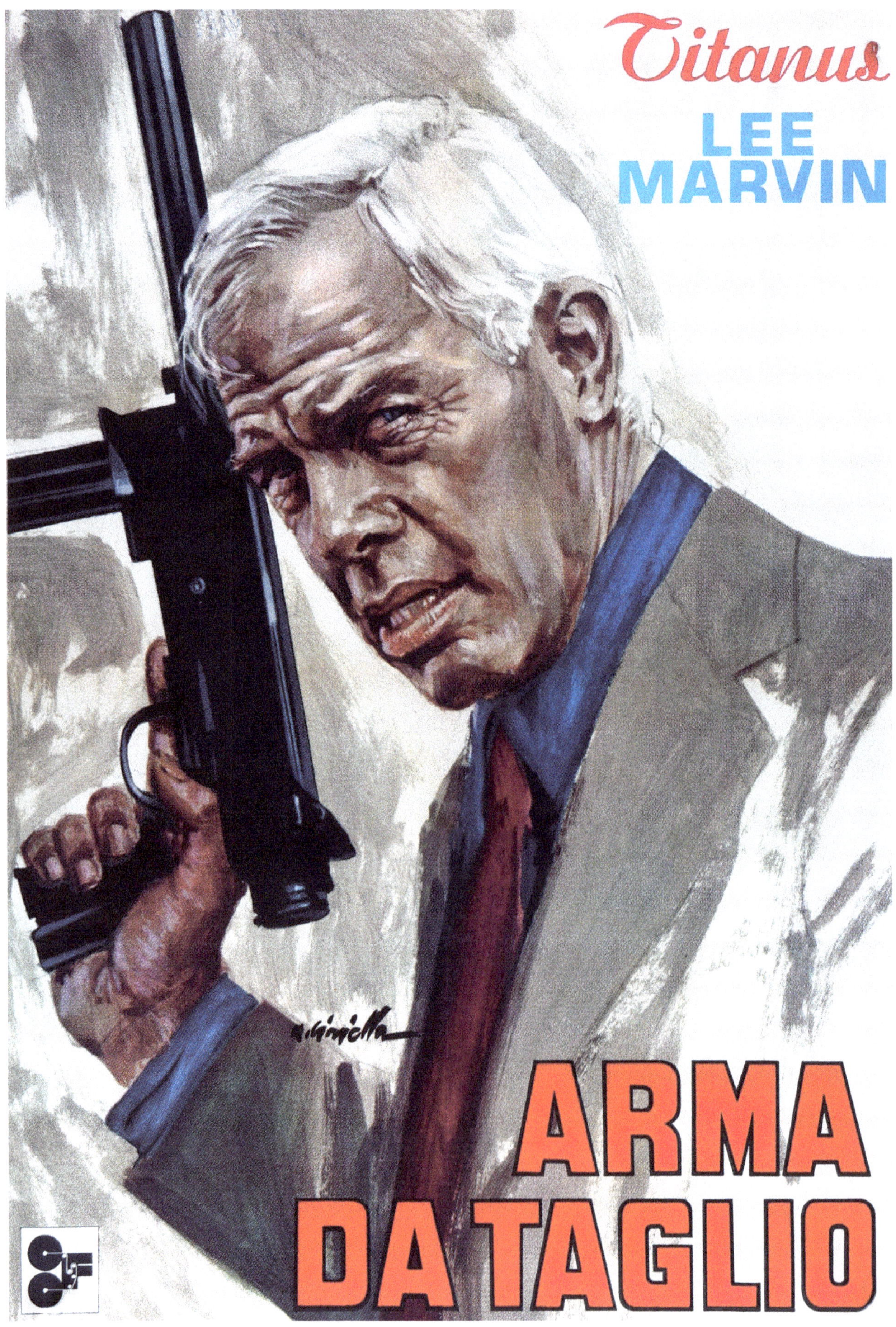

ARMA DA TAGLIO

("Cutting Weapon"). Artist: Averardo Ciriello. Original Title: **Prime Cut** (1972).

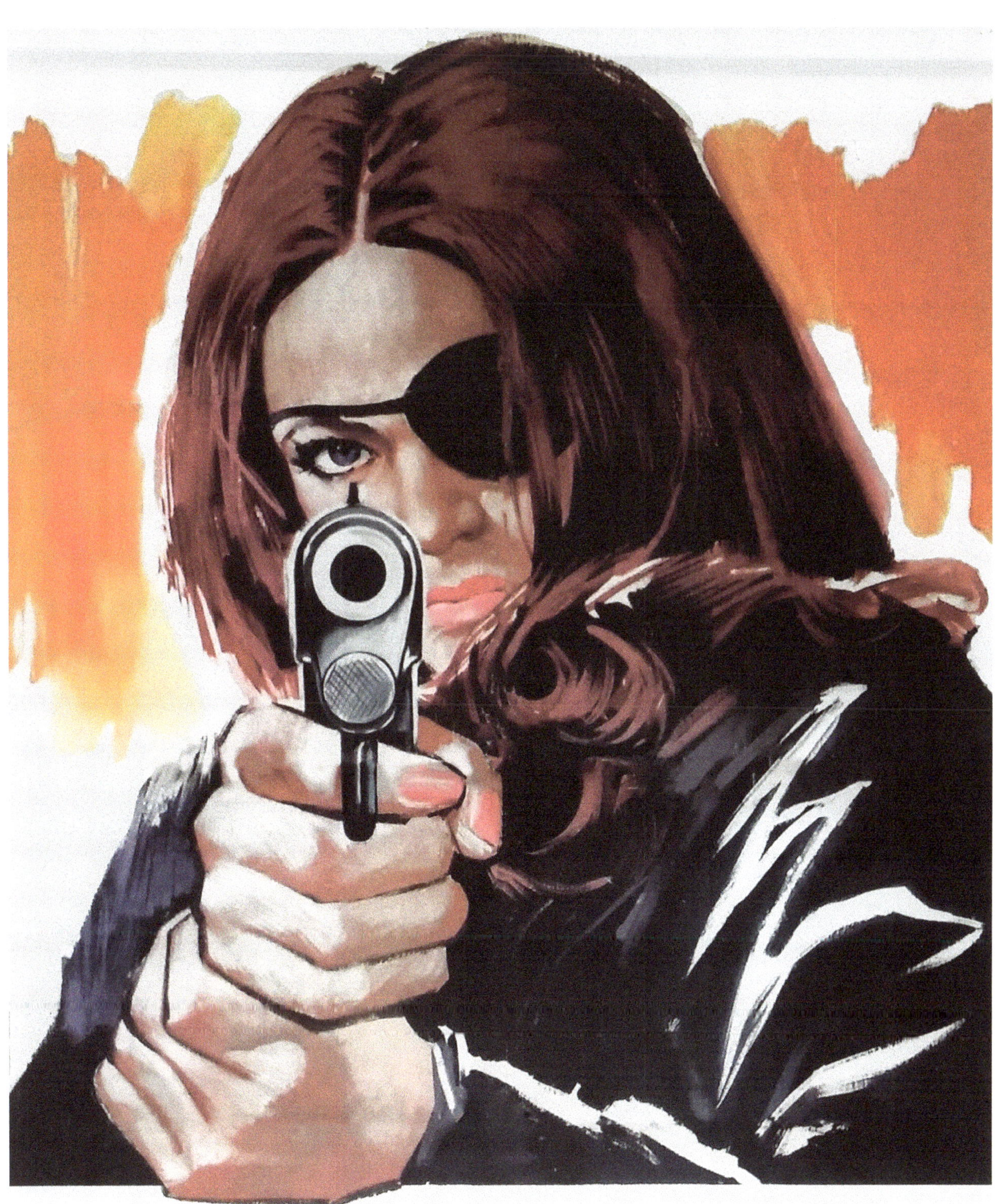

("Thriller"). Artist: unsigned. Original Title: **Thriller, En Grym Film** (1974).

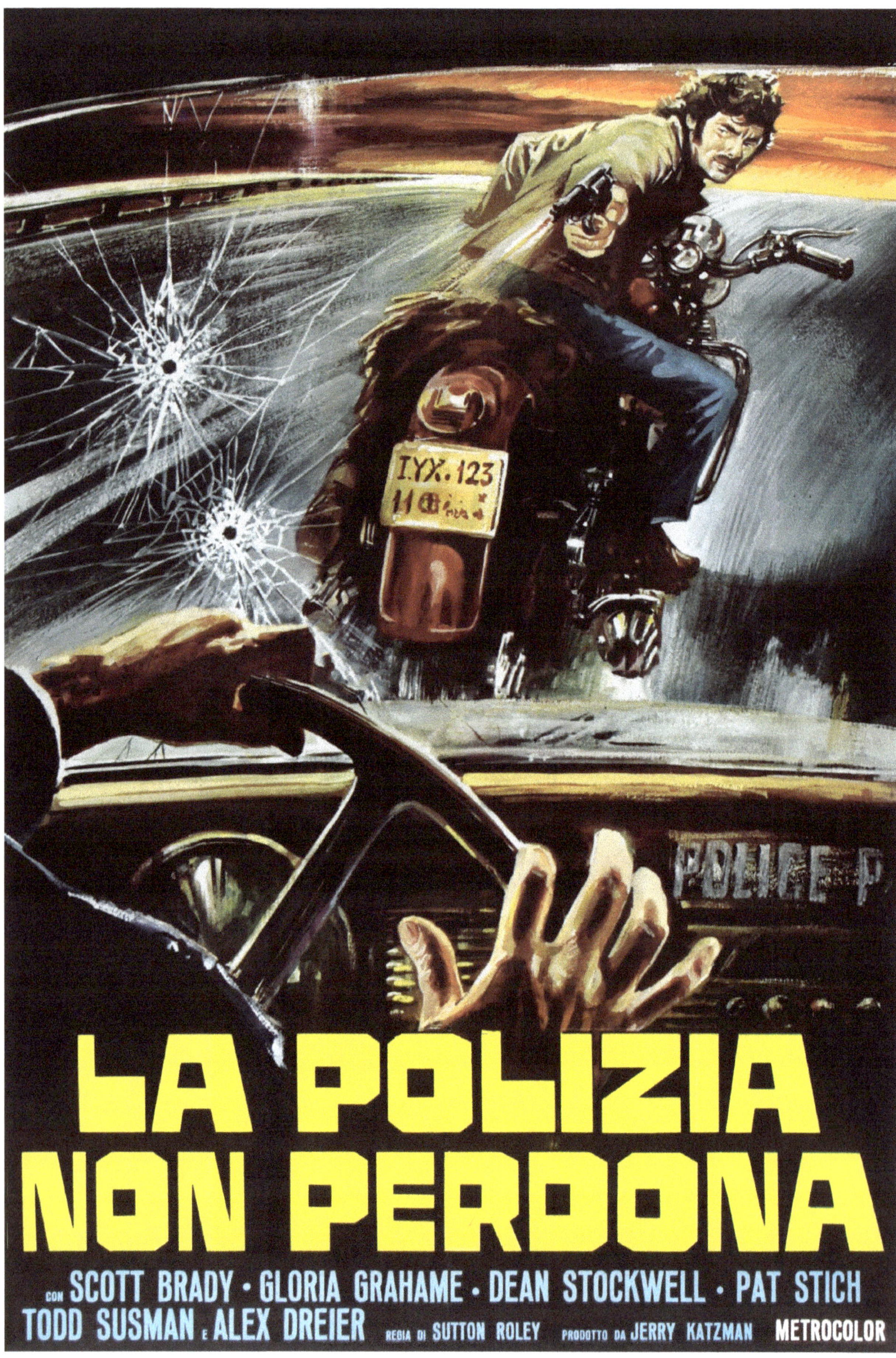

LA POLIZIA NON PERDONA

("The Police Do Not Forgive"). Artist: unsigned. Original Title: **The Loners** (1972).

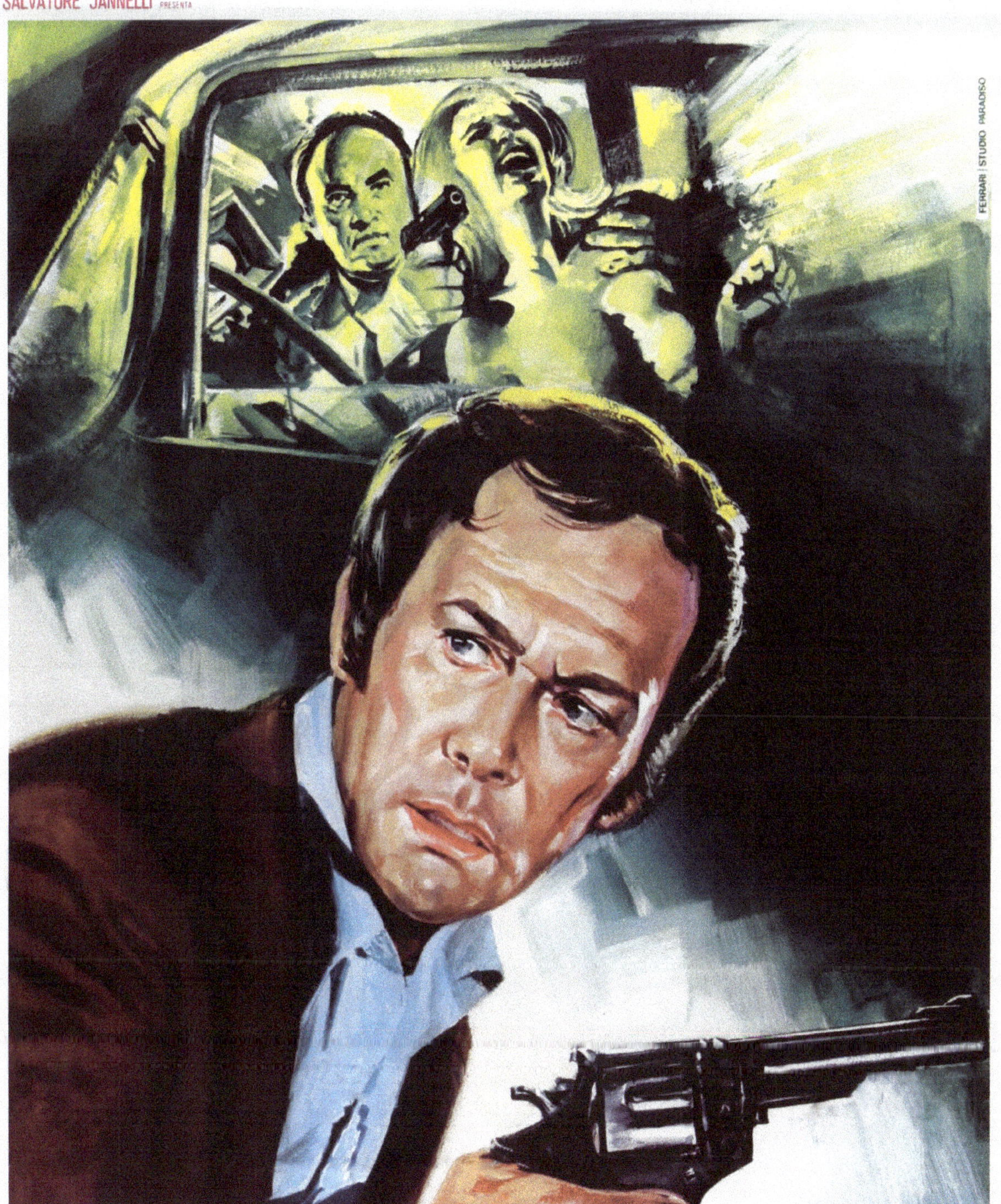

UCCIDETE L'AGENTE LUCAS

UCCIDETE L'AGENTE LUCAS

("Kill Agent Lucas"). Artist: Ferrari/Studio Paradiso. Original Title: **Die Antwort Kennt Nur Der Wind** (1974).

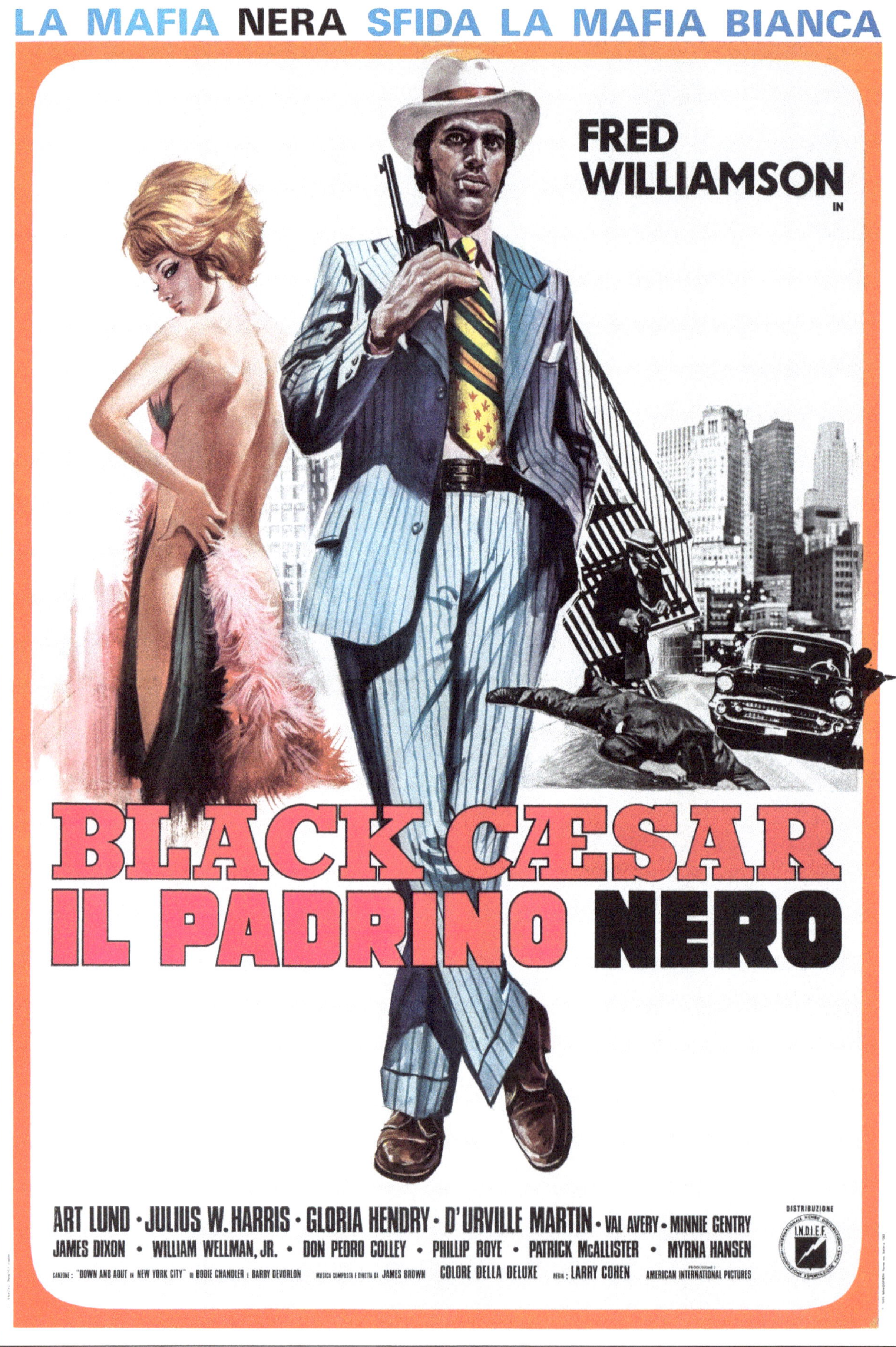

IL PADRINO NERO

("The Black Godfather"). Artist: unsigned. Original Title: **Black Caesar** (1973).

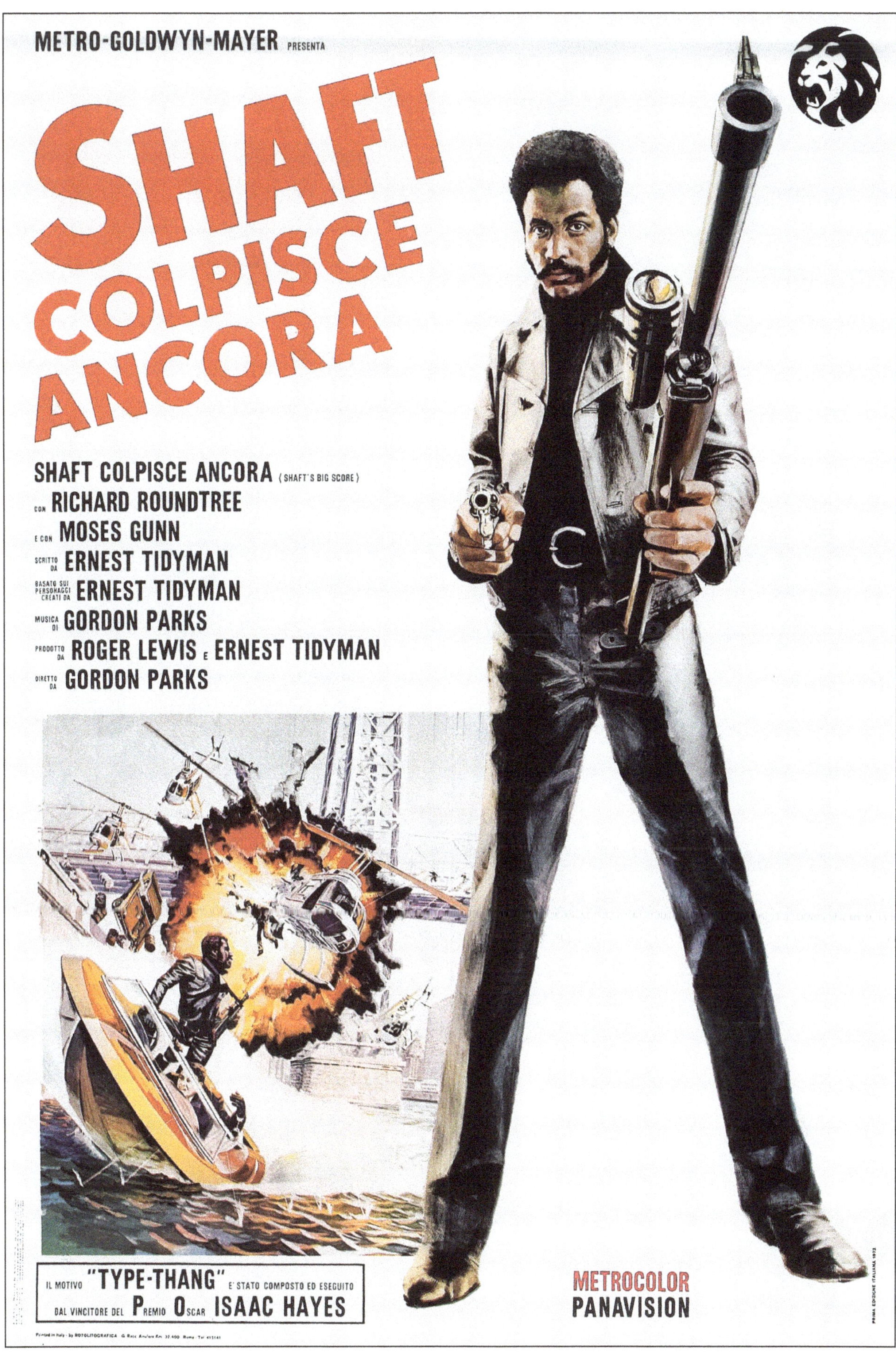

("Shaft Strikes Again"). Artist: unsigned. Original Title: **Shaft's Big Score** (1972).

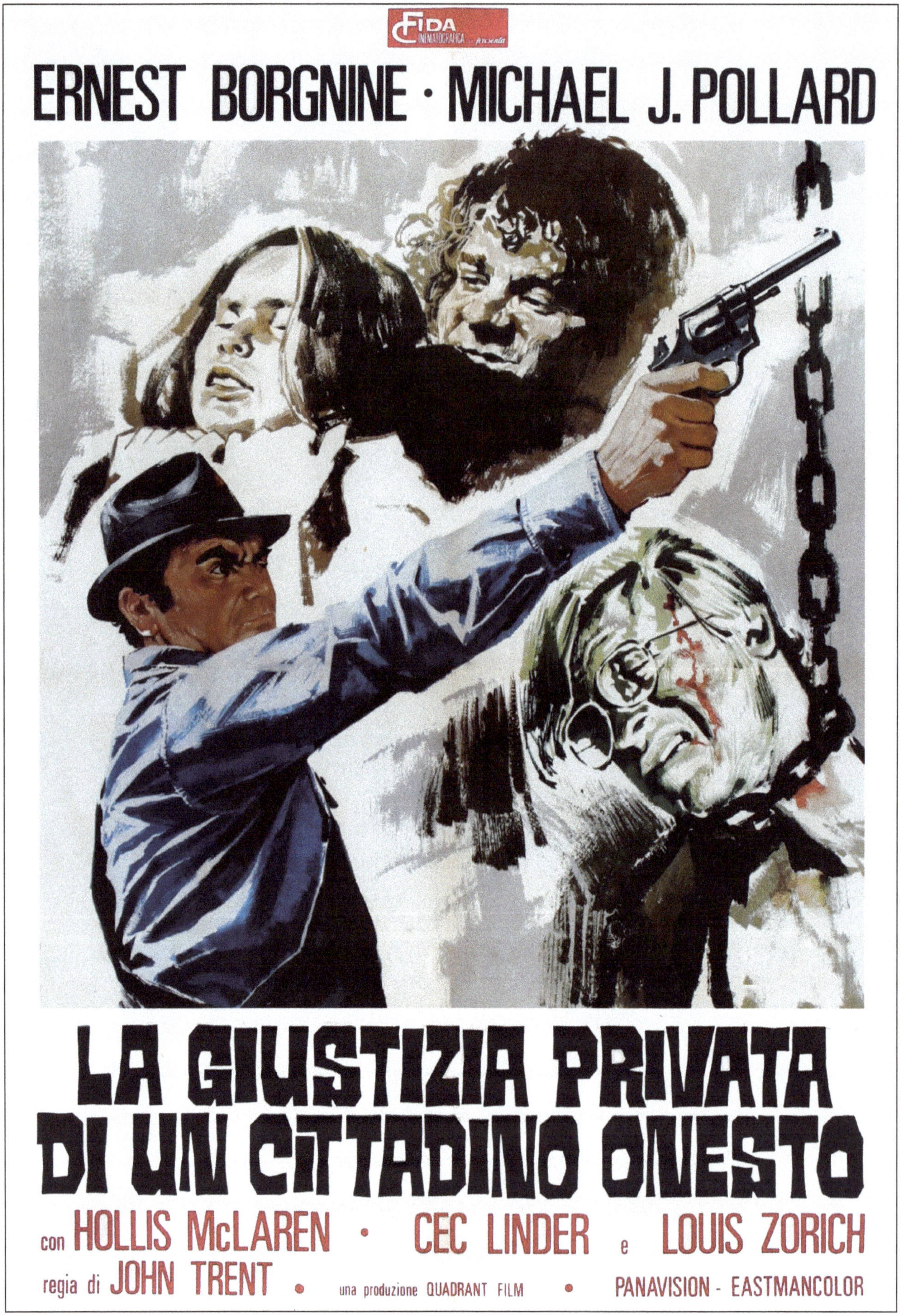

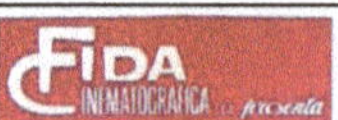

LA GIUSTIZIA PRIVATA DI UN CITTADINO ONESTO

("The Private Justice Of An Honest Citizen"). Artist: unsigned. Original Title: **Sunday In The Country** (1974).

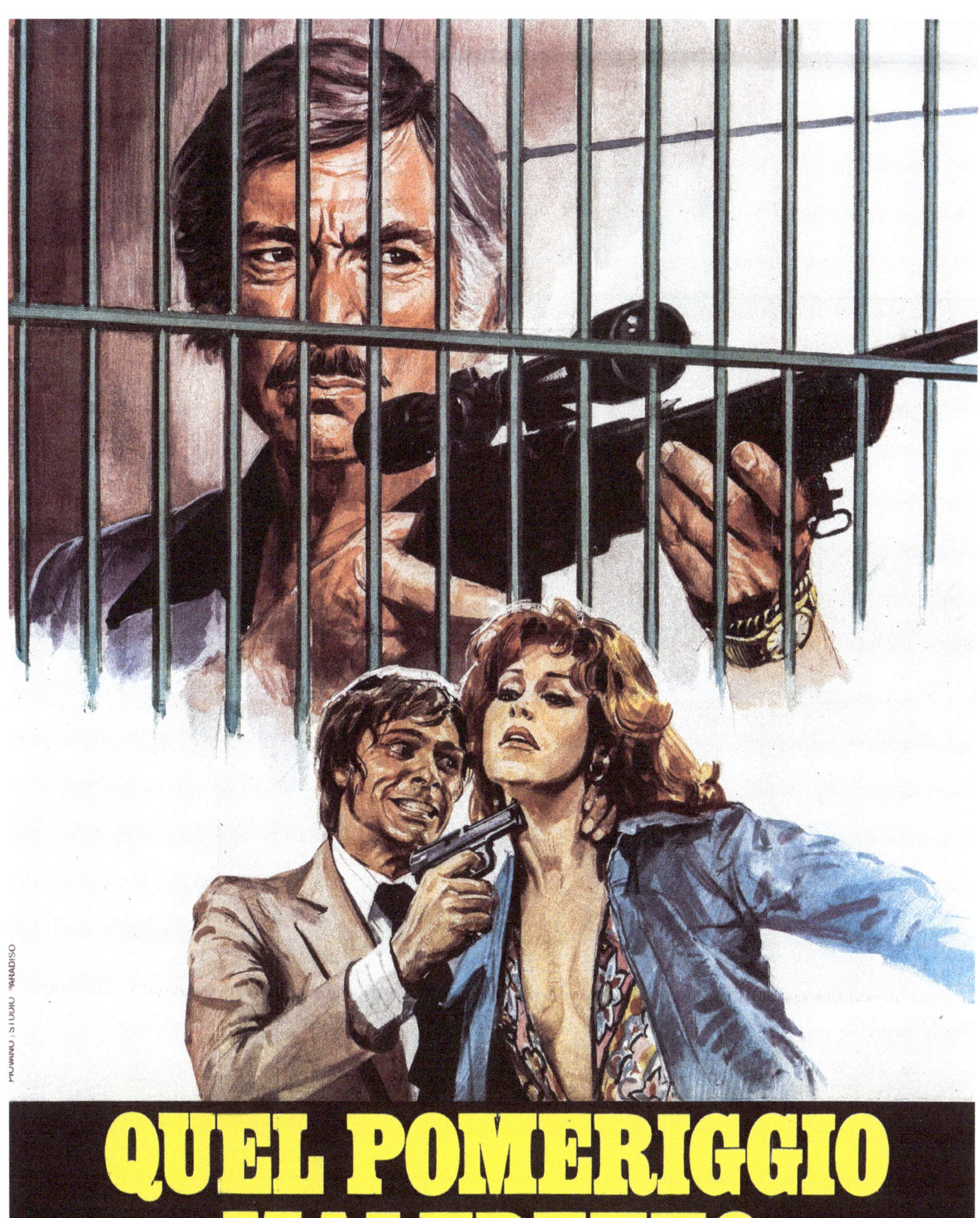

QUEL POMERIGGIO MALEDETTO

("That Cursed Afternoon"). Artist: Mario Piovano. Original Title: **Quel Pomeriggio Maledetto** (1977).

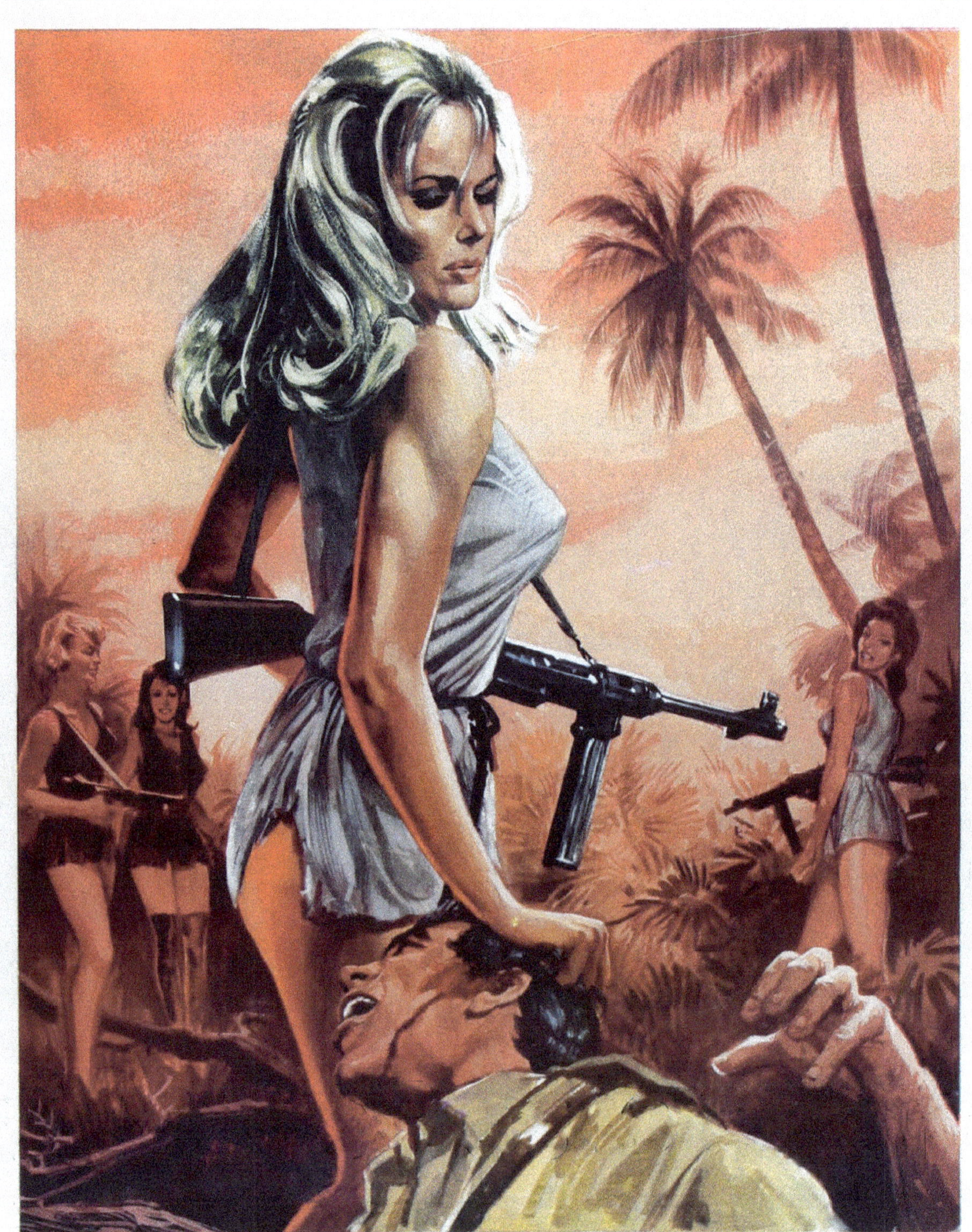

QUATTRO DONNE DISPOSTE A TUTTO

("Four Women Open To Anything"). Artist: unsigned. Original Title: **Hustler Squad** (1976).

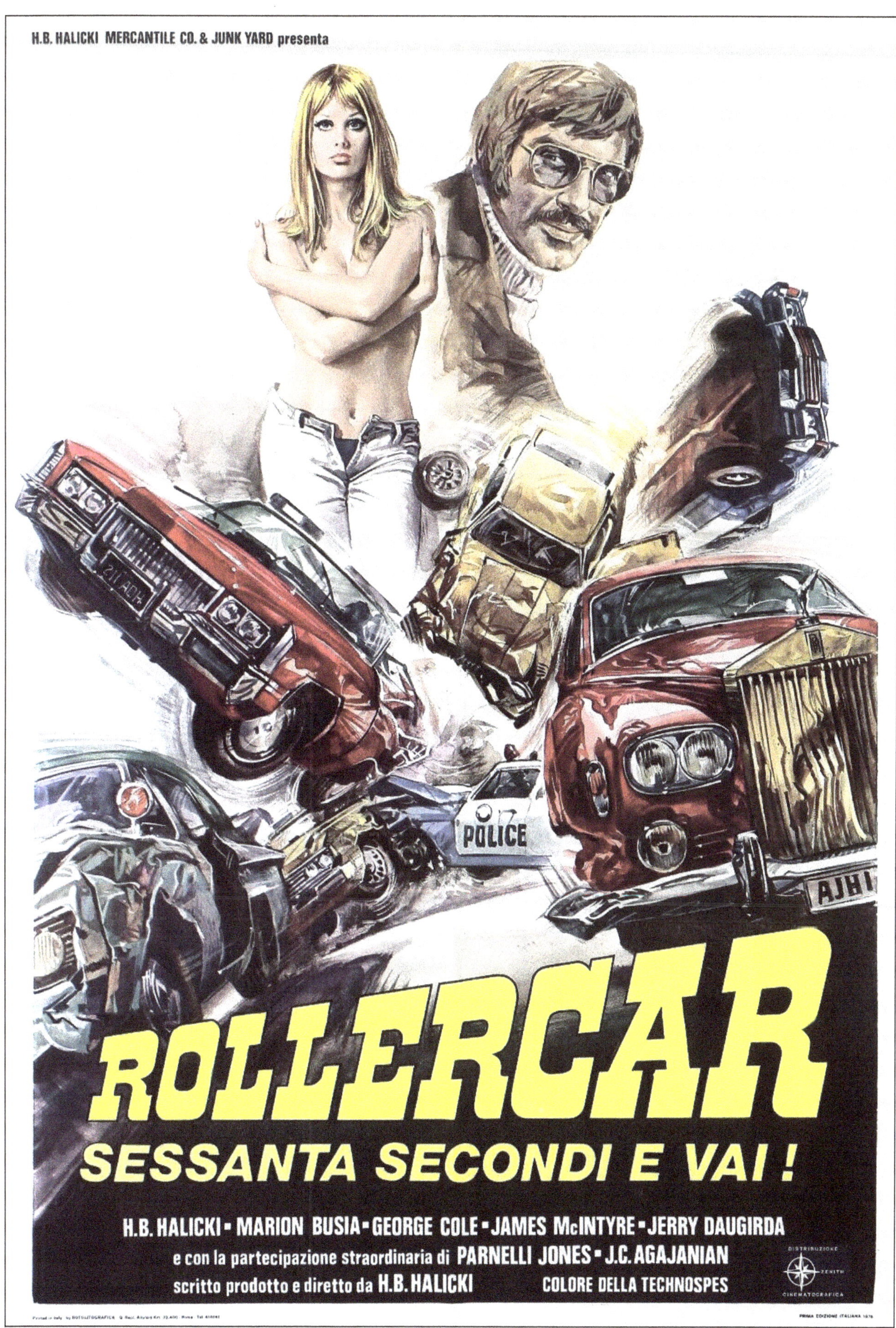

("Rollercar: Sixty Seconds And Go!"). Artist: unsigned. Original Title: **Gone In 60 Seconds** (1974).

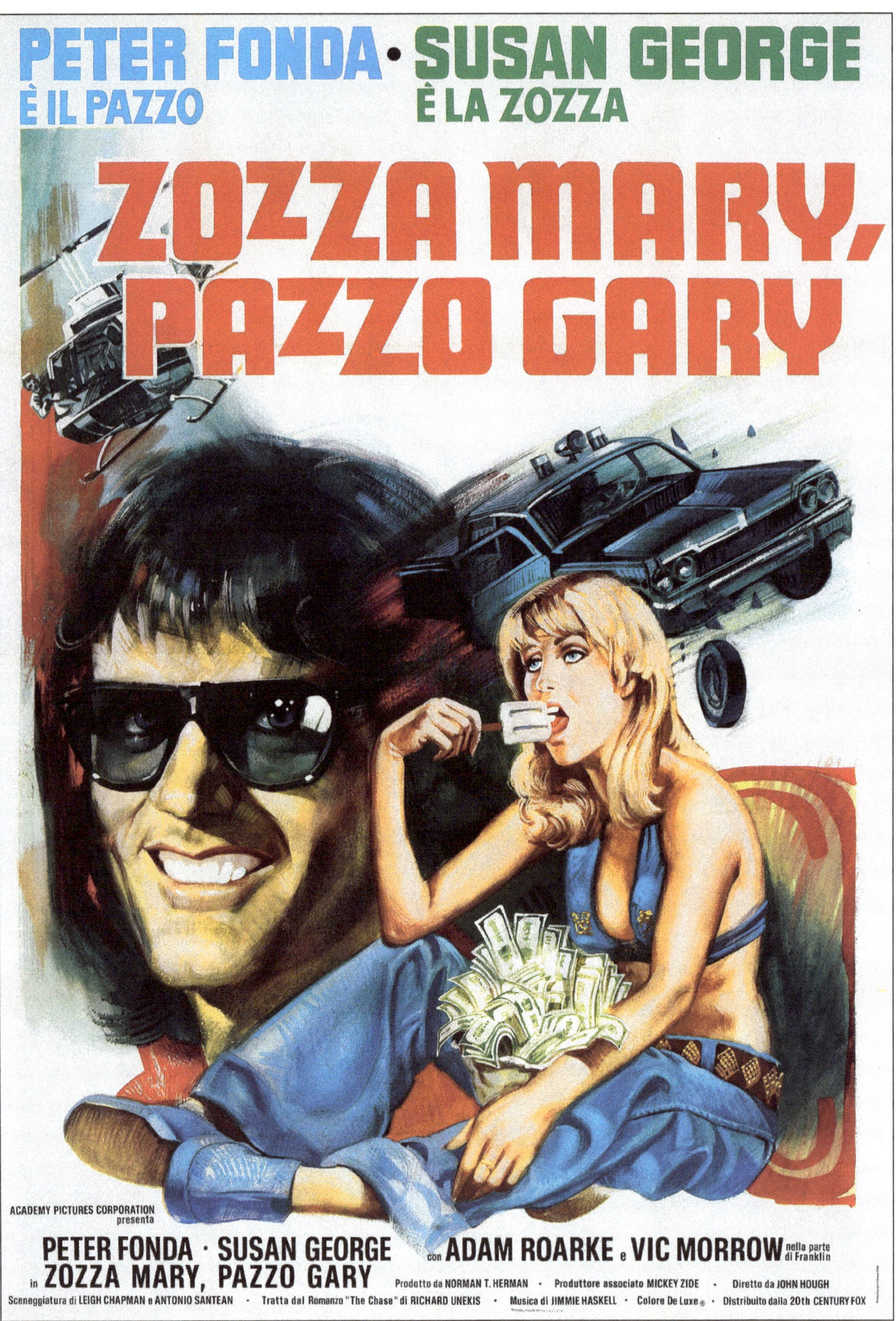

ZOZZA MARY, PAZZO GARY

("Slutty Mary, Crazy Gary"). Artist: unsigned. Original Title: **Dirty Mary, Crazy Larry** (1974).

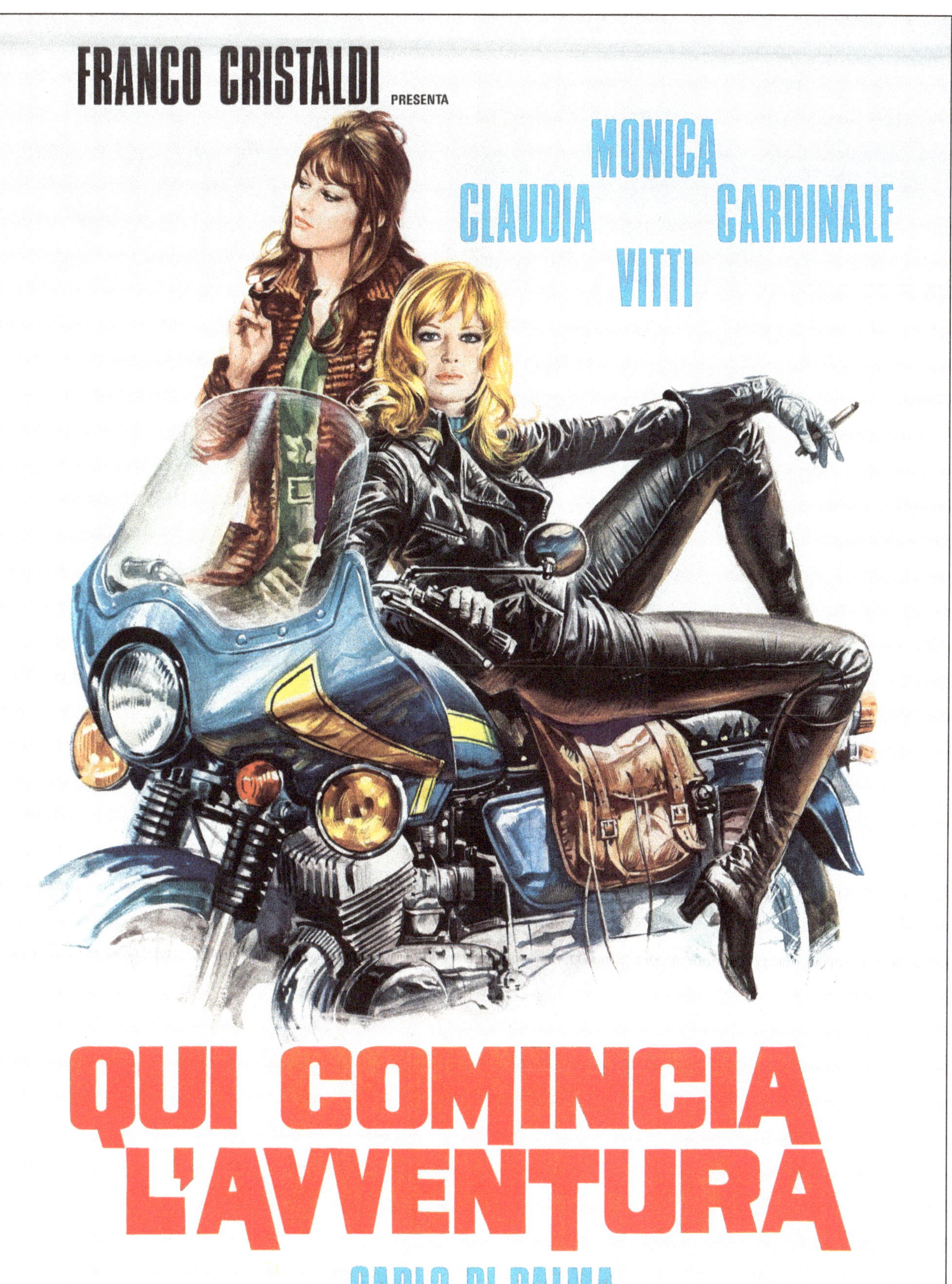

("The Adventure Starts Here"). Artist: unsigned. Original Title: **Qui Comincia L'Avventura** (1975).

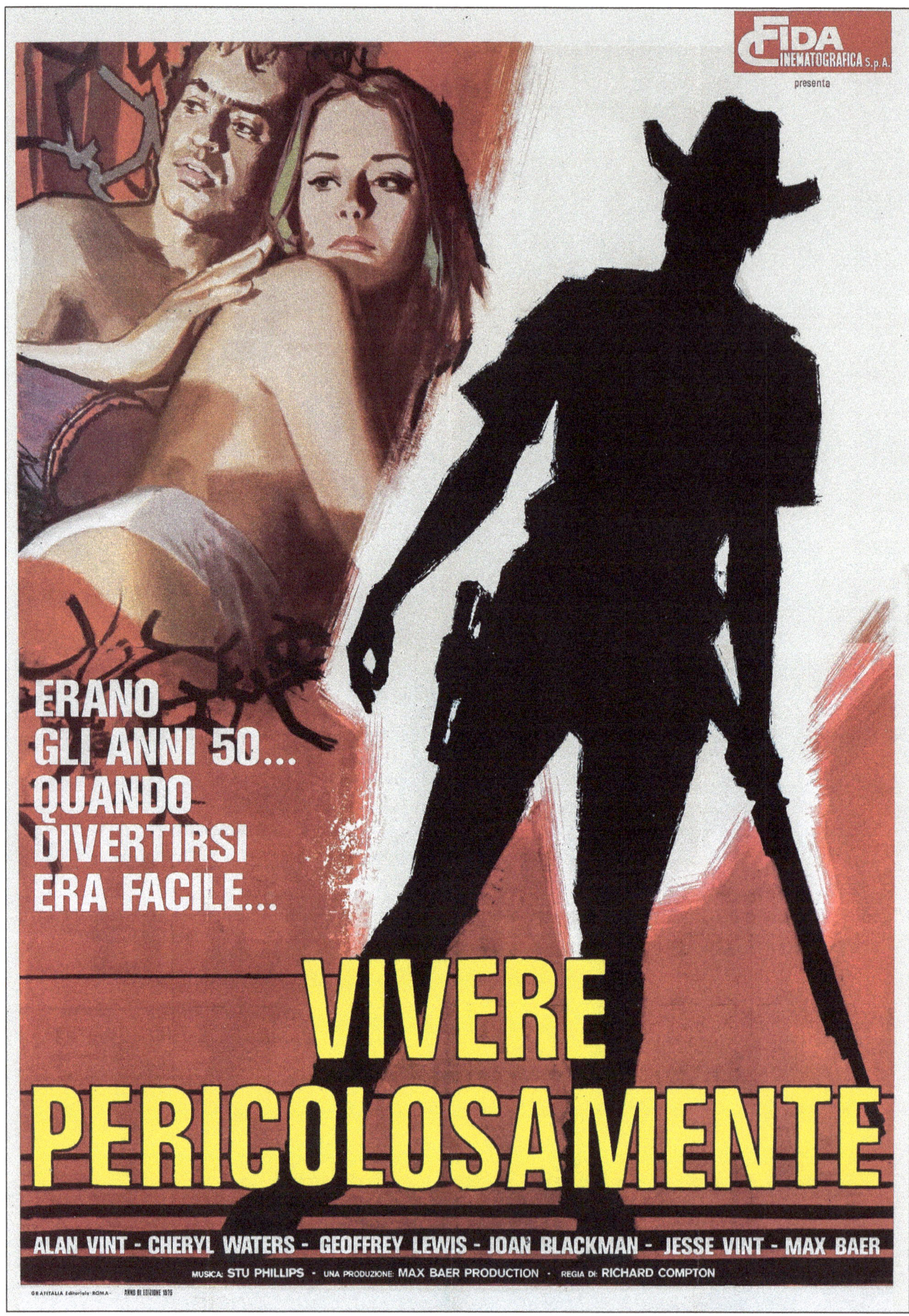

VIVERE PERICOLOSAMENTE

("Living Dangerously"). Artist: unsigned. Original Title: **Macon County Line** (1974).

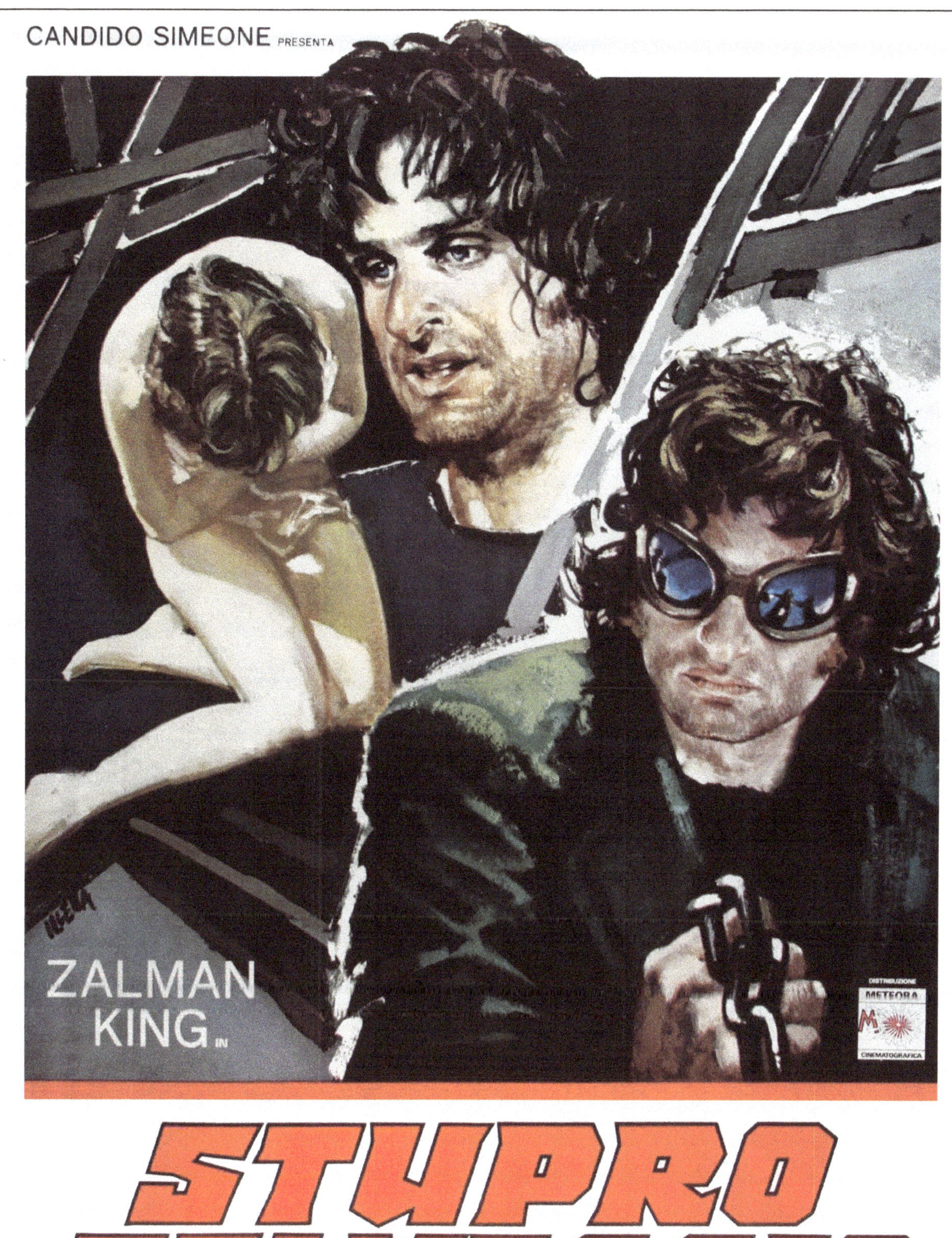

("Savage Rape"). Artist: Tino Avelli. Original Title: **Trip With The Teacher** (1975).

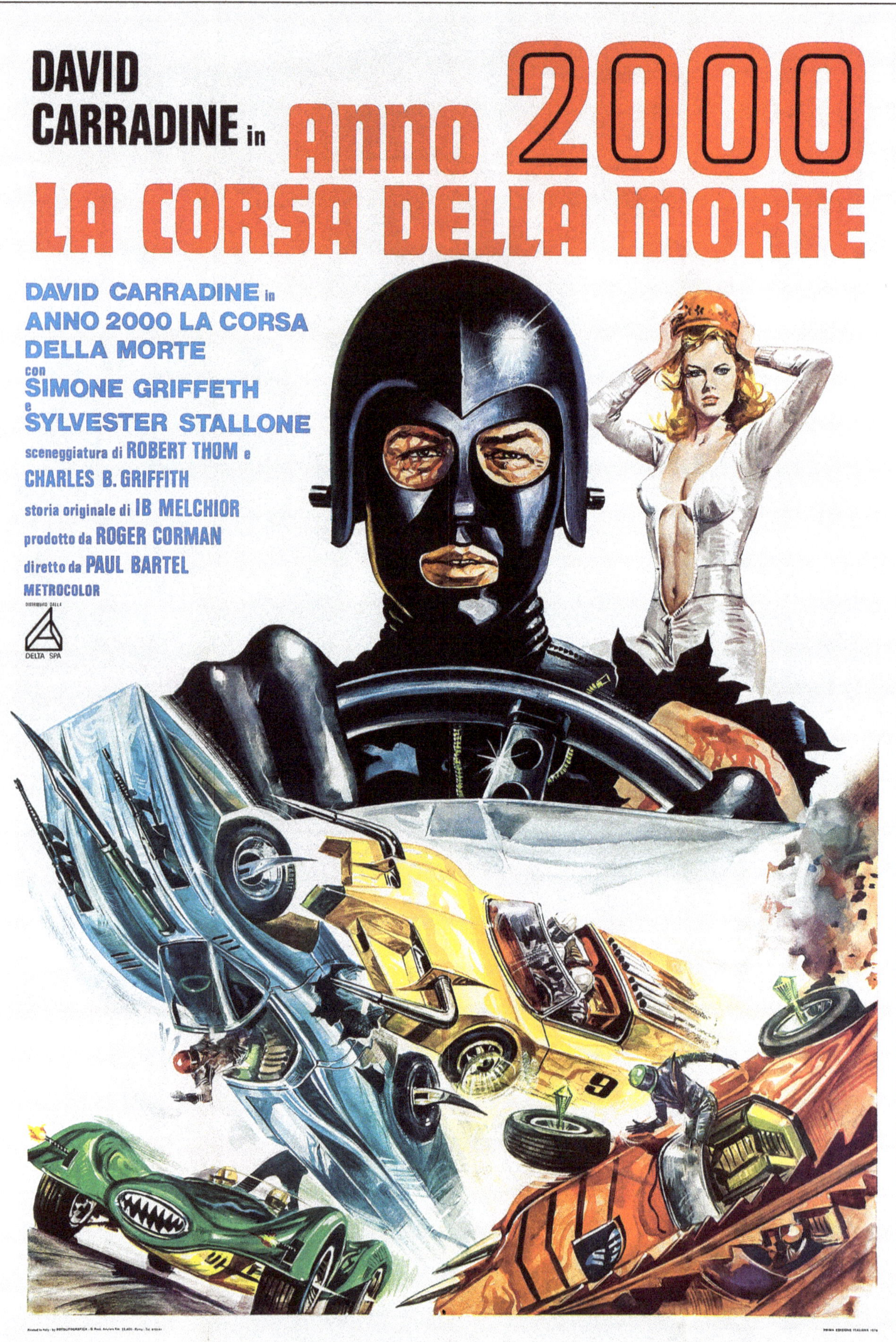

("Year 2000: Death Race"). Artist: unsigned. Original Title: **Death Race 2000** (1975).

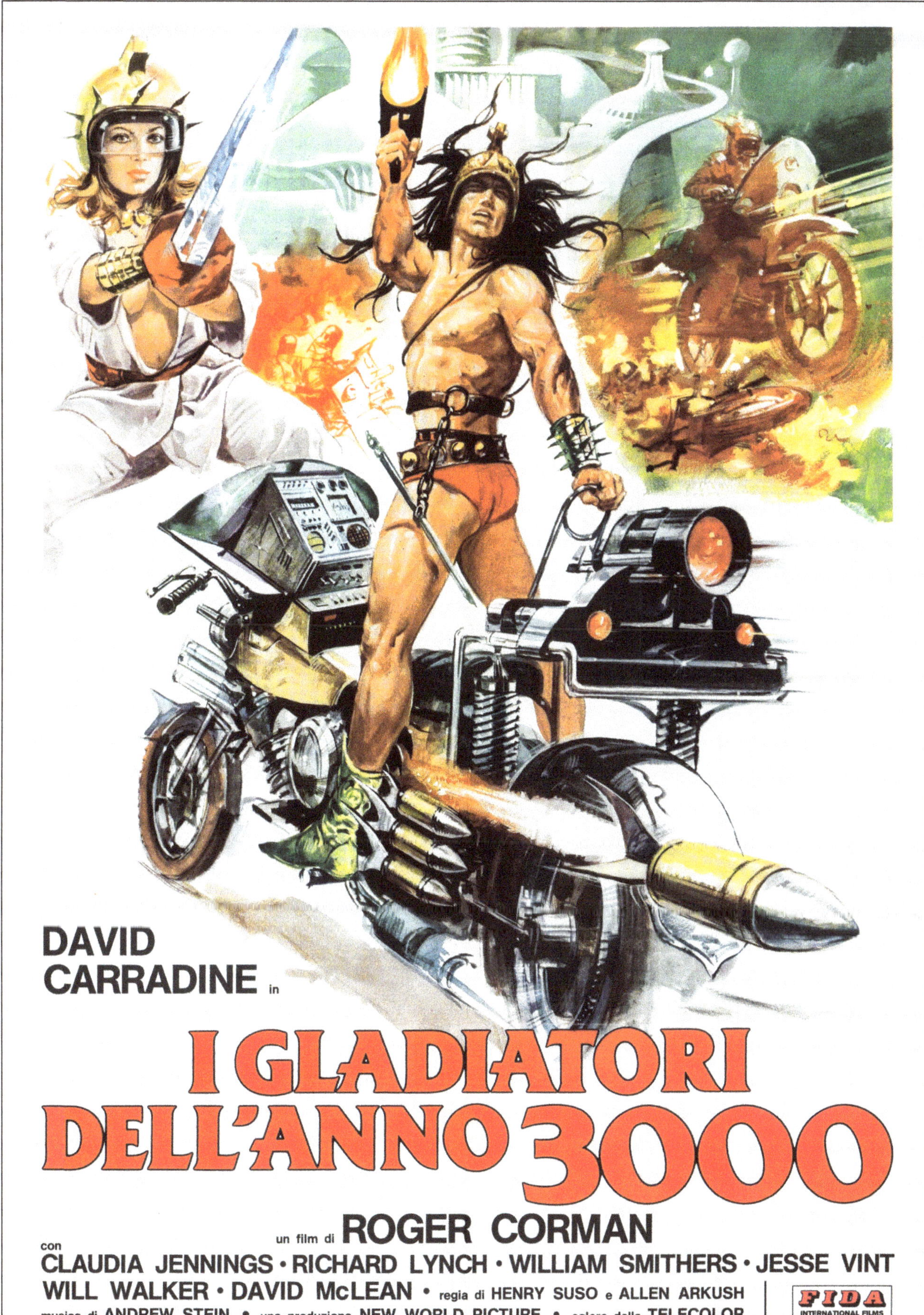

I GLADIATORI DELL'ANNO 3000

("Gladiators Of The Year 3000"). Artist: unsigned. Original Title: **Deathsport** (1978).

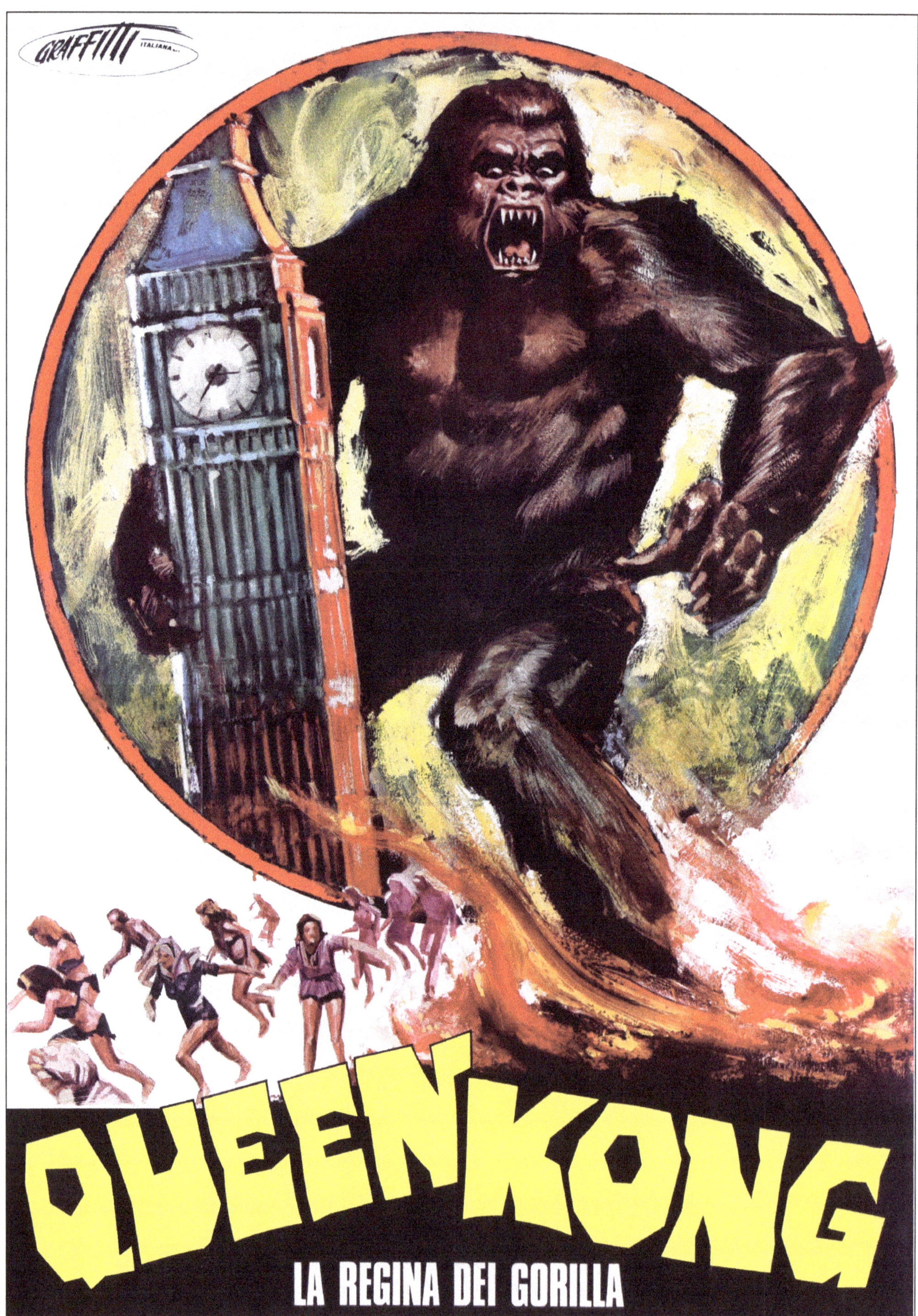

QUEEN KONG LA REGINA DEI GORILLA

("Queen Kong, Queen Of The Gorillas"). Artist: unsigned. Original Title: **Queen Kong** (1976).

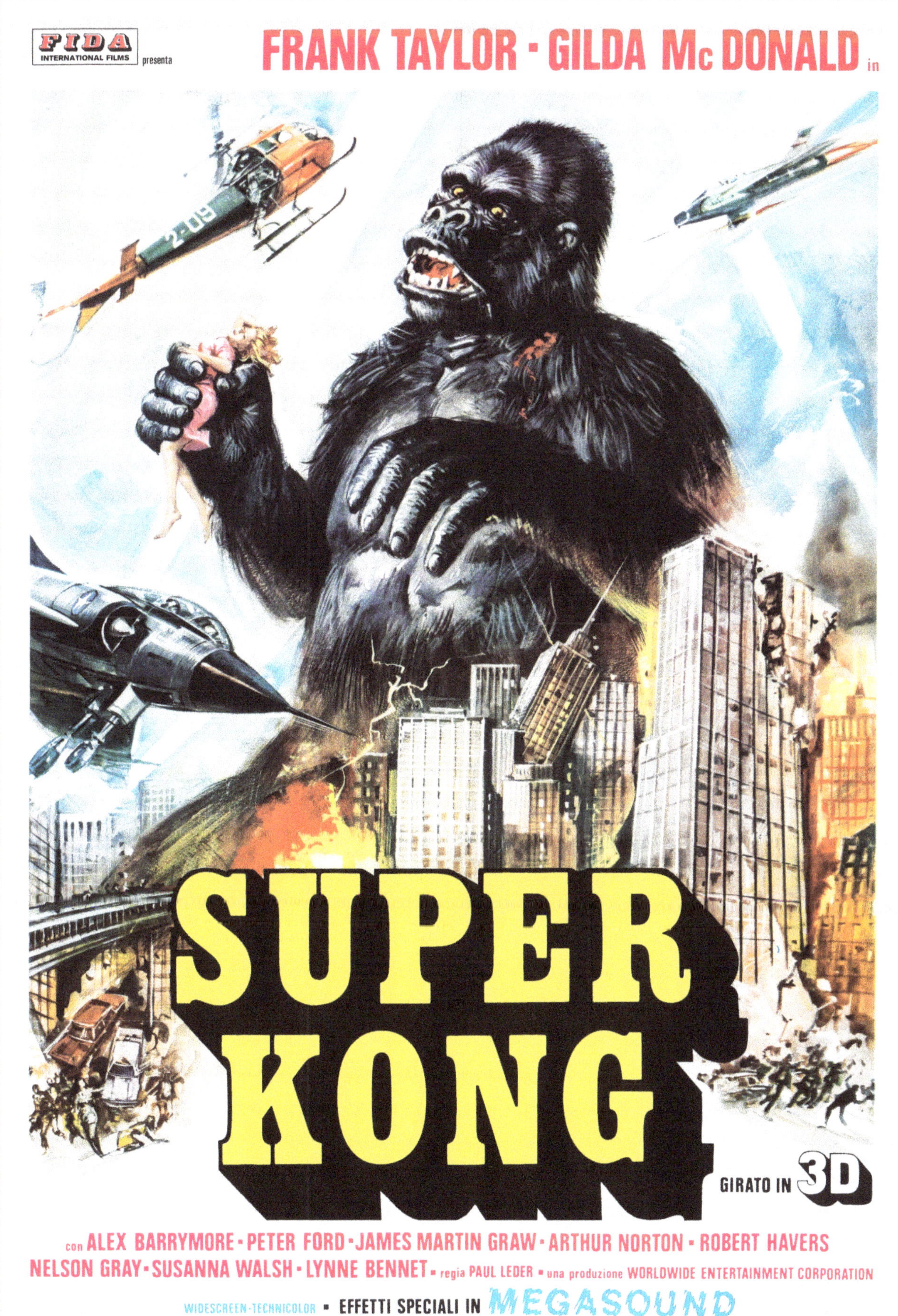

("Super Kong"). Artist: unsigned. Original Title: **Ape** (1976).

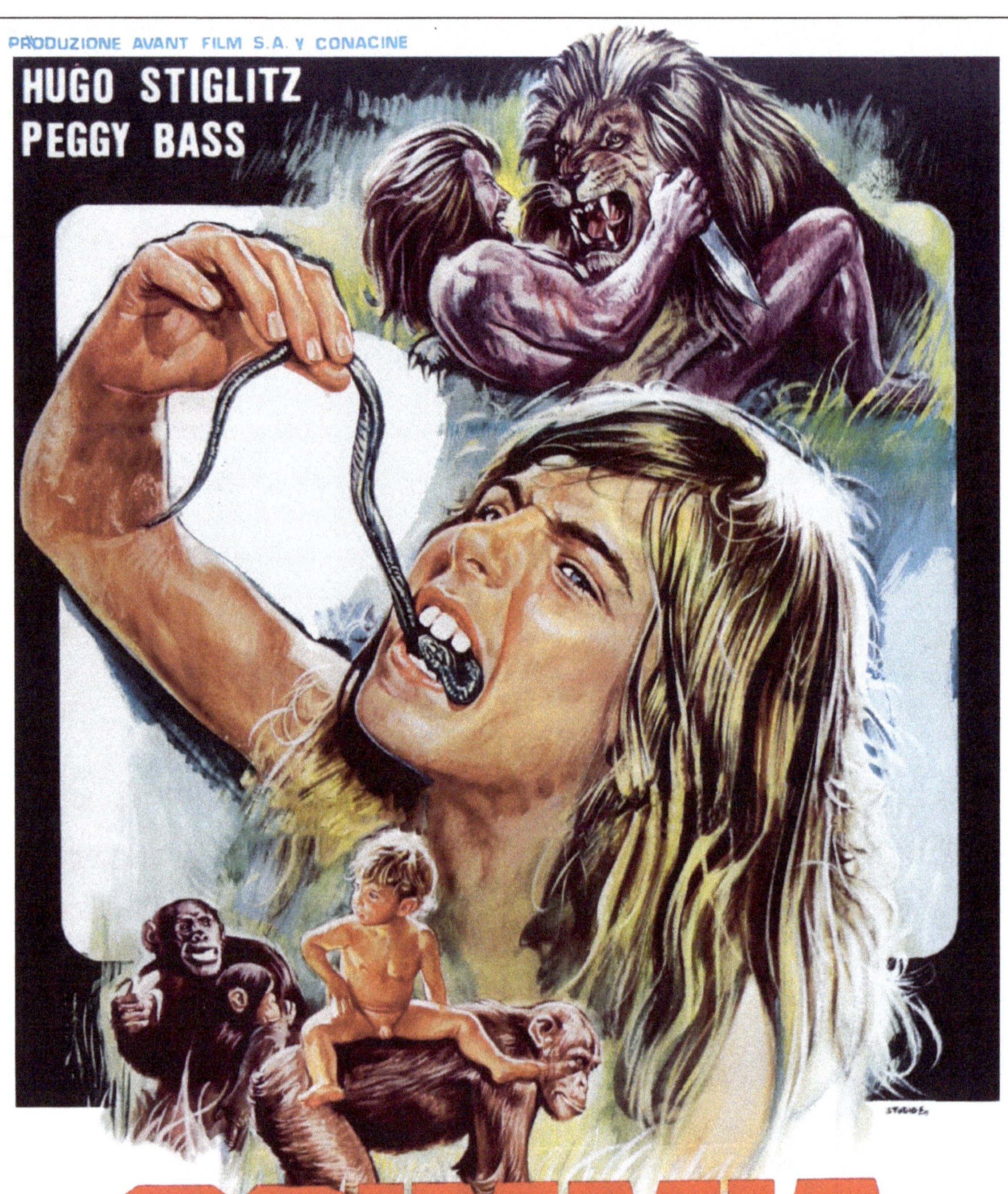

PRODUZIONE AVANT FILM S.A. Y CONACINE
HUGO STIGLITZ
PEGGY BASS
SCIMMIA
BIANCA
IL RE DELLA FORESTA
REGIA RENE' CARDONA Jr.
FOTOGRAFIA DANIEL LOPEZ
MUSICHE DI CARLO MARIA CORDIO e EDOARDO VIANELLO
LA CANZONE
SCIMMIA BIANCA DI DE RAZZA · VIANELLO
E CANTATA DA
I VIANELLA
VIANELLO
DISTRIBUZIONE DARRIK CINEMATOGRAFICA
EASTMANCOLOR

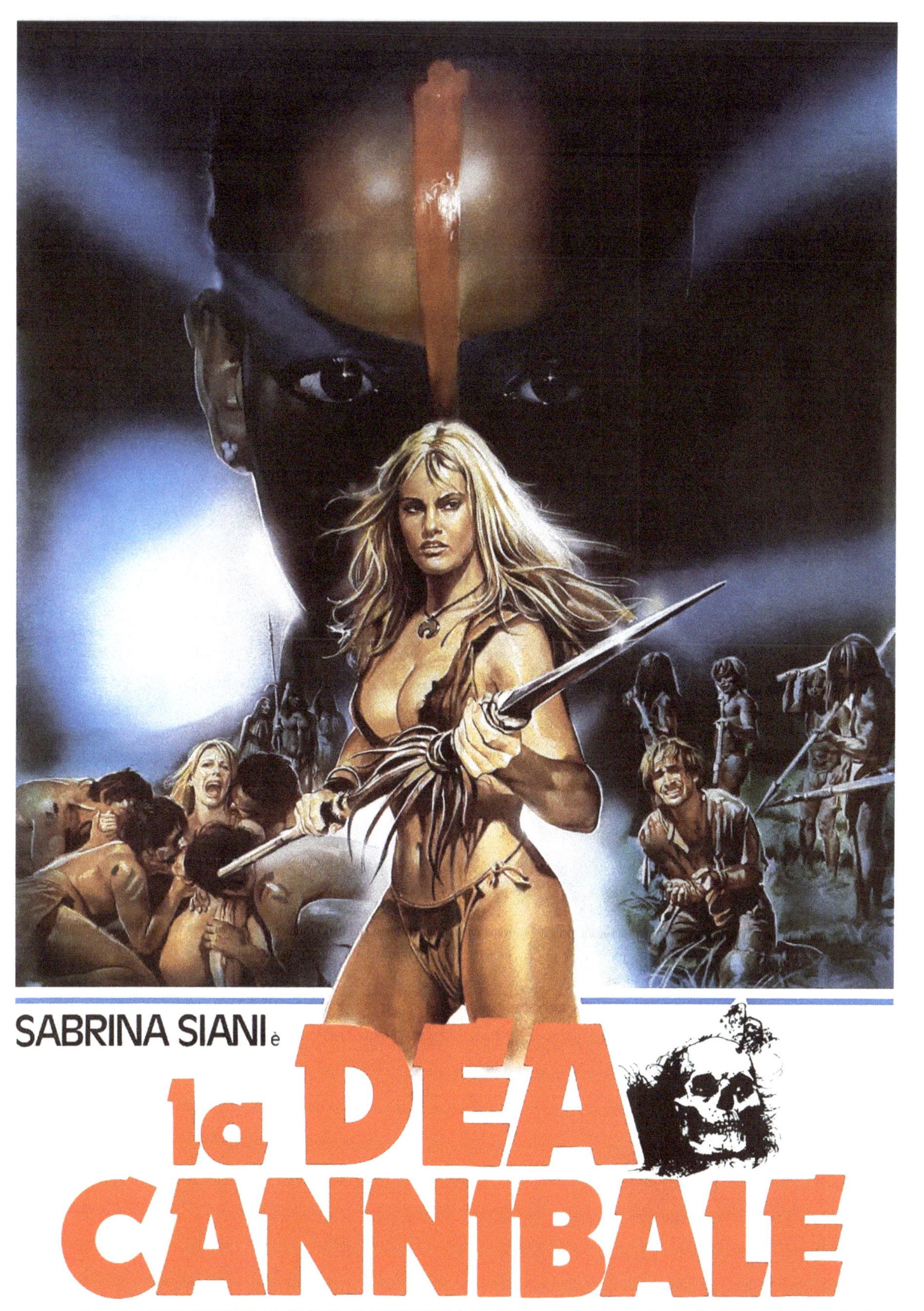

LA DEA CANNIBALE

(''The Cannibal Goddess''). Artist: unsigned. Original Title: **Mondo Cannibale** (1980).

113

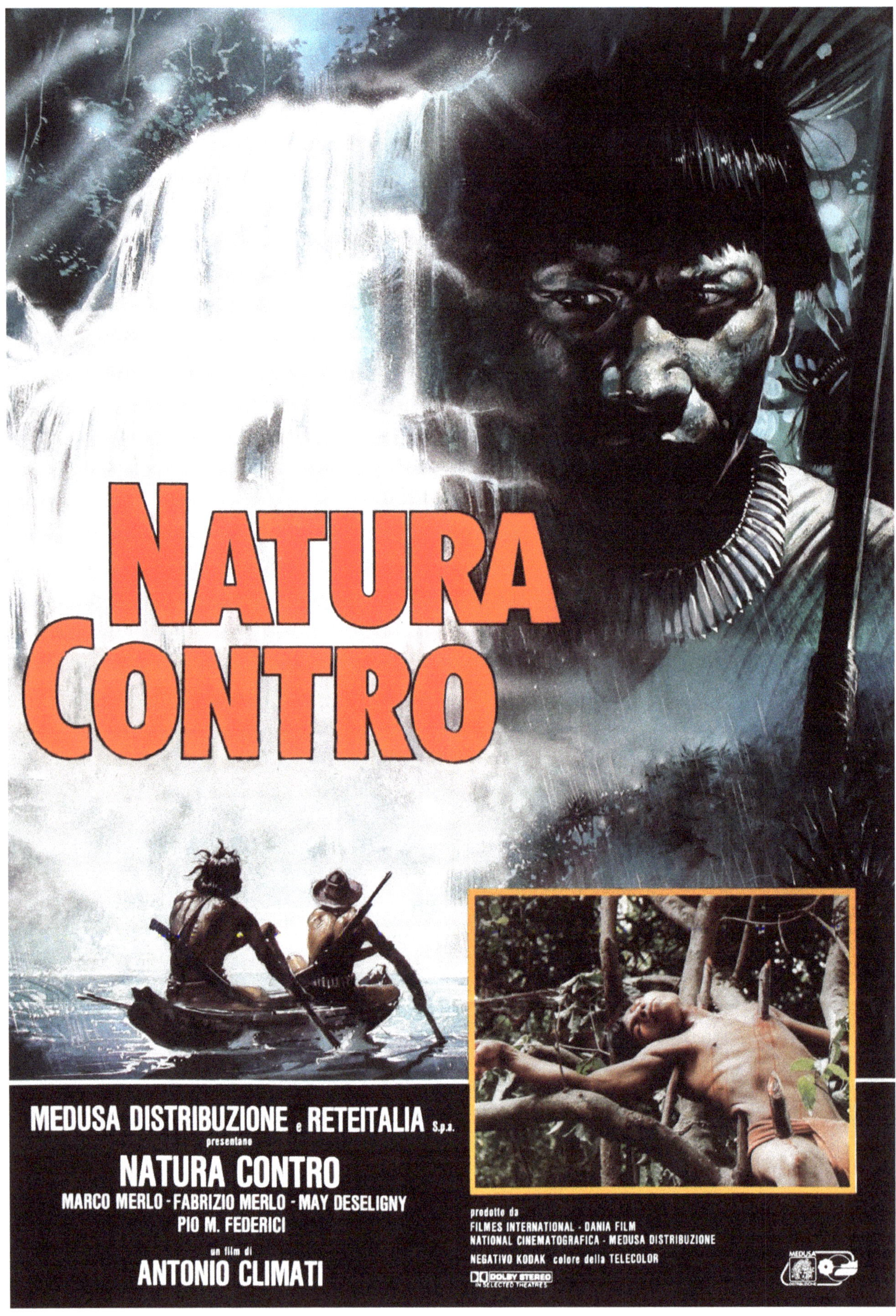

NATURA CONTRO

("Nature Against"). Artist: unsigned. Original Title: **Paradiso Infernale** (1988).

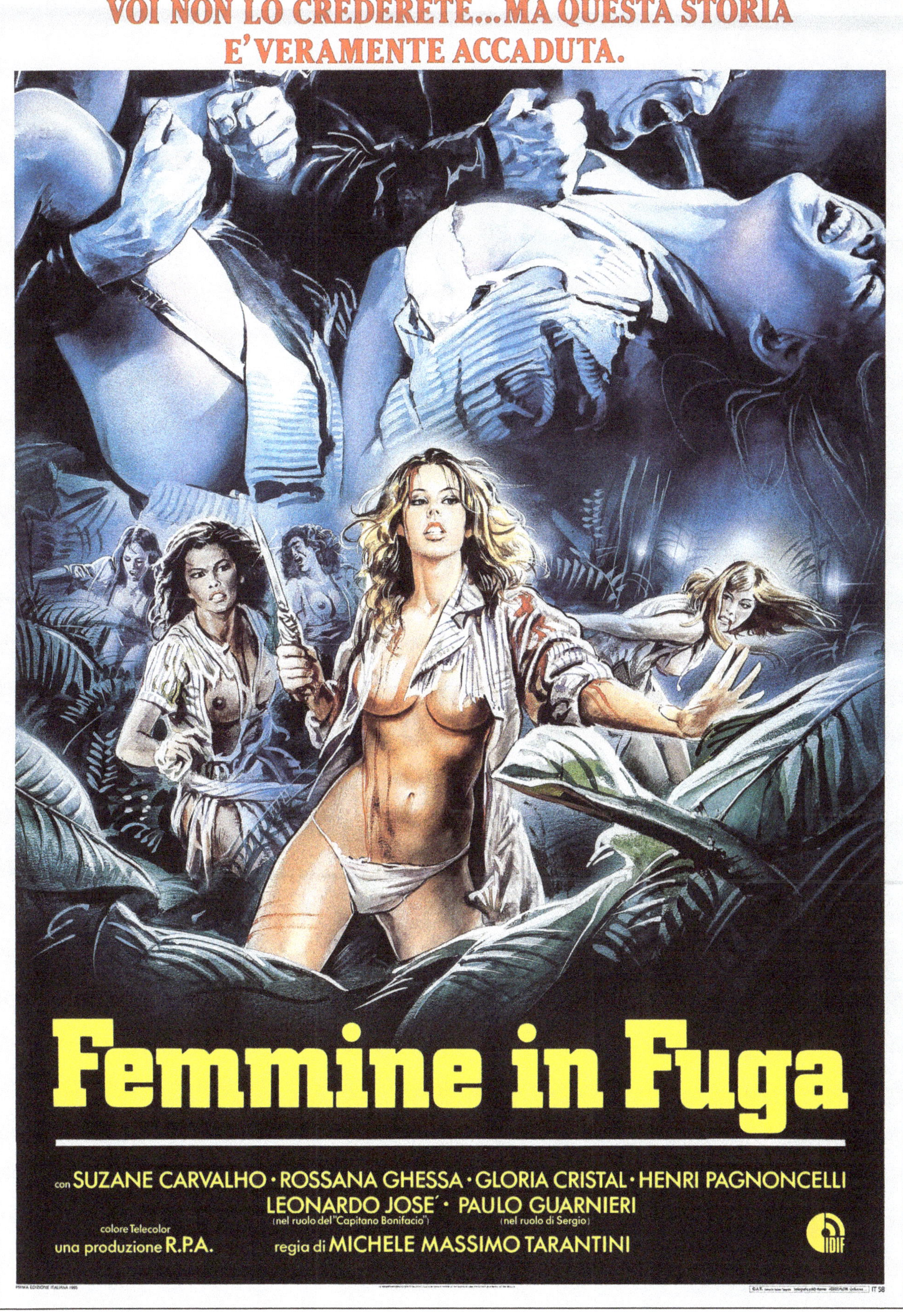

("Females In Flight"). Artist: unsigned. Original Title: **Femmine In Fuga** (1985).

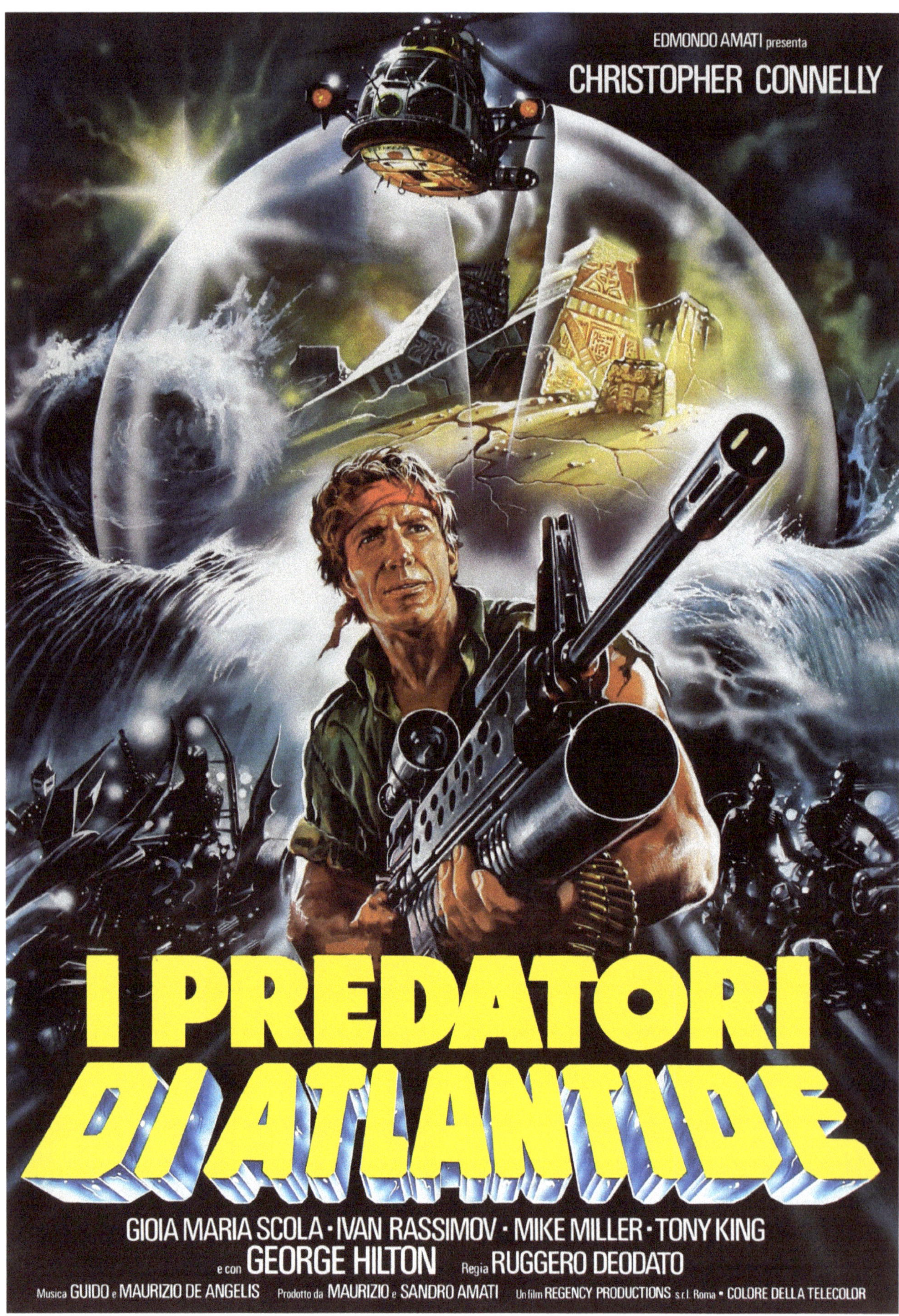

I PREDATORI DI ATLANTIDE

("Predators Of Atlantis"). Artist: Renmnato Casaro. Original Title: **I Predatori Di Atlantide** (1983).

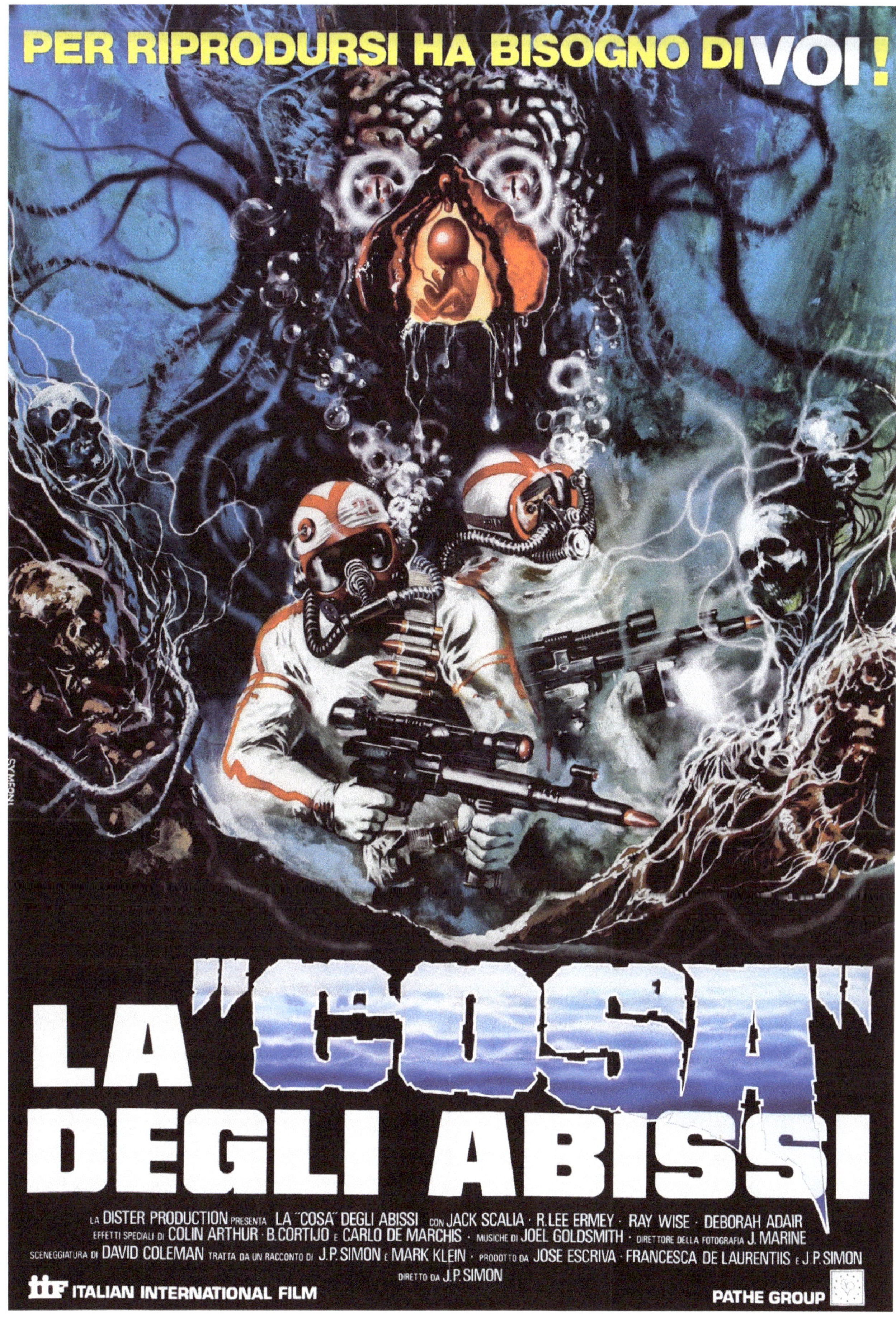

("The Thing From The Abyss"). Artist: Sandro Symeoni. Original Title: **The Rift** (1990).

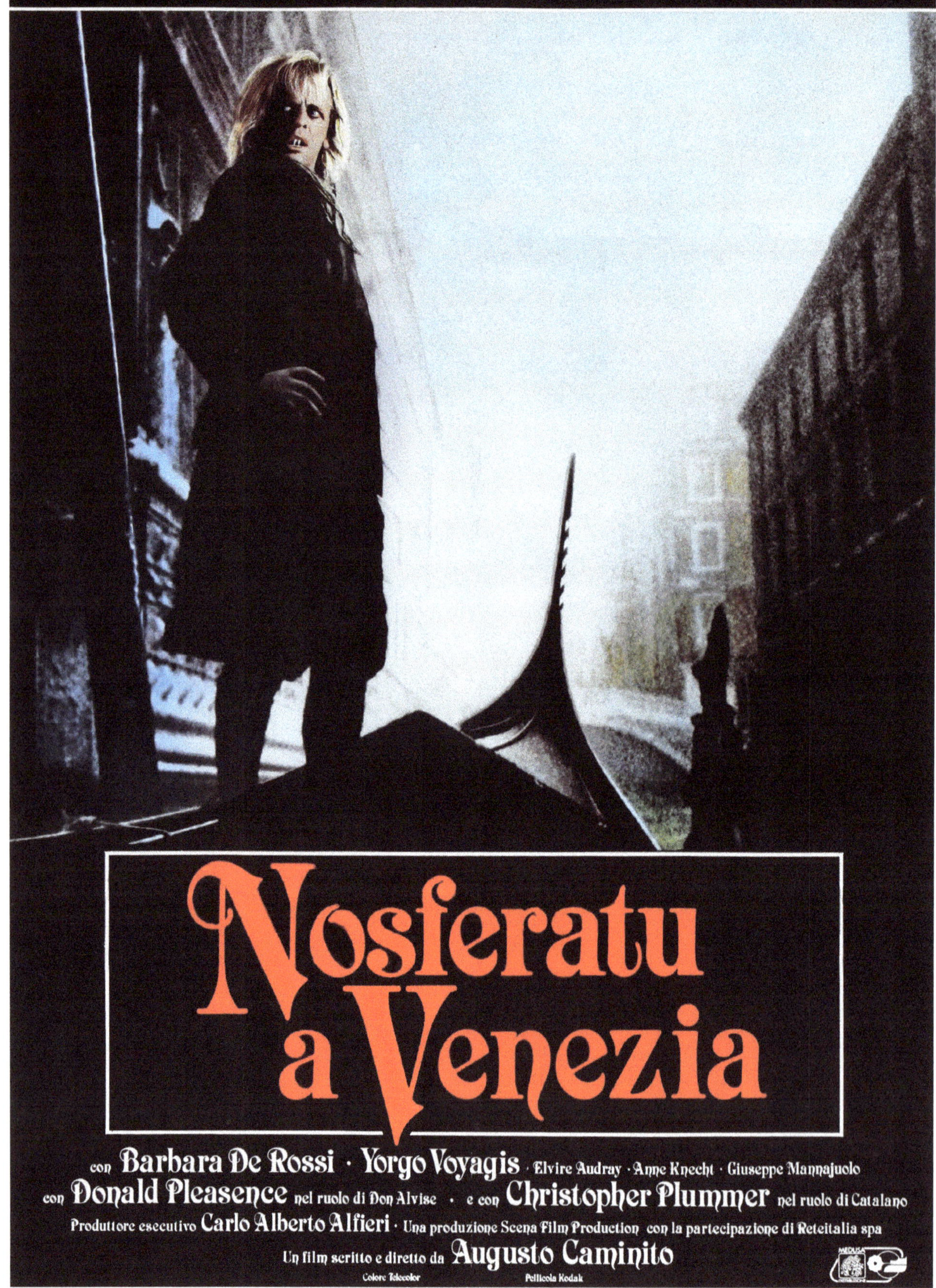

NOSFERATU A VENEZIA

("Nosferatu In Venice"). Artist: unsigned. Original Title: **Nosferatu A Venezia** (1988).

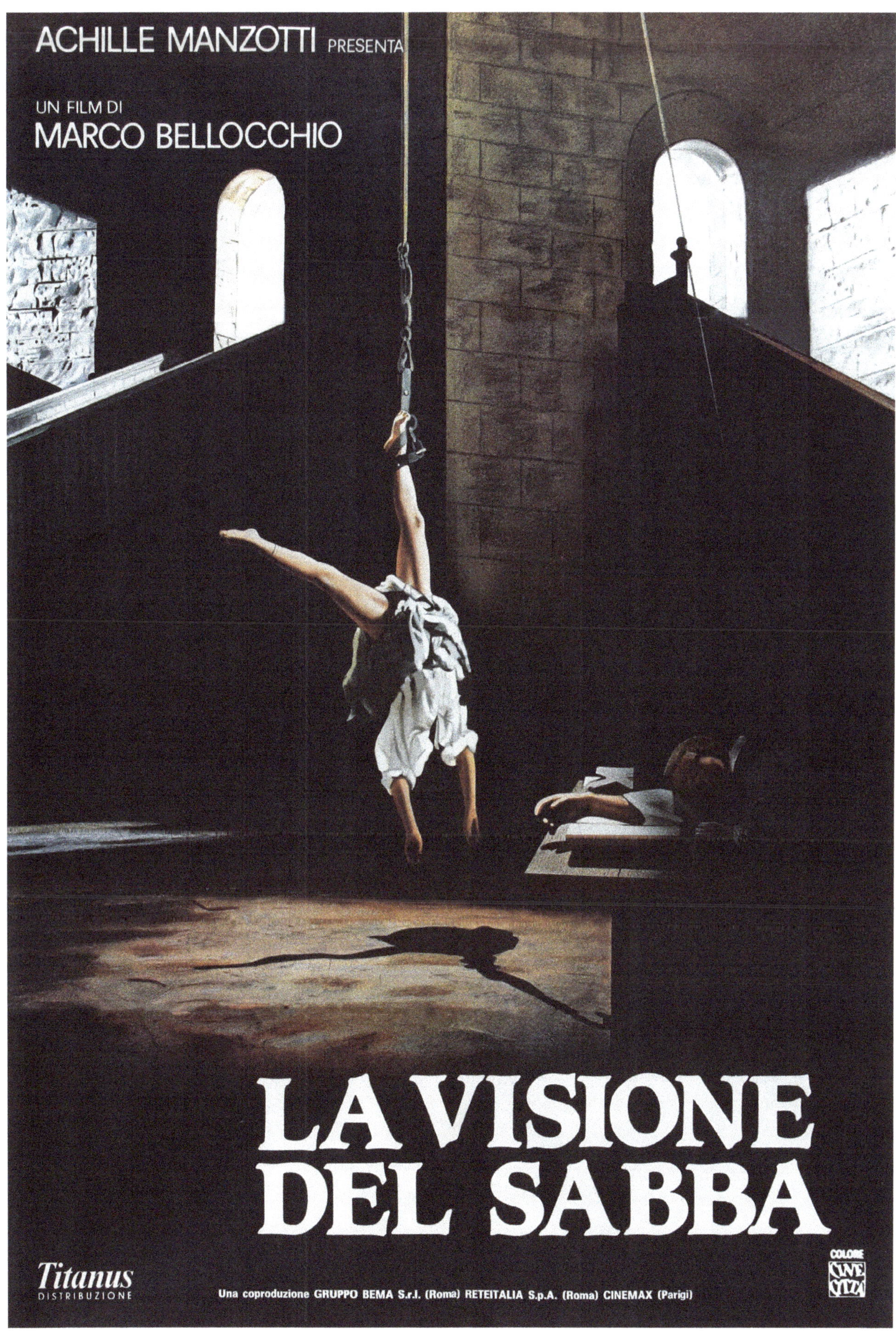

("Vision Of The Sabbath"). Artist: unsigned. Original Title: **La Visione Del Sabba** (1988).

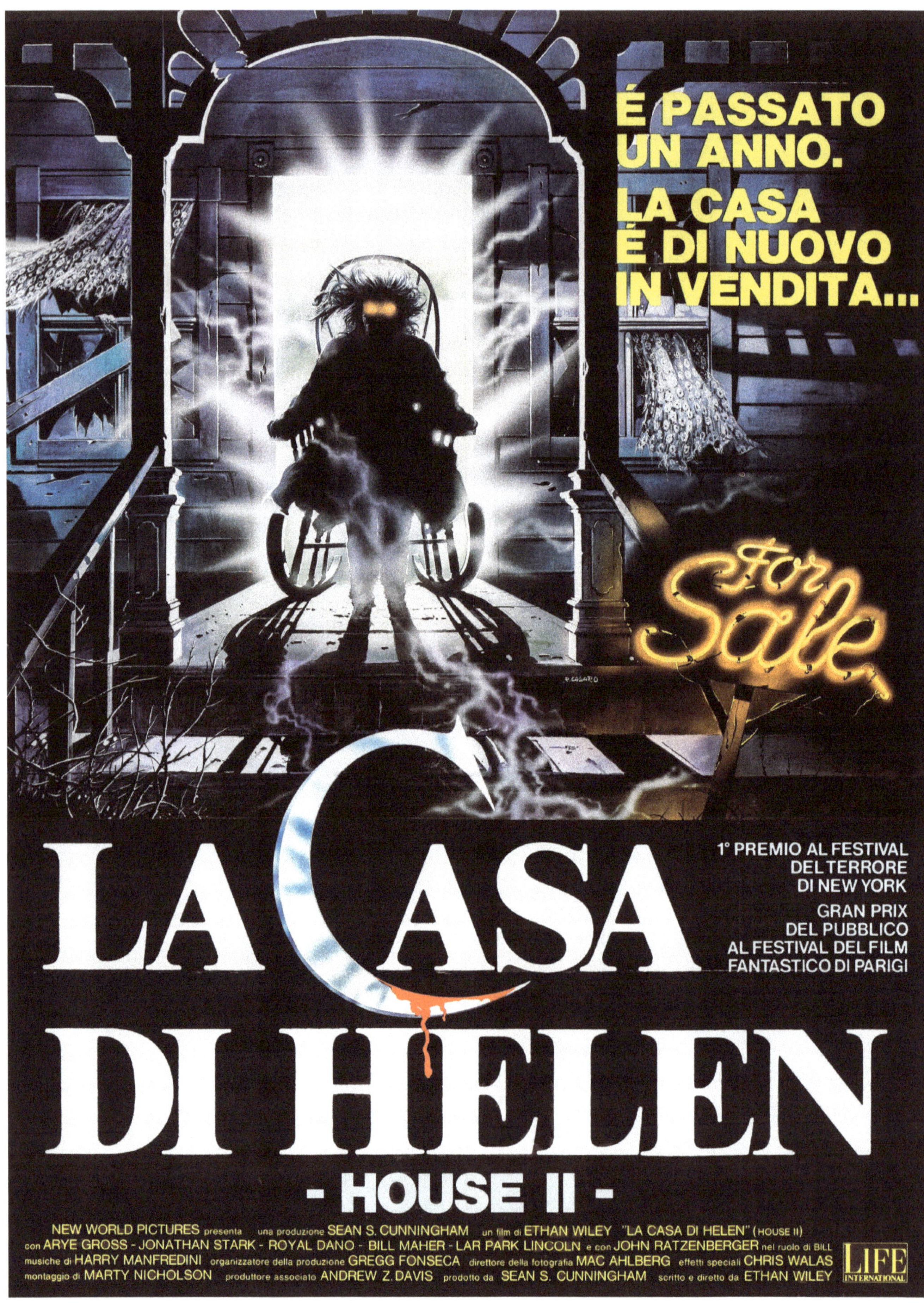

LA CASA DI HELEN

("Helen's House"). Artist: Renato Casaro. Original Title: **House II: The Second Story** (1987).

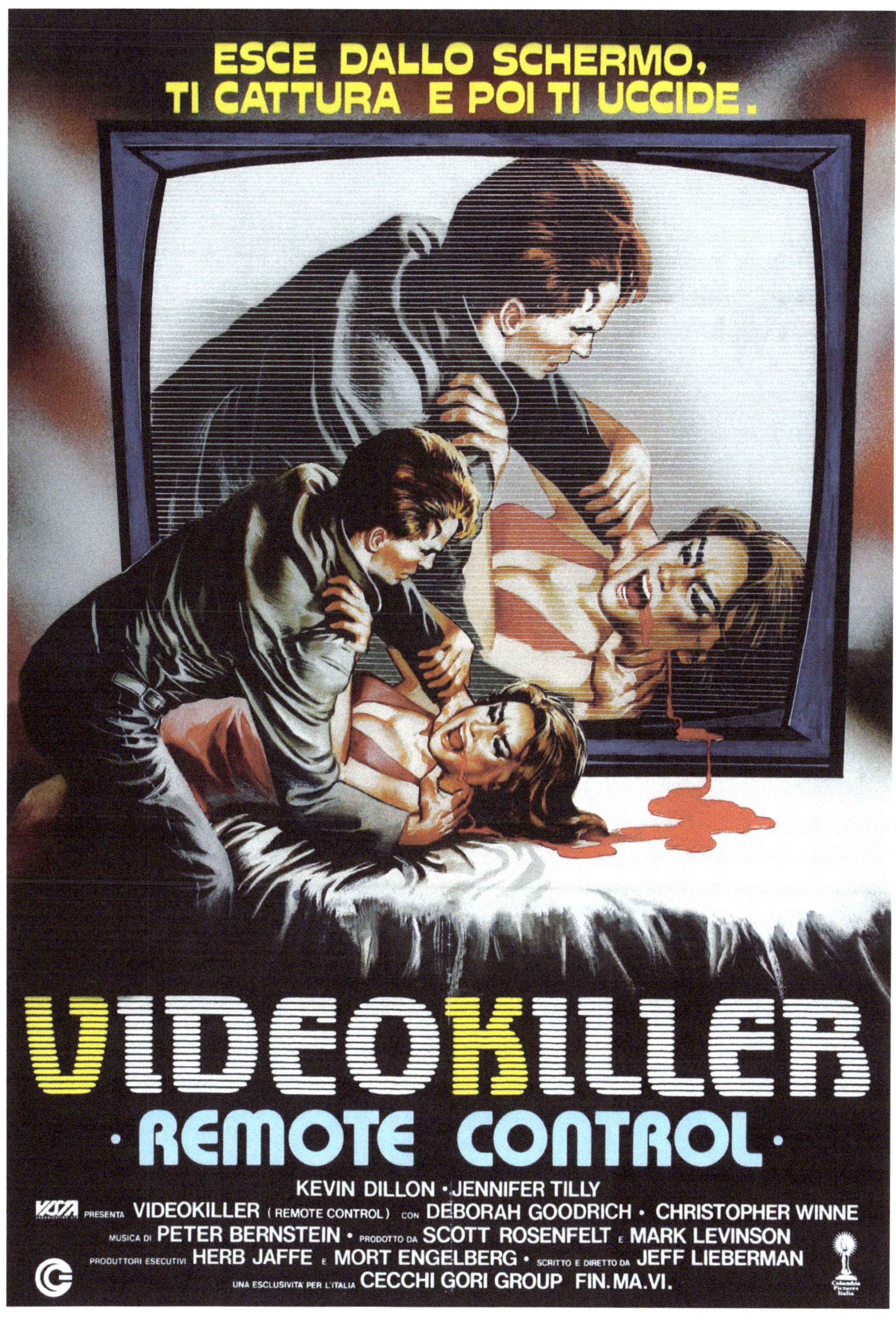

("Video Killer: Remote Control"). Artist: unsigned. Original Title: **Remote Control** (1988).

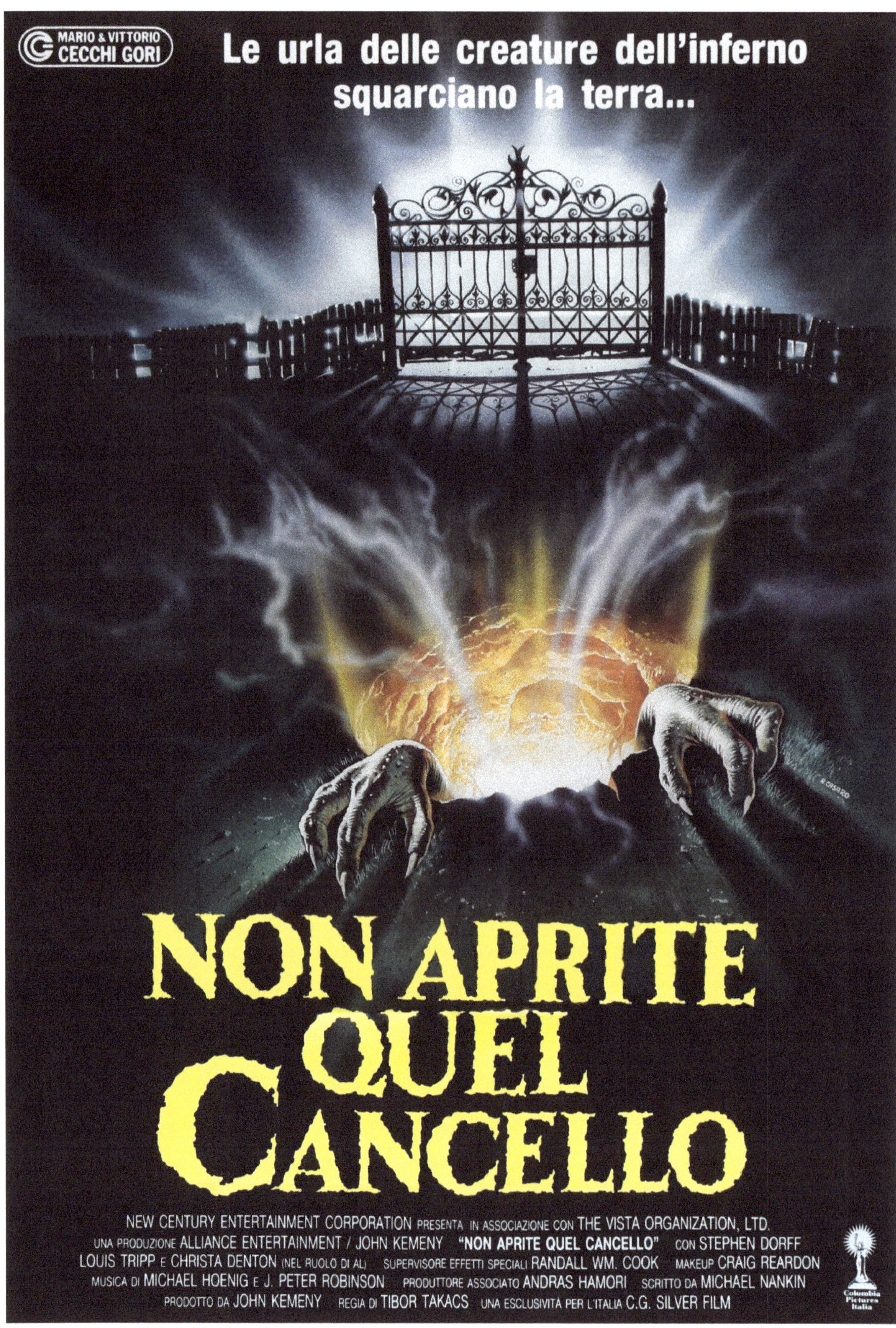

NON APRITE QUEL CANCELLO

(''Don't Open That Gate''). Artist: Renato Casaro. Original Title: **The Gate** (1987).

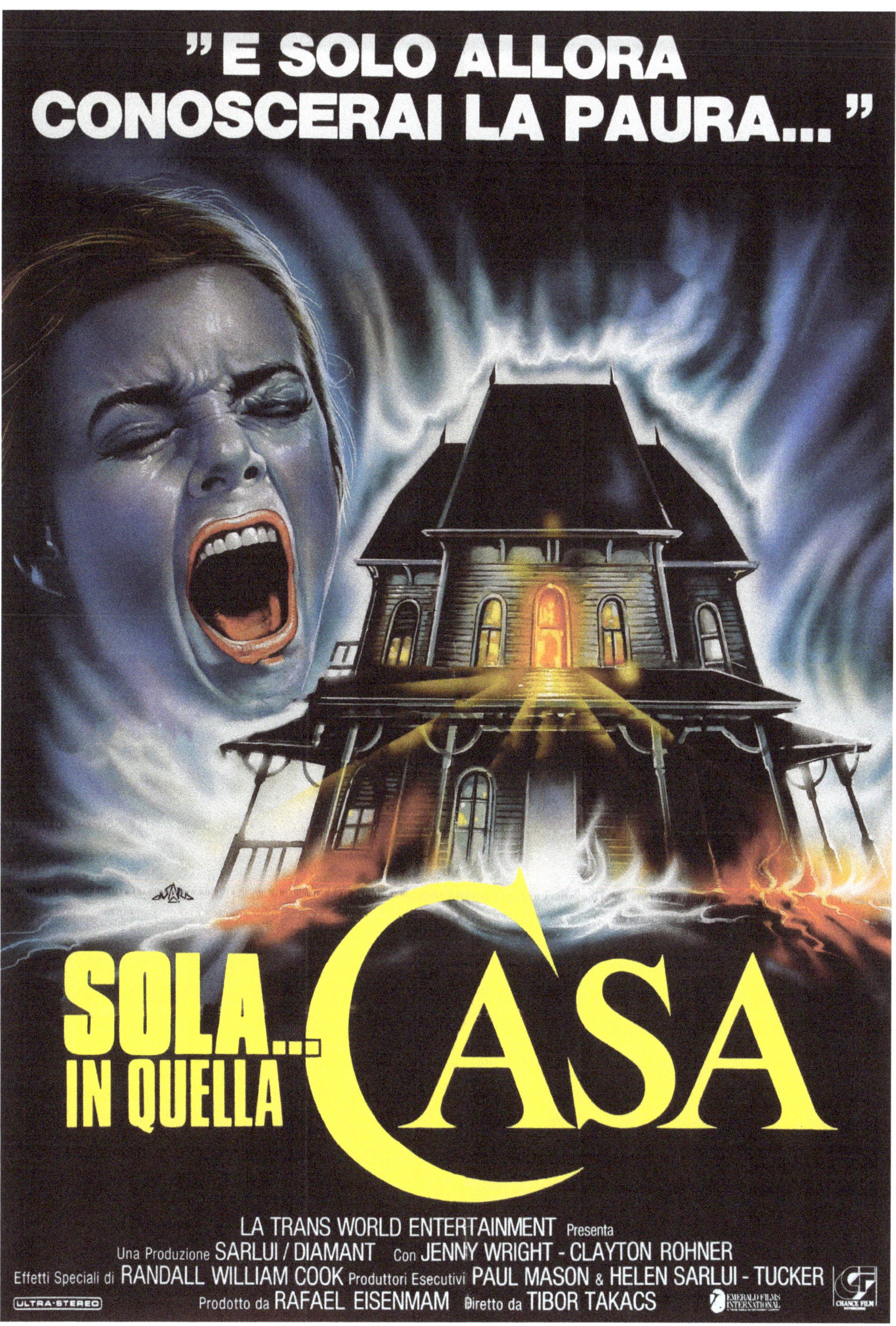

("Alone... In That House"). Artist: Renato Casaro. Original Title: I, Madman (1989).